HISTÓRIAS

Livro VI - Érato

O livro é a porta que
se abre para a realização do homem.

Jair Lot Vieira

Heródoto
HISTÓRIAS
Livro VI - Érato

Tradução, introdução e notas
Maria Aparecida de Oliveira Silva

Graduada em História,
Mestre em História Econômica
e Doutora em História Social (USP).
Pós-Doutora em Estudos Literários (UNESP).
Pós-Doutora em Letras Clássicas (USP).

Copyright da tradução e desta edição © 2022 by Edipro Edições Profissionais Ltda.
Todos os direitos reservados. Nenhuma parte deste livro poderá ser reproduzida ou transmitida de qualquer forma ou por quaisquer meios, eletrônicos ou mecânicos, incluindo fotocópia, gravação ou qualquer sistema de armazenamento e recuperação de informações, sem permissão por escrito do editor.

Grafia conforme o novo Acordo Ortográfico da Língua Portuguesa.

1ª edição, 2022.

Editores: Jair Lot Vieira e Maíra Lot Vieira Micales
Coordenação editorial: Fernanda Godoy Tarcinalli
Tradução, introdução e notas: Maria Aparecida de Oliveira Silva
Preparação: Marcia Men
Revisão: Brendha Rodrigues Barreto
Diagramação: Karina Tenório
Capa: Marcela Badolatto | Studio Mandragora
Imagem da capa: Érato, por Simon Vouet, 1638

Dados Internacionais de Catalogação na Publicação (CIP)
(Câmara Brasileira do Livro, SP, Brasil)

Heródoto, 484-425
   Histórias: livro VI: Érato / Heródoto; tradução Maria Aparecida de Oliveira Silva. – 1. ed. – São Paulo: Edipro, 2022.

   Título original: Ἐρατώ
   ISBN 978-65-5660-083-3 (impresso)
   ISBN 978-65-5660-084-0 (e-pub)

   1. História do mundo antigo até ca. 499 2. Grécia – História 3. História antiga I. Título.

22-105913   CDD-930

Índice para catálogo sistemático:
1. História antiga : 930

Maria Alice Ferreira – Bibliotecária – CRB-8/7964

São Paulo: (11) 3107-7050 • Bauru: (14) 3234-4121
www.edipro.com.br • edipro@edipro.com.br
 @editoraedipro @editoraedipro

Sumário

Introdução
ao Livro VI - Érato   6

Livro VI   28

Referências bibliográficas   180

Índice onomástico   186

Introdução ao
Livro VI - Érato

No *Livro VI – Érato*, Heródoto dá prosseguimento à apresentação de suas investigações sobre as Guerras Persas[1], ele nos conta como se desenrolaram os últimos acontecimentos relacionados ao fim da malsucedida Revolta da Iônia. Desse modo, o historiador inicia seu livro narrando os últimos episódios que envolveram Histieu, o tirano de Mileto que, ao lado de Aristágoras, tramou a revolta dos iônios contra o rei Dario. O exército persa se concentra então na ilha de Mileto, onde trava batalhas contra os iônios dissidentes, vence-os e, por fim, os escraviza. A conquista da ilha milésia impulsionou a vitória dos persas sobre os iônios do Mar Egeu, situados ao longo do litoral da Ásia Menor, bem como foi propícia à expansão persa no Helesponto, o que acirrou os ânimos entre persas e helenos, pois aqueles dominaram territórios que eram colônias helenas desde o século VIII a.C.

As Guerras Persas[2] se iniciam com a expedição militar persa comandada por Mardônio, que resultou no naufrágio persa em Atos. A partir de então, Heródoto escreve uma breve genealogia dos reis espartanos, ao mesmo tempo em que conta suas histórias e nos fornece um panorama social e histórico de Esparta desde o período arcaico até a sua época. Em seguida, temos um registro da guerra entre Atenas e Egina, quando acontece a segunda expedição

---

1. Ciro, fundador da dinastia dos Aquemênidas, tem ascendência meda e persa, o que uniu os dois povos. Para Heródoto, os persas continuam medos, por isso o nome que dá às Guerras Persas é Guerras Médicas. No entanto, Ciro é o rei dos persas; os Aquemênidas são persas. A respeito dessa permanência do modelo social e político dos medos na formação do Império Aquemênida, consultar: Rosaria V. Munson, "Who Are Herodotus' Persians?", *Classical World*, v. 102, n. 4, 2009, p. 457-470.

2. Convém lembrar que no primeiro Livro de sua obra, Heródoto relata que Ciro uniu os dois reinos e que fundou a dinastia Aquemênida, tornando-se assim o primeiro rei persa. A alternância de Heródoto em se referir ora aos medos, ora aos persas demonstra que, apesar do domínio persa, os medos ou não abandonaram seus hábitos e costumes, e se diferenciavam por isso, ou os persas incorporaram hábitos que pertenciam aos medos; mas pode se tratar ainda de um helenocentrismo de Heródoto que não lhe permite diferenciar os povos. Isso explica também o fato de Heródoto ter nomeado o embate entre helenos e persas de "Guerras Médicas" (τὰ Μηδικά/*tà Mēdiká*), quando se esperava "Guerras Persas", como optamos por aplicar nesta tradução.

8 | Histórias

persa comandada por Dátis e Artafernes, que teve como alvo a ilha de Naxos, depois as Cíclades, excetuando Delos. Por fim, os persas seguem em direção à península Ática e travam uma batalha marítima com suas naus em Maratona[3], quando novamente os persas se retiram, após a resistência ateniense, com o auxílio dos plateenses, e a ausência de Esparta, que se recusou a ir socorrê-los por conta dos costumes locais.

Assim como fez com Esparta, Heródoto situa seu leitor/ouvinte no contexto em que ele se encontra; para isso, faz uma pequena digressão a fim de explicar a origem do poder das famílias que comandam a cidade de Atenas, a começar pelos Alcmeônidas. O historiador apresenta os Alcmeônidas como inimigos da tirania e refuta as acusações contra eles de terem cometido o crime de medismo, ou seja, terem sido partidários dos persas. Heródoto explica os acontecimentos que envolveram os Alcmeônidas, como a acusação de que fizeram um sinal para a frota persa, para que os persas ocupassem Atenas. Este livro termina com o relato dos últimos dias de Milcíades, o vencedor de Maratona, que retornou a Atenas e empreendeu uma expedição militar contra os pários, com o apoio dos atenienses, que forneceram equipamentos, homens e dinheiro a Milcíades, perante a promessa de que seria um grande investimento, o que na prática não se concretizou; pelo contrário, os atenienses acumularam terríveis perdas.

I. Isonomia em Mileto, a punição de Histieu

Como veremos a seguir, Histieu, o tirano de Mileto, conspirou contra Dario, pois queria a independência das colônias helenas da Ásia Menor, em especial as situadas no Mar Egeu. O rei persa, desconfiado das intenções do tirano, chamou-o até a sua

---

3. Para mais detalhes sobre a Batalha de Maratona, consultar: Christopher Pelling, "Herodotus' Marathon", *Bulletin of the Institute of Classical Studies Supplement, Marathon – 2,500 Years*, n. 124, 2013, p. 23-34; e J. P. Rhodes, "The battle of Marathon and modern scholarship", *Bulletin of the Institute of Classical Studies Supplement, Marathon – 2,500 Years*, n. 124, 2013, p. 3-21.

LIVRO VI - ÉRATO | 9

corte e o deteve em seu palácio a fim de descobrir se ele estava ou não conspirando contra os Aquemênidas, e deixou Aristágoras no lugar de Histieu. Curiosamente, sem o auxílio de Aristágoras, Histieu não teria conseguido organizar o exército iônio e travar batalhas contra os persas. No entanto, os iônios não foram capazes de deter o poderio do Império Aquemênida e foram novamente escravizados pelo rei Dario.

Após fragorosas derrotas e o consequente fim da Revolta da Iônia, Heródoto conta que Histieu regressou à Iônia e conversou com Artafernes, o sátrapa do rei Dario, que lhe inquiriu sobre os motivos que levaram os iônios a se revoltarem contra o Grande Rei. No entanto, Histieu, como exímio conhecedor da arte retórica, respondeu-lhe com palavras dúbias e tecendo intrigas contra Quios e Sárdis, que prejudicaram as cidades por terem sido alvo da vingança dos persas (*Histórias*, VI, 1-4). Mas os ardis de Histieu não lhe trouxeram muito prestígio junto aos persas, então o tirano decidiu retornar a Mileto, fato assim narrado:

> De fato, um tumulto aconteceu em Sárdis, e Histieu que teve sua esperança frustrada por isso, os quios o trouxeram de volta para Mileto, porque ele havia lhes pedido isso. E os milésios se alegraram por terem se livrado também de Aristágoras, de modo algum estavam dispostos a receber outro tirano em seu território, porque tiveram tal gosto de liberdade. E além disso, à noite, Histieu tentou retornar à força para Mileto, mas foi ferido na coxa por um dos milésios. De fato, quando foi expulso de seu território, retornou para Quios; e de lá, porque não persuadiu os quios para que lhe dessem naus, atravessou em direção a Mitilene e persuadiu os lésbios a lhe dar naus. E equiparam oito trirremes e navegaram com Histieu em direção a Bizâncio, e lá se assentaram para capturar as naus que navegavam vindas do Ponto, exceto as que diziam que estavam dispostas a obedecer Histieu.
> (Heródoto, *Histórias*, VI, 1-4)

10 | HISTÓRIAS

Heródoto nos mostra como os milésios se acostumaram a uma forma de governo mais participativa, com liberdade de escolha e de expressão, que não havia mais condições para que Histieu fosse reconduzido ao posto de tirano de Mileto. Ao abandonar Mileto por tanto tempo, Histieu fez com que os milésios vivenciassem a isonomia e pudessem comparar com a tirania, entender que o escolhido pelo povo lhe é favorável, enquanto o que lhe é imposto, desfavorável, tal como Heródoto registrou no *Livro III – Talia*, por meio deste discurso atribuído a Otanes:

> Todavia, o tirano poderia ser um homem sem inveja, porque certamente tem todos os bens; mas, por natureza, faz o contrário com seus concidadãos; pois sente inveja dos que são os melhores, porque lhe são superiores em classe e ainda quanto ao modo como vivem, mas se alegra com os que são os piores dentre os cidadãos, e ele é o melhor para acolher as calúnias. E o tirano é o mais dissonante de todos; pois se o admiras com comedimento, ele fica irritado porque não foi muito servil, mas se alguém o trata de modo muito servil, ele fica irritado porque age como um bajulador[4]. Então, ainda vou dizer quais são os seus atos mais dissonantes: ele subverte os costumes dos ancestrais, trata as mulheres com violência e mata pessoas sem serem julgadas. (Heródoto, *Histórias*, III, 80)

---

4. A questão do bajulador no mundo antigo é algo que permeia toda a escrita dos autores helenos. Existe apenas um escrito específico que chegou ao nosso tempo; trata-se de um tratado de Plutarco intitulado *Como distinguir o bajulador do amigo*, onde o leitor encontra uma síntese do pensamento dos antigos helenos sob a perspectiva plutarquiana de como se comporta um indivíduo versado na bajulação. Para Plutarco: "Portanto, alguém poderia dizer que é difícil distinguir quem é o bajulador e quem é o amigo, se não é pelo prazer nem pelo elogio que eles se distinguem; de fato, muitas vezes, é possível ver que a amizade é ultrapassada pela bajulação nas solicitudes exageradas e nas execuções dos afazeres. E por que não devemos ter a preocupação de perseguir o verdadeiro bajulador, o que se dedica ao assunto com habilidade e arte." (50C). In: Plutarco. *Como distinguir o bajulador do amigo*. Tradução, introdução e notas de Maria Aparecida de Oliveira Silva. São Paulo: Edipro, 2015.

LIVRO VI - ÉRATO | 11

A vontade da maioria se tornou o castigo de Histieu, que se viu sem contexto, um homem sem identidade, que não se relacionava mais com seus concidadãos. Notamos, então, a clara defesa de Heródoto por uma forma de governo em que o povo conduza seus assuntos, em detrimento de outra que confira o poder político a um homem só: o tirano. A recusa do retorno de Histieu aconteceu em razão dos males recorrentes que os milésios conheceram sob o governo de um tirano e a experiência que depois viveram com a isonomia, a qual Heródoto, na fala de Otanes, assim descreve:

> E o governo do povo, em primeiro lugar, recebe o mais belo de todos os nomes: isonomia. Em segundo lugar, aquele que governa sozinho não faz nada dessas coisas ruins; pois os cargos são ocupados por sorteio, e quem ocupa o poder é responsável pela própria gestão, e todas as deliberações são levadas para a comunidade. Portanto, coloco a minha opinião para que nós abandonemos o governo de um só e o elevemos ao povo; pois o todo está na maioria. (Heródoto, *Histórias*, III, 80)

A palavra ἰσονομία (*isonomía*) nasceu primeiro no contexto médico, com o significado de "equilíbrio". Alcméon de Crotona, início do século V a.C., um médico e filósofo pré-socrático que, em um dos seus fragmentos compilados por Aécio (*Livro V*, 30, 1), afirma que "a saúde consistia num estado de equilíbrio (ἰσονομία/*isonomía*) dos elementos do corpo". Tal conceito foi amplamente discutido pela filosofia sob a perspectiva do equilíbrio da privação e da necessidade. No campo político, o termo ἰσονομία (*isonomía*) traz o significado de igualdade de direitos civis e políticos, que alimenta o conceito de democracia, especialmente em Atenas. Embora Heródoto não utilize o termo democracia, ele afirma que a ἰσονομία (*isonomía*) é típica de um "Πλῆθος δὲ ἄρχον" (*Plêthos dè árkhon*), que traduzimos por "governo do povo", o que nos remete à noção de democracia.

Desse modo, as circunstâncias já não eram mais propícias ao retorno de Histieu a Mileto, por isso os milésios recusaram o seu governo, e o quinhão que coube ao tirano foi viver da pirataria.

12 | Histórias

Ao contrário de nossa concepção atual, a pirataria era uma prática muito antiga, muito comum na Hélade e nas costas da Ásia Menor. Conforme Tucídides, a "pirataria [...] era natural" e somente com o rei Minos ela foi combatida no Mar Egeu. Assim, o historiador ateniense a contextualiza:

> Minos foi, dentre os homens que conhecemos pela tradição, o que mais cedo adquiriu uma frota e dominou a maior extensão do mar que hoje se chama Helênico; exerceu a hegemonia sobre as ilhas Cícladas e foi quem primeiro instalou a maioria das colônias, depois de expulsar os cários e de entregar a chefia para os seus filhos. E quanto a pirataria, como era natural, ele procurava na medida de suas forças eliminá-la do mar para aumentar seus lucros. (Tucídides, *História da Guerra do Peloponeso*, I, IV)

A pirataria configura-se, assim, como uma atividade primitiva, que interferia na dinâmica comercial do Mar Egeu. Foi somente após o controle da pirataria preconizado pelo rei Minos que a antiga Hélade pôde organizar suas atividades comerciais, movimentando os produtos da terra e dos artesãos, e gerando riquezas às cidades, principalmente a Minos, que recebia tributos em troca da segurança. Notamos que o destino de Histieu é dado como algo natural a um homem cruel e ávido por dinheiro; não há comentários da parte de Heródoto, apenas o relato de um tirano que desempenhou um papel importante para a deterioração das relações entre helenos e persas. Histieu também abriu caminho para os persas dominarem a Iônia inteira, até mesmo as antigas colônias helenas do Helesponto (*Histórias*, VI, 34-42).

II. Primeira Guerra Persa: mito e história em Atos e Maratona

Heródoto concentra grande parte de sua narrativa no relato dos acontecimentos em torno da Primeira Guerra Persa (492-490 a.C.),

LIVRO VI - ÉRATO | 13

que se inicia com a expedição do persa Mardônio (492 a.C.), a mando do rei Dario, contra a Hélade, no seguinte episódio:

> E na mesma primavera, Mardônio, filho de Góbrias, porque todos os estrategos haviam sido destituídos pelo rei, desceu até o litoral, com um exército muito numeroso quanto à infantaria e conduzia junto uma numerosa frota marítima, e ele era um jovem e recém-casado com Artozostra, filha de Dario. E depois que estava na Cilícia com o seu exército, ele embarcou em uma nau e conduziu ao mesmo tempo as outras naus, e os outros comandantes conduziam a tropa terrestre no Helesponto. Como navegava ao longo da costa da Ásia, Mardônio chegou à Iônia; lá, direi algo muito espantoso aos que, dentre os helenos, não admitem que Otanes, entre os sete persas, revelou como seria útil para os persas se tivessem uma forma de governo democrática; pois Mardônio derrubou todos os tiranos dos iônios e estabeleceu a democracia nas cidades. E depois de fazer isso, apressou-se em direção ao Helesponto. E quando foi reunido todo o numeroso contingente de naus, e foi reunida também toda a tropa terrestre, atravessaram com suas naus o Helesponto e marcharam através da Europa, e marcharam contra Erétria e Atenas. (Heródoto, *Histórias*, VI, 43)

No entanto, o sátrapa do Grande Rei naufraga em Atos, quando, segundo Heródoto, a frota persa perde trezentas naus e mais de vinte mil homens, mortos por feras, conforme lemos a seguir:

> E quando estavam navegando ao longo dele, um forte e intransponível vento do norte os tratou muito duramente, lançando muitas naus, em grande quantidade, contra o Atos. Pois conta-se que foram destruídas trezentas naus, e para além de vinte mil homens; pois, porque havia uma espécie de fera mais selvagem dentro desse mar em torno do Atos, uns foram capturados e mortos por essas feras, enquanto outros foram despedaçados contra os rochedos; e alguns deles não sabiam nadar, e por isso morreram, e outros, pelo frio. (Heródoto, *Histórias*, VI, 43)

14 | HISTÓRIAS

Desse modo, o primeiro ataque persa contra a Hélade resultou no fracasso de Mardônio na sua tentativa de invadir principalmente a Ática e atacar Atenas. É interessante notar o tom épico da narrativa herodotiana. Como não lembrar dos monstros maravilhosos de Homero? De outro modo, um relato histórico científico jamais aceitaria uma versão mítica da Primeira Guerra Persa. Notamos, assim, que a história herodotiana mescla os fatos levantados ao longo de suas investigações com os que a tradição oral consagrou por meio do relato mítico. Portanto, é completamente plausível que os persas tenham enfrentado um inimigo com poderes que neutralizavam qualquer ação humana. Uma obra do acaso, que poderia tanto punir helenos quanto persas, mas que, por uma preferência/interferência divina, se mostra propícia à Hélade, particularmente a Atenas, pois esse revés não impediu Mardônio de capturar grande parte das ilhas iônias do Mar Egeu e as cidades localizadas no Helesponto Quersonésio.

A segunda expedição dos persas (490 a.C.) foi comandada por Dátis, um medo, e Artafernes, um persa. Heródoto a relata do seguinte modo:

> Então, os atenienses tinham uma guerra continuada contra os eginetas, enquanto o Persa fazia o que lhe interessava, como seu servo sempre lhe fazia lembrar, os atenienses e os Pisistrátidas posicionavam-se do seu lado e caluniavam os atenienses, e ao mesmo tempo Dario queria com esse pretexto subjugar os habitantes da Hélade que não lhe deram terra e água. Então, como Mardônio havia atuado sem sucesso na expedição, Dario o dispensou do posto de estratego e indicou outros estrategos, que enviou à Erétria e a Atenas; eram Dátis, que era de origem meda, e Artafernes, filho de Artafernes, que era seu sobrinho; e os enviou com a ordem de que escravizassem Atenas e Erétria, e que trouxessem para sua própria vista os escravizados. (Heródoto, *Histórias*, VI, 94)

Em cumprimento às ordens do Grande Rei, Dátis e Artafernes invadiram e capturaram a ilha de Naxos, Erétria, as ilhas Cíclades, excetuando Delos, por conta do seguinte episódio:

LIVRO VI - ÉRATO | 15

E, depois disso, zarpou de lá porque Delos havia sofrido um abalo, como diziam os délios, que até os meus dias havia sido o primeiro e último abalo sísmico ocorrido ali. E o deus disse, com esse prodígio, os males que iriam acontecer aos homens; pois nas épocas de Dario, filho de Histaspes, de Xerxes, filho de Dario, e de Artaxerxes, filho de Xerxes, por estas três gerações seguidas, mais males aconteceram na Hélade que durante as outras vinte gerações que vieram antes de Dario; uns lhes aconteceram por causa dos persas, enquanto outros por causa de seus próprios chefes que guerreiam pelo poder. Desse modo, não foi nada estranho que Delos tivesse sofrido um abalo, mesmo sendo antes inabalável. E no oráculo estava escrito o seguinte a respeito disso:

Abalarei também Delos, mesmo sendo inabalável.

E esses nomes na língua da Hélade significam: Dario, "Realizador", Xerxes, "Guerreiro", Artaxerxes, "Grande guerreiro". Então esses reis, desse modo, conforme a sua língua, os helenos estariam corretamente nomeando-os. (Heródoto, *Histórias*, VI, 98)

Novamente Heródoto revela que os deuses estavam propícios aos helenos, e que os sinais de que isso era verdadeiro foram acontecendo no decorrer dos confrontos entre persas e helenos, como também vimos com o ataque malsucedido de Mardônio em razão de um acontecimento maravilhoso que causou uma reviravolta nos planos dos persas. Nesse momento, lembramos as peripécias características das tragédias, que também sinalizam por meio de oráculos, sonhos e fatos inusitados que haverá alterações profundas no curso dos acontecimentos, muito além do que a razão humana possa conjecturar.

Como em uma tragédia, os persas não levaram em consideração os sinais divinos e seguiram com seus planos de invadir a Hélade, tal como lemos neste registro herodotiano:

E, depois de eles terem Erétria em suas mãos, descansaram durante uns poucos dias e navegaram em direção à

16 | HISTÓRIAS

> terra ática, e estavam muito ávidos e pensavam que os atenienses fariam o mesmo que os erétrios fizeram. E, porque Maratona era o território da Ática mais favorável para se cavalgar e o mais próximo da Erétria, Hípias, o filho de Pisístrato, conduziu-os para esse local. E os atenienses, depois de terem sido informados sobre esses acontecimentos, eles também partiram em socorro para Maratona. E dez estrategos os conduziam; dentre os dez estava Milcíades, de quem o pai, Címon, filho de Esteságoras, foi obrigado a partir de Atenas para fugir de Pisístrato, filho de Hipócrates. (Heródoto, *Histórias*, VI, 102-103)

Alheios aos sinais divinos, os persas invadem a Ática e impelem Atenas a pedir socorro a sua rival Esparta, do modo que se segue:

> E, nesse momento, esse Filípides foi enviado pelos estrategos, quando ele contou que Pan havia aparecido para ele; no segundo dia depois de ter saído da cidade alta dos atenienses, ele estava em Esparta, apresentou-se diante dos magistrados e lhes disse: "Lacedemônios, os atenienses vos pedem que os socorram e que não olhem com indiferença se a cidade mais antiga entre esses helenos cair na escravidão por causa de homens bárbaros; de fato, agora Erétria está escravizada e a Hélade está bastante enfraquecida com a perda dessa notável cidade.". (Heródoto, *Histórias*, VI, 106)

No entanto, os espartanos não puderam socorrer os atenienses, porque estavam aguardando o fim de suas celebrações e a entrada da lua cheia, episódio que Heródoto narrou deste modo:

> E ele então anunciou-lhes o que lhe havia sido ordenado, e decidiram que socorreriam esses atenienses, mas lhes era impossível fazer isso imediatamente, porque não queriam infringir a lei; pois era o nono dia do mês, e disseram que não realizariam uma expedição militar nesse nono dia porque a Lua ainda não estava cheia. Portanto, eles aguardavam a lua cheia, enquanto Hípias, filho de

LIVRO VI - ÉRATO | 17

Pisístrato, guiava os bárbaros até Maratona. (Heródoto, *Histórias*, VI, 106-107)

Entre os dias 7 e 15 do mês cárneo, os espartanos celebravam as Carneias, que eram festividades em honra ao deus Apolo Carneu, cuja duração era de nove dias; nesse período os espartanos estavam proibidos de realizar qualquer tipo de expedição militar. O epíteto Carneu deriva de Carno, um adivinho nascido na Acarnânia que integrava o exército dos Heráclidas, mas Hipotes, um dos Heráclidas, desconfiou que ele era um espião e o matou. Como punição, o deus Apolo enviou uma peste que dizimou o exército dos Heráclidas, que, após consultar o oráculo, foram obrigados a banir Hipotes e instituir um culto a Apolo Carneu que incluía essas festividades.

Este relato de Heródoto recebe duras críticas de Plutarco, que o acusa de ter recebido muito dinheiro para compor sua obra em favor deles, conforme lemos a seguir:

> Tu transferes a lua cheia do meio do mês para o princípio dele e desordena por igual o céu, os dias e todas as coisas. E promete registrar os acontecimentos da Grécia, para que não se tornem inglórios. E, embora respeitando particularmente os de Atenas, não registrou a procissão de Agras, aonde enviam ainda hoje sacrifícios de ação de graças no sexto dia, celebrando sua vitória. Mas isso vem socorrer Heródoto contra aquela acusação, a que ele tem, por bajular os atenienses, de receber muito dinheiro deles. Pois, se tivesse lido isso aos atenienses, não teriam permitido e nem descuidado sobre o fato de Filípides ter convocado os lacedemônios para a batalha no nono dia do mês, uma vez que o combate já havia se encerrado, e que isso ocorreu no segundo dia de sua vinda de Atenas para Esparta, como ele próprio afirma – a não ser que os atenienses mandaram buscar os aliados depois de terem vencido seus inimigos. Porque, após a publicação de um decreto escrito por Anito, recebeu dez talentos como presente dos atenienses; isso relata Diulo, um cidadão

18 | Histórias

ateniense que está entre os acusados na investigação. (Plutarco, *Da malícia de Heródoto*, 861F-862B)[5]

Enquanto os espartanos ou lacedemônios estavam ocupados com suas celebrações religiosas, os persas avançaram sobre a Ática e os plateenses vieram em socorro dos atenienses na defesa da ilha de Maratona. E Heródoto descreve a composição e o posicionamento de atenienses e plateenses na Batalha de Maratona (490 a.C.) do seguinte modo:

> E quando chegou a vez daquele, nesse momento, os atenienses assim se posicionaram para se juntarem a eles: o polemarco Calímaco era quem conduzia a fileira direita; pois o costume que havia então entre os atenienses era assim, o polemarco ficava na fileira da direita. E após esse comandante, estavam em seguida as tribos, que se sucediam umas às outras, conforme sua numeração; e os últimos que se posicionaram, que estavam na fileira esquerda, foram os plateenses. Pois desde essa batalha entre eles que, quando os atenienses oferecem sacrifícios nas festas nacionais que acontecem a cada quatro anos, o arauto ateniense profere que coisas boas aconteçam, coisas boas ao mesmo tempo para atenienses e plateenses. E, nesse momento, os atenienses posicionados em Maratona estavam de tal modo: a infantaria deles estava na mesma distância que a infantaria dos medos, o seu centro tinha poucas alas, nisso a infantaria tinha o seu ponto mais fraco, enquanto cada uma das fileiras era reforçada com um numeroso contingente. (Heródoto, *Histórias*, VI, 111)

E nesse combate entre os atenienses e os seus aliados contra os medos ou os persas, Heródoto relata a invenção de uma nova tática de ataque no combate entre as infantarias, que consistia em atacar correndo, do modo mais veloz possível, em contraposição à marcha,

---

5. Plutarco. *Da malícia de Heródoto.* Edição bilíngue. Estudo, tradução e notas de Maria Aparecida de Oliveira Silva. São Paulo: Edusp/Fapesp, 2013.

Livro VI - Érato | 19

que era o modo de ataque dos exércitos helenos, conforme lemos neste registro:

> E como eles já estavam alinhados e os presságios lhes eram belos, nesse momento, os atenienses avançaram, foram em corrida contra os bárbaros; o espaço entre as duas forças militares não era menor que oito estádios de distância. E os persas, quando viram que eles avançavam em corrida, prepararam-se para esperar o ataque deles, como se um estado de loucura ou de completa destruição caísse sobre os atenienses, porque viram que eles eram poucos, e que eles atacavam em corrida, sem que tivessem um cavalo nem arqueiros. Então, os bárbaros suspeitavam disso; e os atenienses em seguida foram destemidos e se encontraram em batalha contra os bárbaros, e os combateram de modo digno de relato. Pois foram os primeiros dentre todos os helenos que nós conhecemos que utilizaram a corrida contra os inimigos, e os primeiros que se mantiveram firmes ao ver as vestimentas dos medos e os homens que trajavam essas vestimentas; e, até aquele dia, o medo tomava os helenos quando ouviam o nome dos medos. (Heródoto, *Histórias*, VI, 112)

E assim os atenienses e plateenses venceram o embate terrestre da Batalha de Maratona, alternando vitórias e derrotas, até que conseguiram expulsar os persas da ilha, que, segundo Heródoto, fugiram, mas eles foram dizimados pelos helenos no litoral da ilha, quando tentavam escapar com suas naus.

III. Os Alcmeônidas

Neste livro, Heródoto destina alguns capítulos para nos contar a origem da riqueza de Alcméon, membro da família dos Alcmeônidas, que foi uma das famílias mais importantes da aristocracia ateniense. Durante a tirania de Pisístrato (século VI a.C.), a família foi exilada pelo tirano. Na mesma época, os Alcmeônidas financiaram e incentivaram a reconstrução do santuário de Delfos, incendiado em 548 a.C. Dentre os seus membros mais ilustres

20 | HISTÓRIAS

estão Clístenes e Péricles. Em suas investigações, o historiador apurou que:

> E os Alcmeônidas eram ilustres entre os atenienses desde a sua origem, e se tornaram mais ilustres a partir de Alcméon [...] filho de Mégacles, tornou-se um ajudante dos lídios [...] depois de Creso ter sido informado pelos lídios que os atenienses visitavam os oráculos, ele o mandou vir a sua presença em Sárdis, e quando chegou, ele o presenteou com ouro que podia carregar em seu corpo de uma vez só. E Alcméon, diante de tamanho presente, inventou e se engajou em tal plano: vestiu um quíton largo e deixou que se formasse uma prega longa, também calçou os coturnos mais largos que encontrou e foi ao lugar do tesouro ao qual lhe conduziram. E ele se lançou em cima de um monte de ouro em pó e primeiro abarrotou as pernas de ouro, o quanto os coturnos podiam caber, depois encheu toda a prega de ouro e espalhou o pó nos cabelos, pela cabeça, e colocou outro tanto na boca e saiu do lugar do tesouro, e arrastava os coturnos com dificuldade, semelhante mais a qualquer coisa que a um homem; a sua boca estava estufada e ele todo túrgido. E após tê-lo visto, Creso veio sorrindo, deu-lhe tudo aquilo e ainda lhe concedeu outros presentes que não eram inferiores àqueles. Desse modo, essa família se enriqueceu enormemente [...]. (Heródoto, *Histórias*, VI, 125)

Por meio desse relato, Heródoto nos faz ver o quanto os helenos dependeram dos tesouros acumulados por reis da Lídia e da Pérsia para a obtenção de riquezas. Em vários episódios de suas *Histórias*, ou *Investigações*, Heródoto narra as vantagens obtidas por helenos por meio de serviços militares prestados a esses povos que, por vezes, recebem um amontoado de ouro e prata em troca de informações estratégicas. Mas, para a surpresa de seu leitor/ouvinte, Heródoto não critica a forma como sua riqueza foi amealhada, e ainda defende os Alcmeônidas de uma acusação de traição. Os Alcmeônidas são defendidos por conta da suspeição de que teriam traído os helenos no cabo do Súnio, prejudicando

LIVRO VI - ÉRATO | 21

em particular os atenienses, para obterem benefícios dos persas. Em um relato tardio, que se constitui em uma crítica à escrita herodotiana, este detalhe já foi percebido por Plutarco. Ele nos lembra que Heródoto acusa os Alcmeônidas e depois se arrepende, e contraditoriamente tece elogios à família ateniense com o intuito de negar o dito anteriormente, como registra neste trecho:

> Mas, quando de novo finge defender os Alcmeônidas, refutando as acusações que antes imputara aos homens, também afirma "estou surpreso e não aceito o argumento de que os Alcmeônidas algum dia mostrariam o escudo aos persas, por causa de um acordo, por quererem os atenienses sob os bárbaros e Hípias". (Plutarco, *Da Malícia de Heródoto*, 862F)

Plutarco cita este excerto da obra herodotiana; na leitura do original grego é possível perceber que sua transcrição é fiel ao registro do historiador, a não ser pelas correções feitas ao grego iônio de Heródoto, para deixá-lo conformado ao grego ático:

> Tanto fico surpreso como não aceito o relato de que os Alcmeônidas, em concordância com os persas, tenham sinalizado com um escudo, com a intenção de que os atenienses fossem colocados sob o domínio dos bárbaros e de Hípias; (Heródoto, *Histórias*, VI, 121)

Sobre a visão herodotiana dos Alcmeônidas, Luraghi argumenta que Heródoto refuta a acusação de que os membros dessa família teriam traído os atenienses em virtude das informações recebidas não lhe serem plausíveis, donde o autor conclui que Heródoto avalia racionalmente o conteúdo de sua narrativa[6]. Nesse sentido, vejamos, por exemplo, o trecho a seguir:

---

6. Nino Luraghi, "Meta-*historiē*: Method and Genre in the *Histories*". In: Carolyn Dewald e John Marincola (Eds.), *The Cambridge Companion to Herodotus*, 2006, p. 78.

> E os Alcmeônidas eram ilustres entre os atenienses desde a sua origem, e se tornaram mais ilustres a partir de Alcméon e, novamente, depois de Mégacles. [...] E depois dele, mais tarde, na segunda geração, Clístenes, o tirano de Sícion, acrescentou importância à família que se tornou mais renomada entre os helenos que antes. (Heródoto, *Histórias*, VI, 125-126)

No sexto livro, Heródoto elogia os Alcmeônidas relatando sua contribuição para as Olimpíadas e para a política citadina, ocasiões que requerem inteligência e sagacidade, o que é demonstrado conforme segue:

> E os Alcmeônidas, do mesmo modo que ele, ou não menos que ele, odiavam os tiranos. Portanto, espanta-me e não aceito a calúnia de que certamente eles ergueram o escudo, os quais foram todo tempo exilados pelos tiranos, e por causa do ardil deles, os Pisistrátidas abandonaram a tirania. E, desse modo, eles foram os libertadores de Atenas [...] Mas talvez alguém suporia que eles traíram sua pátria porque se queixavam contra o povo ateniense. Portanto, não havia outros homens mais honrados que eles entre os atenienses, nem mais estimados; desse modo, não é lógico aceitar que foram eles, entre esses homens, que ergueram o escudo por tal argumento. (Heródoto, *Histórias*, VI, 123-124)

Então, percebe-se seu interesse em defendê-los, pois não há qualquer registro em Heródoto que justifique a aliança da aristocrata família ateniense com os persas. Os elogios e a defesa de Heródoto parecem também uma defesa de Péricles, uma vez que este era um Alcmeônida por parte de mãe, além de seu amigo. Convém lembrar que Heródoto foi um dos fundadores da colônia ateniense de Túrio, na Península Itálica, por determinação do político ateniense, em vista da amizade que nutriam. Provavelmente Heródoto compôs esses capítulos para se contrapor à acusação de traição ou de medismo atribuída aos Alcmeônidas. Por seu compromisso com o registro dos resultados de suas investigações e como artifício retórico, Heródoto

LIVRO VI - ÉRATO | 23

retoma o debate sobre a traição dessa família aristocrata que tantos líderes forneceu a Atenas para defender os antepassados de seus amigos e ao mesmo tempo conferir credibilidade aos atos de Péricles, o maior e mais importante representante dos Alcmeônidas.

IV. MILCÍADES, UM HERÓI SINGULAR

Heródoto encerra o sexto livro contando o destino do estratego Milcíades, porque este se destacou na Batalha de Maratona e se tornou o grande herói da Primeira Guerra Persa. No entanto, após a glória da vitória em Maratona, Milcíades sofre um golpe do destino quando não consegue conquistar a ilha de Paros[7]. Primeiro nosso historiador apresenta Milcíades como um fundador de cidade, conforme lemos neste relato:

> Milcíades escapou por causa de Creso. Depois disso, ele morreu sem ter um filho, e também deixou como herança o seu poder e sua riqueza para Esteságoras, filho de Címon, que era seu irmão por parte de mãe. E após a sua morte, os habitantes do Quersoneso começaram a fazer sacrifícios, conforme o costume para quem é um fundador de cidade, e estabeleceram uma competição hípica e gímnica, na qual acontecia de nenhum dos lampsacenos competir. (Heródoto, *Histórias*, VI, 38)

Heródoto conta que Milcíades era conhecido como o "o colonizador do Quersoneso" (VI, 103) e que "havia escapado duas vezes da morte" (VI, 104) antes de ser eleito estratego pelos atenienses. A escolha de Milcíades como estratego se mostrou fundamental para a vitória diante dos persas, pois ele havia posicionado as naus e o exército dos atenienses e aliados no continente e no litoral da ilha de Maratona. Ao retornar vitorioso de Maratona, o estratego dos atenienses decidiu invadir a ilha de Paros, pois esta ilha obtinha sua

---

7. Sobre Milcídades e a expedição militar contra Paros, consultar: César Sierra Martín, "Desde la lógica de Heródoto: Milcíades y el asedio de Paros", *L'Antiquité Classique*, 82, 2013, p. 255-261.

24 | HISTÓRIAS

riqueza, em grande parte, do seu λίθου Παρίου (*líthou Paríou*), que significa literalmente "pedra pária", como era chamado o mármore pário. Como o próprio nome diz, trata-se de uma pedra retirada da ilha de Paros, que produzia o mármore considerado o melhor de todos, por ser o mais branco, de uma aparência extremamente polida e com um certo grau de transparência. Por sua qualidade, o mármore de Paros era o preferido dos grandes escultores e estava presente nas grandes edificações das cidades da Hélade, em especial no período clássico. E não por acaso Milcíades consegue convencer os atenienses a fornecer homens, naus e dinheiro para realizar sua expedição militar. Heródoto relata que:

> Quando ele chegou navegando lá, Milcíades fez um cerco com seu contingente militar aos pários que estavam encurralados dentro da muralha, e enviou um arauto para pedir cem talentos para cada um; disse-lhes que, se não lhes dessem essa quantia, não retiraria seu exército antes de destruí-los. (Heródoto, *Histórias*, VI, 133)

Porém os habitantes da ilha de Paros não se renderam e decidiram resistir ao cerco por conta de sua muralha ter sido construída para resistir a muito tempo sitiada. E Milcíades, por sua vez: "estava em mau estado de saúde, zarpou de volta, não levava nem o dinheiro para os atenienses nem havia conquistado Paros, mas somente havia feito um cerco de vinte e seis dias e saqueado a ilha." (VI, 135). Logo que retornou, Heródoto descreve a seguinte situação:

> E, quando Milcíades retornou de Paros, os atenienses o tinham em suas bocas, também outros, mas sobretudo do Xantipo, o filho de Arífron, que o acusou diante do povo e pediu sua condenação à pena de morte, porque ele foi a causa do engano dos atenienses. E o próprio Milcíades, embora presente, não se defendeu (pois era impossível porque sua coxa estava gangrenando), e ele estava estendido em um leito enquanto seus amigos o defendiam; eles relembravam muitos eventos da ocorrida batalha de Maratona e que eles capturaram Lemnos, quando capturou Lemnos e puniu os pelasgos, ele a

Livro VI - Érato | 25

entregou aos atenienses. E o povo tomou o partido dele
e o absolveu da pena de morte, e ele foi multado por
seu dano em cinquenta talentos, depois disso, porque
sua coxa infeccionou e gangrenou, Milcíades morreu, e
seu filho Címon pagou sua pena de cinquenta talentos.
(Heródoto, *Histórias*, VI, 136)

Em seguida, Heródoto faz uma digressão sobre a conquista da
ilha de Lemnos, mas antes conta as razões que o levaram a realizar
uma expedição contra os lêmnios:

> Os pelasgos então foram expulsos da Ática pelos atenien-
> ses, [...] quando os atenienses viram o território, que esta-
> va localizado no sopé do Himesso, que lhes deram como
> recompensa pela muralha em torno da Acrópole, [...]
> bem cultivado, o que antes era ruim e não tinha nenhu-
> ma utilidade, tiveram inveja e desejo pela terra, e desse
> modo, esses atenienses os expulsaram sem que apresen-
> tassem qualquer outro pretexto. [...] Pois suas filhas sem-
> pre iam e vinham para buscar água em Eneacruno [...]
> os pelasgos as constrangiam por sua violência e desprezo.
> [...] tiveram a inciativa de tramar contra os atenienses,
> porém foram surpreendidos em flagrante. E tanto os
> próprios atenienses se mostraram naquelas circunstân-
> cias homens melhores que aqueles, quanto na ocasião
> propícia lhes apareceu para matar os pelasgos, visto que
> eles tramavam contra eles, não quiseram isso, mas lhes
> impuseram sair da sua terra. E desse modo os pelasgos
> foram embora de seu território, mas se apossaram de
> outros territórios, e dentre eles, de Lemnos. (Heródoto,
> *Histórias*, VI, 138)

Passado algum tempo, Heródoto relata que os lêmnios receberam um oráculo que os avisava da vinda de um homem que inva-
diria e dominaria seu território. Então Milcíades aparece ao lado
dos atenienses para supostamente vingar o ultraje dos pelasgos que
levaram as mulheres atenienses para a ilha de Lemnos e outras regiões do Quersoneso.

26 | Histórias

V. Conclusões

Durante esta exposição dos principais acontecimentos narrados neste *Livro VI – Érato*, percebemos que Heródoto continua seu relato sobre a Revolta da Iônia e seus desdobramentos, centrando sua narrativa na história de Histieu. Em seguida, o historiador passa a registrar a movimentação dos persas em direção à Ática, quando atacam e dominam diversas ilhas do Mar Egeu, fato que Heródoto atribui à indolência dos iônios. E a grande conquista dos persas foi a ilha de Mileto, que despertou o temor dos atenienses sobre a possibilidade de uma invasão persa em seu território, e não tardou muito, Mardônio veio comandando uma expedição contra a Hélade. A Primeira Guerra Persa então tem seu início com o ataque de Mardônio a Atos, onde teve um catastrófico naufrágio, e a Segunda Guerra Persa comandada por Dátis e Artafernes resulta na Batalha de Maratona vencida por atenienses e plateenses, em especial.

Além de narrar as batalhas travadas entre helenos e persas, fornecer números sobre o contingente militar e náutico, e até mesmo o número de mortos para cada lado, Heródoto elabora um breve histórico das principais famílias e suas personagens mais destacadas das duas grandes cidades helenas do período: Atenas e Esparta. Portanto, este livro nos informa não somente sobre os embates entre helenos e persas pelo território da Hélade, mas também nos traz um quadro político e social de duas cidades que polarizam poderes e rivalizam entre si.

VI. Da tradução

Esta edição de *Histórias* está dividida em nove volumes não apenas pela extensão dos livros de Heródoto, que por si só justificariam uma edição em volumes, mas por conta desta tradução trazer notas explicativas que contemplam várias áreas do conhecimento, pois anotam questões literárias, míticas, históricas, geográficas e filológicas. A principal finalidade dessas notas é aproximar o leitor da narrativa de Heródoto, colocando-o em um posto confortável para que sua atenção não seja dispersa com a consulta constante a uma

LIVRO VI - ÉRATO | 27

literatura de apoio e ainda lhe propicie um entendimento maior e mais rápido do que está sendo lido.

A tradução deste *Livro VI – Érato* foi realizada direto do texto grego, cuja estrutura sintática buscamos preservar na medida do possível em língua portuguesa. Do mesmo modo, procuramos manter o estilo discursivo de Heródoto, a fim de que o leitor conheça não somente o seu modo de expressão, mas também de pensar. A tradução de *Histórias* apresentada nestes nove volumes tem como texto base a *Li Guilhaume Budé*, com tradução, introdução e notas de Ph. E. Legrand: *Hérodote. Histoires, Livre VI Érato*. Paris: Les Belles Lettres, 1963.

MARIA APARECIDA DE OLIVEIRA SILVA

Livro VI

1. Então, Aristágoras[8], após ter provocado a revolta da Iônia, teve o seu fim dessa maneira[9]. E Histieu[10], o tirano[11] de Mileto[12], apresentou-se

---

8. Sobre Aristágoras, Heródoto conta: "Aristágoras, filho de Molpágoras, genro e primo de Histieu, filho de Liságoras, quem Dario detinha em Susos." (*Histórias,* V, 30). In: Heródoto. *Histórias. Livro V – Terpsícore.* Tradução, introdução e notas de Maria Aparecida de Oliveira Silva. São Paulo: Edipro, 2020. Aristágoras era administrador de Mileto na mesma época em que seu primo e sogro Histieu estava na presença de Dario. Na ocasião, porque desconfiou das intenções de Dario, que realmente desejava eliminá-lo, Histieu enviou uma mensagem a Aristágoras para que se revoltasse contra o domínio persa em 499 a.C.; tal revolta durou até 492 a.C. No entanto, Aristágoras morreu antes, em 497 a.C., quando foi um dos líderes da Revolta Iônia; com o apoio de Atenas e Erétria, foi derrotado pelos persas e fugiu para Mircino, que estava sob a tirania de Histieu, e lá morreu em combate contra os edonos.

9. Heródoto faz referência aos episódios narrados nos últimos capítulos do *Livro V – Terpsícore.*

10. Tirano de Mileto, séc. VI a.C., mais conhecido por ter sido o líder da revolta dos iônios contra os persas, conforme leremos, por exemplo, nos capítulos 11, 23-25, 30 e 35 do *Livro V – Terpsícore.*

11. Histieu era o legítimo tirano de Mileto, Aristágoras apenas o substituiu após Dario chamá-lo para sua corte. Heródoto conta que, quando Dario e aliados deliberavam sobre as ameaças dos citas e sobre quais ações os persas deveriam executar no Helesponto, Histieu mostrou-se sagaz e ajudou o rei, conforme este relato de Heródoto: "A opinião do ateniense Milcíades, que era estratego e tirano dos quersonésios no Helesponto, sua ideia era que eles obedecessem os citas e libertassem a Iônia; mas o milésio Histieu foi contra a sua ideia; ele disse que agora cada um deles era tirano de uma cidade por causa de Dario, e que se o poderio de Dario fosse destruído, nem ele mesmo seria capaz de comandar os milésios, nem nenhum outro sobre o outro; pois cada cidade preferiria instituir o regime democrático mais que o tirânico. E depois de Histieu ter exposto essa sua opinião, logo todos se voltaram para essa opinião." (*Histórias,* IV, 137). In: Heródoto. *Histórias. Livro IV – Melpômene.* Tradução, introdução e notas de Maria Aparecida de Oliveira Silva. São Paulo: Edipro, 2019.

12. Cidade localizada na Ásia Menor, cujas atividades comerciais destacaram--se em toda a sua região, pois estabeleceu relações comerciais com o sul da Península Itálica, com a Trácia, local em que foram fundadas colônias e, principalmente, com o Egito, onde foi criado um posto comercial em Náucratis, no delta do rio Nilo.

30 | HISTÓRIAS

em Sárdis[13] porque isso foi consentido por Dario[14]. E, quando ele chegou a Susos[15], Artafernes[16], o governador[17] de Sárdis, perguntou-lhe por qual motivo, em sua opinião, os iônios se revoltaram. E Histieu disse-lhe que nem sequer sabia disso e que estava espantado com o ocorrido, como que fingindo que não sabia nada a respeito dos acontecimentos presentes. E Artafernes, ao ver que ele estava usando um

---

13. Principal cidade da Lídia, localizada no fértil vale do rio Hermo, Sárdis era um importante entreposto comercial. Sobre a sua geografia e administração, consultar o relato de Heródoto do capítulo 30 ao 48 do *Livro III – Talia*, cidade em que habitou o ilustre Creso, rei dos lídios. Sobre a grafia correta do nome da cidade ser Sárdis e não Sardes, Prieto *et al.* informam que se trata de um galicismo o uso de Sardes, portanto a grafia mais acertada é Sárdis, o que podemos depreender a partir da grafia original que é Σάρδις (*Sárdis*). Consultar: Maria Helena T.C.U. Prieto; João Maria T.C.U. Prieto e Abel N. Pena. *Índices de nomes próprios gregos e latinos.* Lisboa: Fundação Calouste Gulbenkian, 1995, *s.v.*

14. Neste episódio, Heródoto revela como os reis persas interferiam no poder local das cidades helenas, que contavam com o apoio da aristocracia local, aliciada com seu ouro e sua prata, além de ser posta no poder. Essa aliança do rei persa com essas cidades helenas faz com que os tiranos da Hélade se assemelhassem aos sátrapas.

15. Por influência das traduções francesas, tem-se o hábito de grafar "Susa". No entanto, o nome em língua helena é Σοῦσος (*Soûsos*), portanto, o seu nome em nosso vernáculo é Susos. Cidade localizada na região da Mesopotâmia, a duzentos e cinquenta quilômetros do rio Tigre. Hoje a cidade de Susos é o monumental sítio arqueológico de Shush, o nome original da cidade.

16. Nomeado como sátrapa persa na Lídia em 513 a.C. e lá permaneceu até 493 a.C., foi um dos sátrapas de Dario nas Guerras Persas. Em sua busca por uma aliança militar com o sátrapa persa, Heródoto apresenta Artafernes no discurso de Aristágoras: "Artafernes por acaso é meu amigo; e para vós, Artafernes é filho de Histaspes, e irmão do rei Dario, e ele comanda todos os territórios litorâneos na Ásia, e com um exército numeroso e muitas naus. Portanto, penso que esse homem fará as coisas que precisamos." (*Histórias*, V, 30). In: Heródoto. *Histórias. Livro V – Terpsícore. Op. cit.*

17. Heródoto utiliza o termo ὕπαρχος (*hýparkhos*) que significa literalmente "submisso a"; "dependente de"; ou ainda "subalterno que comanda sob as ordens de outrem ou no lugar de um outro", daí em termos políticos significar "governador". O termo ὕπαρχος (*hýparkhos*) também é utilizado para designar o "sátrapa" do Grande Rei. Cada satrapia era uma província com um governador próprio chamado de sátrapa, que era nomeado pelo rei. Estes sátrapas tinham certa autonomia em suas administrações, mas eram sempre vigiados pelos conhecidos "olhos do rei", em grego: ὀφθαλμὸς βασιλέος (*ophthalmòs basiléos*). Tal expressão é usada para designar um emissário encarregado de inspecionar ou administrar as ordens dadas pelo rei persa aos sátrapas.

LIVRO VI - ÉRATO | 31

artifício, porque sabia o verdadeiro motivo da revolta, disse-lhe: "Para ti, Histieu, assim foram esses acontecimentos: tu costuraste esta sandália, e Aristágoras a calçou."[18].

2. Artafernes disse isso porque houve essa revolta; e Histieu teve medo de que Artafernes estivesse ciente do ocorrido e, sob a primeira noite seguinte, escapou em direção ao mar, porque havia enganado o rei Dario; o que lhe havia prometido conquistar Sardo[19], "a maior ilha"[20,] e assumiu o comando dos iônios na guerra contra Dario. E depois de sua travessia até Quios[21], ele foi aprisionado pelos quios[22], foi condenado por eles por ter criado para eles os

---

18. Frase que se tornou um dito entre os antigos.

19. Atual ilha de Sardenha.

20. Heródoto se refere a este episódio: "chamou à sua presença o milésio Histieu, que Dario já detinha por muito tempo, e disse-lhe: 'Estou informado, Histieu, que teu administrador, a quem tu confiaste Mileto, há pouco provocou problemas para mim; [...]' Histieu disse-lhe o seguinte: 'Rei, qual opinião emitiste, que eu aconselhei alguma coisa que para ti foi uma grande ou pequena dor, com qual intenção te trouxe isso? Por que eu faria isso, o que procuraria, ficar desprovido de ti? Tenho junto a mim tudo quanto possuis, e sou digno de ouvir todas as tuas decisões. Mas se é verdade que o meu administrador está agindo mais ou menos tal como tu dizes, sabe que ele está agindo levado por si mesmo. E, a princípio, eu mesmo não aceito o teu discurso, de modo algum os milésimos e o meu administrador recentemente agiram contra os teus assuntos; e se então eles fizeram algo desse tipo e se o que tu ouviste é real, ó rei, percebe que tipo de problema criaste quando fizeste com que eu fosse afastado do litoral. Pois os iônios parecem que, quando eles ficaram longe dos meus olhos, tiveram dentre eles um desejo de antigamente; se eu estivesse na Iônia, nenhuma cidade teria se abalado por isso. Agora então, permita-me que eu marche para a Iônia, a fim de que eu coloque aquilo tudo no mesmo lugar para ti e que esse administrador de Mileto que tramou isso seja posto em suas mãos. E após ter feito essas coisas, conforme o teu pensamento, juro pelos deuses da casa real que não me despirei do quíton que estiver trajando em minha chegada a Iônia até que faça a ilha de Sardo, a maior ilha que existe, uma tributária sua'." (*Histórias*, V, 106). In: Heródoto. *Histórias. Livro V – Terpsícore. Op. cit.* É interessante perceber o quanto Heródoto confere um discurso retórico perfeito a Histieu, como uma característica de um verdadeiro tirano, além de demonstrar o quanto o rei persa tinha um raciocínio limitado, principalmente quando se tratava de um heleno conhecedor da arte retórica.

21. Ilha situada ao sul da Hélade, no chamado Mar Egeu, também compunha a Liga Iônia.

22. Os quios temiam o rei Dario por conta deste episódio: "'Pois agora toda a Iônia está em revolta contra o rei, e se vos apresenta uma circunstância para que vos salveis

32 | Histórias

problemas recentes vindos de Dario. Todavia, os quios compreenderam todo o seu relato; como eram inimigos do rei, eles o soltaram.

3. Nesse momento, de fato, Histieu foi interrogado pelos iônios por qual motivo havia enviado com tanto ardor uma mensagem[23] para Aristágoras para que ele se revoltasse contra o rei, também tamanho era o mal que ele havia causado aos iônios, ele não mostrou muito a eles o verdadeiro motivo[24], e lhes disse repetidamente que o rei Dario

---

e retorneis para vossa pátria. Vós mesmos tendes de ir até o mar, e partir dele, nós já cuidaremos de vós.' E depois de terem ouvido isso, os peônios acolheram com forte alegria e pegaram seus filhos e suas mulheres e fugiram em direção ao mar; mas alguns deles também permaneceram por ter medo dele. E depois os peônios chegaram ao mar, e de lá atravessaram em direção a Quios. E quando já estavam em Quios, seguindo-os bem de perto, chegava a numerosa cavalaria dos persas que perseguia os peônios; mas como não os capturaram, os persas enviaram um mensageiro para Quios aos peônios para que voltassem para trás. Mas os peônios não acolheram as suas ordens, mas os quios os conduziram de Quios até Lesbos, e os lésbios os acompanharam até Dorisco; de lá eles os acompanharam com sua infantaria e chegaram à Peônia." (*Histórias*, V, 98). In: Heródoto. *Histórias. Livro V – Terpsícore. Op. cit.*

23. Segundo Heródoto, a mensagem foi assim enviada: "Porque Histieu desejava sinalizar a Aristágoras que ele devia se revoltar e não havia nenhum outro modo de estar seguro para fazer esta indicação, por que os caminhos estavam sendo vigiados, então ele raspou a cabeça de um dos seus escravos mais confiável, fez as tatuagens nele e esperou que seus cabelos crescessem; e tão logo eles nasceram, enviou um mensageiro a Mileto ordenando-lhe que não fizesse nenhuma outra coisa que, assim que chegasse a Mileto, pedisse a Aristágoras que ele cortasse os seus cabelos e visse a sua cabeça; e as inscrições que indicavam, como também já havia dito antes, para que provocasse uma revolta. E Histieu fez isso porque se encontrava em um grande infortúnio, que era estar retido em Susos;" (*Histórias*, V, 35). In: Heródoto. *Histórias. Livro V – Terpsícore. Op. cit.*

24. Heródoto se refere a este discurso de Histieu, que certamente chegou aos ouvidos do rei persa: "E esperando que, se por causa dele eles retornassem à sua cidade, ele comandaria Naxos, e considerando como um pretexto a hospitalidade de Histieu, fez a seguinte negociação com eles: 'Eu mesmo não posso dar garantias de que lhes fornecerei uma força militar tamanha que os conduza para a cidade contra a vontade dos náxios; pois estou informado que os náxios têm oito mil homens com escudos e muitas naus longas; e planejarei como realizar tudo com diligência. E eu refleti o que se segue. Artafernes por acaso é meu amigo; e para vós, Artafernes é filho de Histaspes, e irmão do rei Dario, e ele comanda todos os territórios litorâneos na Ásia, com um exército numeroso e muitas naus. Portanto, penso que esse homem fará as coisas que precisamos.' Após terem ouvido isso, os náxios encarregaram Aristágoras de fazer o melhor que pudesse e lhe ordenaram a prometer

LIVRO VI - ÉRATO | 33

decidiu remover os fenícios e torná-los colonos na Iônia[25], e os iônios na Fenícia[26], e por isso, ele enviou as ordens. De forma nenhuma era algo da parte do rei, mas era porque ele queria amedrontar os iônios.

4. Depois disso, Histieu, através de um mensageiro, que fez de Hermipo[27], um homem de Atárnea[28], enviou cartas aos persas que estavam em Sárdis, porque havia tratado com eles antes a respeito dessa revolta. E Hermipo não lhes deu as cartas que haviam sido enviadas com ele, levou as cartas e as colocou nas mãos de Artafernes[29]. E

---

presentes e recursos ao exército para que eles o dissolvessem, com muitas esperanças de que, quando aparecessem em Naxos, os náxios fariam tudo o que eles haviam lhes ordenado, como também o restante dos ilhéus. Pois dentre essas ilhas Cíclades, nenhuma ainda estava sob o domínio de Dario." (*Histórias*, V, 30). In: Heródoto. *Histórias. Livro V – Terpsícore. Op. cit.*

25. A ideia de trazer fenícios para a Iônia é uma demonstração de poder do rei persa, além de desgostar os iônios, visto que ambos disputavam o comércio da região, muitas vezes oferecendo os mesmos produtos, como é o caso do vinho, conforme lemos neste relato de Heródoto sobre a Babilônia: "Vou contar o que é para mim a maior maravilha dentre todas as coisas nesse lugar, depois da própria cidade. As embarcações que eles têm, que passam pelo rio em direção à Babilônia, são redondas, todas feitas de couro. Pois, visto que entre os armênios, os que habitam acima dos assírios, fabricam as traves de seus arcabouços depois de cortarem vime, estendendo peças de couro à prova de água em volta do seu lado externo, à maneira de uma base, nem distinguem uma popa nem juntam uma proa, mas à semelhança de um escudo, fabricam-na redonda, preenchendo toda essa embarcação com cálamo, zarpam para ser levada pelo rio, depois de enchê-la de mercadorias. Em especial, levam jarros cheios de vinho da Fenícia." (*Histórias*, I, 194). In: Heródoto. *Histórias. Livro I – Clio.* Tradução, introdução e notas de Maria Aparecida de Oliveira Silva. São Paulo: Edipro, 2015.

26. Região da Ásia localizada próxima à atual ilha de Chipre, antiga Cipro, cuja atividade principal era o comércio. Três de suas cidades se destacavam nessa atividade: Tiro, Sídon e Biblos.

27. Não dispomos de mais informações sobre essa personagem.

28. Cidade localizada no litoral da Ásia Menor, em frente à ilha de Lesbos.

29. Heródoto destaca o papel decisivo de Artafernes na defesa de Sárdis, que, embora tivesse sido invadida, não havia nada para ser pilhado. Pode ter se tratado de uma estratégia militar de Artafernes para matar os inimigos encurralados na cidade, mas Heródoto nos apresenta a seguinte razão: "Quando os iônios [...] chegaram a Sárdis e a conquistaram, porque ninguém havia lhes oferecido resistência, e conquistaram todo o território, com exceção da acrópole; o próprio

34 | HISTÓRIAS

depois que soube de tudo o que havia acontecido, ordenou Hermipo a levar as cartas de Histieu para aqueles mesmos que ele as levava, e que ele lhe desse as respostas enviadas pelos persas a Histieu. E depois que esses acontecimentos se tornaram claros, nesse momento Artafernes matou muitos persas[30].

5. De fato, um tumulto aconteceu em Sárdis, e Histieu, que teve sua esperança frustrada por isso, os quios o trouxeram de volta para Mileto[31], porque ele havia lhes pedido isso. E os milésios se alegraram por terem se livrado também de Aristágoras, de modo algum estavam dispostos a receber outro tirano em seu território, porque tiveram tal gosto de liberdade. E, além disso, à noite Histieu tentou

---

Artafernes a protegia com homens de uma força militar que não era pouca. E o fato é que não conseguiram pilhar a cidade que haviam conquistado, pelo motivo que se segue. Nessa Sárdis, a maioria das casas era feita de bambus, e quantas delas fossem de alvenaria tinham os telhados de bambu. De fato, foi só um de seus soldados que a incendiou, o fogo de uma casa foi imediatamente para outra casa e se espalhou por toda a parte alta da cidade. E enquanto toda a parte alta da cidade estava ardendo em chamas, os lídios e alguns persas entraram na cidade, mas foram cercados por todos os lados pelo fogo [...] amontoados às margens do Pactolo e na ágora, os lídios e os persas foram obrigados a se defender. E os iônios, ao ver que os inimigos estavam se defendendo, enquanto havia os que se aproximavam com um numeroso contingente, ficaram temerosos e se retiraram para o monte chamado Tmolo; de lá, ao abrigo da noite, partiram para as suas naus. E Sárdis foi incendiada, e nela também havia um templo a Cíbebe, uma deusa local, fato que os persas usaram como pretexto para mais tarde incendiar os templos que haviam na Hélade." (*Histórias*, V, 100-102). In: Heródoto. *Histórias. Livro V – Terpsícore. Op. cit.*

30. Artafernes devia se vingar não apenas da traição de Histieu, mas também pelos persas ilustres que tombaram na Cária, conforme lemos neste relato: "E depois disso, os cários se recuperaram do desastre e se renovaram para o combate; pois foram informados de que os persas estavam se movimentando para realizar uma expedição militar contra as cidades deles, prepararam-lhes uma armadilha no caminho de Pédaso, e os persas caíram na armadilha à noite e eles e os seus estrategos foram aniquilados, Daurises, Amorges e Sisimaces; e com eles, morreu também Mirso, filho de Giges. E quem foi o comandante dessa armadilha foi Heráclides, filho de Ibanolis, um homem milésio." (*Histórias*, V, 121). In: Heródoto. *Histórias. Livro V – Terpsícore. Op. cit.*

31. Cidade localizada na Ásia Menor, cujas atividades comerciais destacaram-se em toda a sua região, pois estabeleceu relações comerciais com o sul da Península Itálica, com a Trácia, local em que foram fundadas colônias e, principalmente, com o Egito, onde foi criado um posto comercial em Náucratis, no delta do rio Nilo.

LIVRO VI - ÉRATO | 35

retornar à força para Mileto, mas foi ferido na coxa por um dos milésios. De fato, quando foi expulso de seu território, retornou para Quios; e de lá, porque não persuadiu os quios para que lhe dessem naus, atravessou em direção a Mitilene[32] e persuadiu os lésbios a lhe dar naus[33]. E equiparam oito trirremes e navegaram com Histieu em direção a Bizâncio[34], e lá se assentaram para capturar as naus que navegavam vindas do Ponto[35], exceto as que diziam que estavam dispostas a obedecer Histieu.

6. Então, Histieu e os mitileneus fizeram isso. E na própria região de Mileto, era esperado um numeroso exército, frota de naus e infantaria; pois os estrategos dos persas que estavam reunidos e fizeram um

---

32. Principal cidade da ilha helena de Lesbos, no Mar Egeu, sendo sua capital.

33. Histieu se serviu de uma antiga rivalidade entre Quios e Lesbos, que assim se originou: "Depois de os cimeus ouvirem essas palavras oraculares que lhes foram trazidas, não querendo perecer por entregá-lo nem ser sitiados por tê-lo com eles, enviaram-no para Mitilene. Mas os mitileneus, depois de Mázares ter-lhes enviado mensageiros, estavam preparados para entregar Páctias, de fato, por uma quantia em dinheiro; pois não sei dizer com precisão isso, mas o fato não se concretizou; os cimeus, porque souberam dos acontecimentos ocorridos desde os mitileneus, enviaram-no em um barco para Lesbos e levaram Páctias até Quios. Lá, ele foi arrebatado violentamente do santuário de Atena Poliocos e entregue pelos quios. Os quios entregaram-no em troca de Atarneu, como recompensa. Esse território de Atarneu está localizado na Mísia, diante de Lesbos. Depois de terem recebido Páctias, os persas mantiveram-no em vigilância, querendo entregá-lo para Ciro. Houve, por muito tempo, quando nenhum dos quios esparzia grãos de cevada moídos na cabeça das vítimas para nenhum dos deuses, nem fazia o espalhamento com os vindos desse Atarneu, nem assava bolos de produtos da terra vindos de lá, mantinha tudo o que fosse proveniente dessa região longe de todas as coisas consagradas nos templos. Então, os quios entregaram Páctias; depois disso, Mázares organizou uma expedição militar contra os que estavam sitiando Tábalo; primeiro, reduziu os prienenses ao grau máximo da escravidão; depois, percorreu toda a planície do Meandro, saqueando-a com seu exército, do mesmo modo que Magnésia. Depois disso, logo morreu por uma doença." (*Histórias*, I, 160-161). In: Heródoto. *Histórias. Livro I – Clio. Op. cit.*

34. Cidade da Ásia Menor que foi colonizada por megarenses em 658 a.C., que deve seu nome ao rei epônimo Bizante. Bizâncio teve seu nome mudado para Constantinopla pelo imperador Constantino em 324 d.C., mas foi a capital do Império Romano, de 300 a 395, nome que perdurou até ascensão do Império Turco Otomano no século XV, quando passou a se chamar Istambul, hoje a capital da Turquia.

35. Trata-se do Ponto Euxino, antigo nome do mar Negro.

36 | HISTÓRIAS

único acampamento militar, marcharam contra Mileto[36], e fizeram pouco caso das outras pequenas cidades. E da frota, os fenícios eram os mais ardorosos, também os cíprios haviam se juntado à expedição militar, porque há pouco haviam sido subjugados[37], tanto como os cilícios e os egípcios.

7. Eles realizaram uma expedição militar contra Mileto e o restante da Iônia, e depois de os iônios serem informados sobre isso, enviaram seus próprios conselheiros[38] para o Paniônio[39]. Quando eles chegaram

---

36. O ataque a Mileto é a parte final da campanha de contenção da Revolta Iônia, com a dominação de todas as cidades que participaram da revolta, como lemos neste relato: "Portanto, esses assim aniquilaram os persas. E Himeas, ele também era um dos que perseguiram os iônios e realizaram uma expedição militar contra Sárdis, voltou-se para a Propôntida e capturou Cio, na Mísia. E após capturá-la, quando foi informado que Daurises havia abandonado o Helesponto e realizado uma expedição militar contra a Cária, ele abandonou a Propôntida e conduziu seu exército até o Helesponto, e ele capturou todos os eólios que habitavam em Ílion, e capturou os gergitas, os restantes dos antigos teucros. Enquanto o próprio Himeas capturava esses povos, e morreu com uma doença em Tróade. De fato, esse assim teve o seu fim; e Artafernes, o governador de Sárdis, e Otanes, o terceiro general, receberam a ordem de realizar uma expedição militar contra os iônios e o território contíguo a Eólia. Portanto, capturaram Clazômenas da Iônia e Cime da Eólia." (*Histórias*, V, 122-123). In: Heródoto. *Histórias. Livro V – Terpsícore. Op. cit.*

37. O fato ocorreu em 496 a.C., o avanço e o domínio dos persas sobre esses territórios são narrados do capítulo 108 ao 115 do *Livro V – Terpsícore*, relato que Heródoto assim encerra: "Então, os amatúsios começaram a fazer isso também até o meu tempo. E os iônios travaram uma batalha marítima em Cipro, logo que souberam que os assuntos de Onésilo tinham sido destruídos e que as cidades dos cíprios e as demais estavam cercadas, exceto Salamina, e que essa fora devolvida a Gorgo, o rei anterior dos salamínios, imediatamente os iônios souberam disso e zarparam em direção à Iônia. Dentre as cidades que havia em Cipro, Solos resistiu durante a maior parte do tempo quando foi cercada: os persas capturaram-na no quinto mês, depois de ter cavado em torno da muralha e embaixo dela." (*Histórias*, V, 115). In: Heródoto. *Histórias. Livro V – Terpsícore. Op. cit.*

38. Esses προβούλοι (*proboúloi*) não são os conselheiros das cidades que participavam das assembleias; estes citados por Heródoto são os conselheiros instituídos após a criação da Liga Iônia e que tinham conhecimento prévio dos assuntos que seriam discutidos nas cidades aliadas.

39. O Paniônio era um santuário central que também era um local de reunião dos helenos da Liga dos Iônios, onde havia ainda a realização de um festival com as chamadas festas Paniônias.

Livro VI - Érato | 37

nesse território[40], de fato, deliberaram sobre o assunto e decidiram que não reuniriam nenhuma infantaria do exército para ser adversária dos persas, mas que os próprios milésios protegeriam suas muralhas, e que equipariam sua frota sem que ficassem uma de suas naus para trás, e após tê-las equipado, navegaram o mais rápido possível em direção a Lade[41] para travar uma batalha no mar por Mileto; e Lade era uma pequena ilha situada em frente à cidade dos milésios.

8. Depois disso, quando equiparam as suas naus, os iônios partiram, e com eles também os eólios que habitam Lesbos[42]. E eles se alinharam no campo de batalha do modo que se segue. Os próprios milésios tinham a ala da sua frota voltada para a aurora, apresentaram-se com oitenta naus[43]; e na sequência deles, os prieneus com doze naus e os

---

40. O τὸ κοινὸν τῶν Ἰώνων (*tò koinòn tôn Iṓnōn*), literalmente "a comunidade dos iônios", ou a Liga dos Iônios, era formada pelos iônios do Paniônio, que segundo Heródoto: "E esses iônios, que são do Paniônio, haviam fundado a cidade de todos os homens no ponto mais belo do céu e das estações que conhecemos; pois não é a região do alto, nem de baixo, nem a mesma que está abaixo na Iônia, nem as para a aurora nem para o ocaso, pois umas são atormentadas pelo frio e outras pela umidade, e umas pelo calor e pela estiagem. E esses não compartilham a mesma língua, mas têm quatro tipos de variações de dialeto. Mileto é a primeira cidade dentre elas assentada para o sul, depois vêm Miunte e Priene. Estas estão situadas na Cária e falam o mesmo dialeto entre eles. E as que estão na Lídia são as seguintes: Éfeso, Cólofon, Lêbedo, Teos, Clazômenas e Foceia; essas cidades falam a mesma língua entre elas, em nada concordam com o dialeto das que antes foram relacionadas. E, além disso, as três cidades iônias restantes, dentre as quais, duas situadas em ilhas, Samos e Quios, e uma assentada na planície, Eritreia; quios e eritreus falam o mesmo dialeto, os sâmios são os únicos que falam o seu próprio. Essas sãos as quatro línguas características." (*Histórias*, I, 142-143). In: Heródoto. *Histórias. Livro I – Clio. Op. cit.*

41. Ao narrar a passagem de Alexandre, o Grande, pela região de Mileto, Arriano trata do episódio em que o rei dos macedônios passa por Lade e lá se detém por se tratar de uma cidade que ficava diante de Mileto e que dispunha de um porto grande o suficiente para ancorar sua numerosa frota, além de ser a única passagem para os quatro grandes portos de Mileto (*Anábasis*, I, 18, 4-6).

42. Ilha helena situada no Mar Egeu, famosa por ser a terra natal da poetisa Safo, considerada a décima musa por Platão, dado retirado de uma epigrama atribuída ao filósofo.

43. Neste capítulo, Heródoto arrola o contingente das naus dos helenos de modo muito semelhante ao feito por Homero em seu *Catálogo das naus*, no segundo canto da *Ilíada*.

38 | Histórias

miúntios com três naus. E na sequência dos miúntios, os teios com dezessete naus, e na sequência dos teios, os quios com cem naus, e além desses, os erétrios e os foceus também estavam alinhados no campo de batalha, os erétrios se apresentaram com oito naus e os foceus, com três. E na sequência dos foceus, os lésbios com sessenta naus; e finalmente, na sequência deles, os sâmios estavam alinhados no campo de batalha com a ala da sua frota voltada em direção ao poente[44]. E o número total de todos eles tornou-se trezentos e cinquenta e três trirremes.

9. Essas eram as naus dos iônios. E o número das naus dentre os bárbaros era seiscentas[45]. Quando também eles chegaram próximo a Mileto e a sua infantaria estava toda presente, nesse momento, os estrategos dos persas foram informados sobre o número das naus dos filhos da flor da Iônia[46] e

---

44. Dentre eles, os sâmios ocupavam posição de destaque em batalhas travadas no mar, desde o tempo de Polícrates, tirano de Samos, século VI a.C., conforme este relato de Heródoto: "E, em pouco tempo, rapidamente os assuntos de Polícrates cresceram, que ele já era celebrado na Iônia e no restante da Hélade; pois onde quer que ele desejasse realizar uma expedição militar, em todas as suas expedições ele avançava com boa sorte. E conquistou cento e cinquenta naus e mil arqueiros. E ainda se dirigia e se conduzia para todos os territórios sem que fizesse qualquer avaliação, pois ele costumava dizer que seria mais agraciado se devolvesse a um amigo aquilo que lhe arrebatou do que se nunca houvesse lhe retirado nenhum poder. De fato, ele já havia conquistado grande parte das ilhas, e ainda muitas cidades do continente; e, além disso, Polícrates conquistou os lésbios, que haviam mandado todo o seu poderio militar naval para socorrer os milésios e ele os derrotou em uma batalha naval..., onde aqueles que foram aprisionados cavaram um fosso em volta da muralha que cerca toda a cidade de Samos." (*Histórias*, III, 39). In: *Heródoto. Histórias. Livro III – Talia. Op. cit.*

45. Parece que o número de seiscentas naus para a frota persa era o padrão, como podemos deduzir a partir deste relato de Heródoto: "E Dario, depois que contemplou o Ponto, navegou de volta para a ponte, que foi obra do arquiteto Mândrocles de Samos. E depois de ter contemplado também o Bósforo, erigiu duas estelas de mármore branco, inscreveu caracteres assírios em uma, e helênicos em outra, todos os que ele de fato comandava; e ele comandava todos dentre os que ele governava. São calculados por eles que, exceto a frota, setecentos mil com cavalos e seiscentas naus foram reunidas por eles." (*Histórias*, IV, 87). In: Heródoto. *Histórias. Livro IV – Melpômene. Op. cit.*

46. Ἰάδων (*Iádōn*) é o genitivo plural do substantivo Ἰάδος (*Iádos*), "flor da Iônia". É interessante perceber que, apesar de Heródoto demonstrar alguma simpatia por povos que os helenos chamavam bárbaros, o nosso autor destina um tratamento especial para os helenos, principalmente os oriundos da Iônia, região da qual ele também era proveniente. Como vimos, embora ele tenha, nesta

LIVRO VI - ÉRATO | 39

tiveram medo de que não pudessem vencê-los[47], e desse modo não seriam capazes de destruir Mileto se não fossem os senhores dos mares, e porque corriam o risco de que Dario lhes fizesse algum mal. Depois de terem refletido sobre esses assuntos, reuniram os tiranos dos iônios, os que haviam sido depostos de seus poderes por Aristágoras[48], o milésio, e fugiram para a corte dos medos, que, nessa ocasião, encontravam-se realizando uma expedição militar contra Mileto, convocaram os homens que estavam presentes e lhes disseram o seguinte: "Homens iônios, agora que algum de vós mostre que é um benfeitor para a causa do rei; pois que cada um de vós tente afastar vossos cidadãos do restante da aliança militar. E, quando estiverdes propondo, anunciai o seguinte: que não sofrerão nenhuma desgraça por causa da revolta, nada do que tendes, nem templos, nem vossas posses privadas serão incendiados, nem terão seus meios de vida inferiores aos que tinham antes. E, se não fizerem isso, e eles preferirem resistir inteiramente pelo combate, já lhes dizei o seguinte, que os

---

edição, grafado que é de Túrio, sabemos que ele nasceu em Halicarnasso, na Ásia Menor. No entanto, há a frustração de Heródoto, que também destaca ao longo de sua narrativa a covardia dos iônios, pois apesar desta inciativa tão honrosa, eles foram os primeiros a capitular, conforme veremos no capítulo 14. Mas já no seu quarto livro, Heródoto dá uma pista sobre essa covardia quando registra que eram vistos como covardes para combater por sua liberdade; um exemplo disso é que até mesmo os citas, que eram bárbaros, desdenhavam os iônios: "E os citas que estavam à sua procura, pela segunda vez, erraram o rastro dos persas; por um lado, embora os iônios sejam livres, julgam-nos os piores e os menos viris dentre todos os homens; por outro lado, se considerarem os iônios como escravos, são, eles dizem, os mais amantes dos seus déspotas e os menos dispostos para fugir; então essas são as palavras usadas pelos citas para desprezar os iônios." (*Histórias*, IV, 142). In: Heródoto. *Histórias. Livro IV – Melpômene. Op. cit.*

47. Convém notar que Heródoto subestima a capacidade da frota persa ao mesmo tempo em que exalta a habilidade náutica dos iônios, pois a diferença a favor dos persas era de duzentas e cinquenta naus.

48. Heródoto conta que, após derrubar os tiranos da Iônia, Aristágoras partiu para formar novas alianças com os lacedemônios, conforme lemos neste relato: "Portanto, aconteceu a deposição do poder dos tiranos nas cidades; e Aristágoras, o milésio, logo que depôs do poder os tiranos, ordenou que cada uma das cidades designasse estrategos para as respectivas cidades, depois ele próprio se tornou um enviado da missão, indo em uma trirreme para a Lacedemônia; pois tinha a necessidade de encontrar um aliado militar que lhe fosse importante." (*Histórias*, V, 38). In: Heródoto. *Histórias. Livro V – Terpsícore. Op. cit.*

40 | Histórias

ameaceis com as coisas que lhes virão, que serão vencidos no combate, que serão transformados em escravos e que faremos castrações nos seus filhos, e as jovens virgens serão transportadas para Báctria[49], e daremos o seu território a outros[50].".

10. De fato, eles disseram isso, e os tiranos dos iônios enviaram mensageiros à noite, para que cada um deles recebesse sua mensagem[51]. E os iônios, até os que esses mensageiros chegaram a enviá-la, serviam-se de uma obstinação insensata e não admitiam a traição, e cada um

---

49. Região da Ásia Central cuja principal cidade era Báctria. Sobre esta região Heródoto registra: "E dos Báctrianos [...] até o território dos aiglos, o tributo que Dario recebia era no valor de trezentos talentos; e essa era a décima segunda província." (*Histórias*, III, 92). In: Heródoto. *Histórias. Livro III – Talia. Op. cit.* Heródoto também conta que: "Esse exército dos persas alcançou o ponto mais distante da Líbia até Evespérides. E os que foram escravizados dentre os barceus, esses foram deportados do Egito junto ao rei; e o rei Dario deu-lhes uma aldeia do território da Báctria e eles a habitaram; e eles puseram nesta aldeia o nome de Barce, a mesma que ainda também no meu tempo está habitada na terra da Báctria." (*Histórias*, IV, 204). In: Heródoto. *Histórias. Livro IV – Melpômene. Op. cit.*

50. Heródoto nos mostrou como os reis persas interferiam na política local dos iônios ao instituir seus tiranos e transformá-los em um tipo de sátrapa. Com esse episódio, o historiador também nos mostra que eles tinham o domínio do território, que colocavam e removiam os povos de acordo com seus interesses.

51. O envio de mensagens ameaçadoras dos persas para os iônios é algo presente na relação entre esses povos, como vemos neste relato: "Iônios e eólios, quando os lídios rapidamente foram conquistados pelos persas, enviaram mensageiros para Sárdis, ao palácio de Ciro, querendo estar nas mesmas circunstâncias que estavam quando eram súditos de Ciro. Depois de ouvir as coisas que eles lhe propunham, ele respondeu-lhes com uma fábula: conta-se que um flautista, quando viu peixes no mar, começou a tocar, pensando que eles saltariam na terra. Porque foi enganado por sua esperança, pegou uma rede, jogou-a e puxou um grande número de peixes, quando os viu agitando-se vivamente, ele então disse aos peixes: 'Parai de dançar para mim, visto que não quisestes saltar, dançantes, para mim quando eu toquei minha flauta.' Ciro contou essa fábula aos iônios e eólios por causa do seguinte: porque os iônios primeiro, quando o próprio Ciro pediu-lhes, por meio de mensageiros, que se revoltassem contra Creso, eles não se persuadiram, mas, nesse momento, porque os acontecimentos já se encontram concluídos, estavam dispostos a obedecer Ciro. Ele, tomado pela cólera, disse-lhes essas coisas. E os iônios, porque ouviram essas palavras, quando retornaram para sua cidade, cercaram-na com muralhas." (*Histórias*, I, 141). In: Heródoto. *Histórias. Livro I – Clio. Op. cit.*

LIVRO VI - ÉRATO | 41

deles pensava que os persas lhe enviaram essas mensagens somente para ele. Então, isso aconteceu imediatamente logo que os persas chegaram a Mileto.

11. E depois disso, entre os iônios reunidos em Lade, aconteceram reuniões, e, além disso, foi onde eles discursaram também uns para os outros, e naquele lugar, então, estava Dionísio[52], um estratego foceu, que disse o seguinte: "pois sob o fio da navalha estão os nossos problemas[53], homens iônios, ou seremos homens livres ou escravos, e nessas circunstâncias, considerados escravos capturados como presas de guerra[54]. Portanto, agora se vós quiserdes aceitar as penosas fadigas, vós tereis uma pena momentânea, e sereis capazes de subjugar os vossos oponentes e sereis homens livres[55]; e se tiverdes moleza e desordem, eu não tenho nenhuma esperança de que vós

---

52. Não dispomos de mais informações sobre essa personagem.

53. Expressão proverbial que tem o sentido de enfatizar uma situação decisiva, na qual é preciso que haja uma ação extrema e corajosa. Essa expressão aparece primeiro em Homero, conforme lemos nestes versos que ilustram bem o seu uso: "pois agora que está sob o fio da navalha para todos os aqueus que é a mais dolorosa destruição ou continuar a viver." [νῦν γὰρ δὴ πάντεσσιν ἐπὶ ξυροῦ ἵσταται ἀκμῆς/ ἢ μάλα λυγρὸς ὄλεθρος Ἀχαιοῖς ἠὲ βιῶναι.] (Homero, *Ilíada*, X, 173-174), tradução de Maria Aparecida de Oliveira Silva.

54. Heródoto registra no seu segundo livro que os persas tratavam os iônios como escravos, assim como podemos ler neste relato: "Após a morte de Ciro, Cambises, filho de Ciro e de Cassandane, filha de Farnaspes, que morreu antes dele, herdou o seu reino; o próprio Ciro guardou um longo luto e proclamou a todos os outros povos que ele governava que guardassem luto também. De fato, Cambises era filho daquela mulher e de Ciro. Porque ele considerava os iônios e os eólios como escravos herdados de seu pai, realizou uma expedição militar contra o Egito, levando os outros povos que ele governava, entre eles, os helenos que havia subjugado." (*Histórias*, II, 1). In: Heródoto. *Histórias. Livro II – Euterpe*. Tradução, introdução e notas de Maria Aparecida de Oliveira Silva. São Paulo: Edipro, 2016.

55. Heródoto reproduz o seguinte pensamento sintetizado por Aristóteles: "mas, entre os bárbaros, a mulher e o escravo têm a mesma condição. E a razão disso é que eles não têm um governante por natureza, mas a sua comunidade nasce de uma escrava e de um escravo. Por isso os poetas dizem: 'é justo que os helenos governem os bárbaros', como se um bárbaro e um escravo fossem o mesmo ser por natureza." (*Política*, 1252b5-9). In: Aristóteles. *Política*. Tradução, introdução e notas de Maria Aparecida de Oliveira Silva. São Paulo: Edipro, 2018. Portanto, esse pensamento de que os helenos devem governar os bárbaros faz com que Heródoto censure os iônios por sua condição servil, embora os elogie em alguns episódios.

42 | Histórias

não recebereis o castigo do rei pela vossa revolta. Mas se acreditardes em mim e confiardes em mim, também eu vos prometo que, se os deuses forem imparciais[56], ou os inimigos não se juntarão contra vós, ou se se juntarem, sofrerão uma derrota muito forte.".

12. Após ouvirem essas palavras, os próprios iônios confiaram em Dionísio. E ele conduzia a cada dia as naus enfileiradas[57], para que utilizassem os remadores fazendo uma travessia marítima[58] com as suas naus passando umas pelas outras e preparando os hoplitas[59]

---

56. A expressão θεῶν τὰ ἴσα νεμόντων (*theôn tà ísa nemóntōn*) significa literalmente "se os deuses distribuírem as mesmas coisas".

57. Sobre essa tática dos atenienses em contraste com as táticas espartanas, temos o seguinte relato de Tucídides: "Os peloponésios dispuseram as suas naus num círculo tão largo quanto puderam fazer sem dar ao inimigo uma oportunidade de romper a sua formação, com as proas para fora e as popas para dentro; no interior do círculo puseram as naus ligeiras que os acompanhavam, bem como cinco das mais velozes, para estarem em posição de navegar somente uma curta distância se quisessem sair e trazer ajuda em qualquer ponto em que o inimigo os atacasse. Os atenienses, de seu lado, dispostos em uma só fileira, descreviam círculos em torno deles e os confinavam num espaço reduzido, não cessando de pressioná-los bem de perto, e dando sempre a impressão de que atacariam a qualquer momento. Fórmion, todavia, tinha dado instruções para não atacarem antes dele dar o sinal, pois esperava que as naus inimigas não conseguissem manter-se em linha, como a infantaria em terra, mas se abalroassem umas às outras diante da desordem provocada com as naus ligeiras." (*História da guerra do Peloponeso*, II, 83-84). In: Tucídides. História da guerra do Peloponeso. Tradução, introdução e notas de Mário da Gama Kury. Brasília: Editora da Universidade de Brasília, 1982.

58. O διέκπλοος (*diékploos*) era a travessia das linhas inimigas com uma frota e a quebra da linha inimiga na batalha marítima. Para o sucesso da manobra, havia um exercício que consistia em três movimentos: o primeiro era a partida das naus para o alto-mar, depois alinhá-las em duas fileiras paralelas e, por fim, fazer o exercício de movimentação rápida entre elas.

59. Os hoplitas surgem por volta do século VIII a.C. em um momento de expansão territorial helena no qual os helenos iniciam a fundação de suas primeiras colônias e o domínio de territórios vizinhos. Um movimento que abrange as grandes cidades helenas, em particular, Atenas, Esparta e Corinto, mas será a cidade lacedemônia que atingirá maior notoriedade no uso dessa nova formação militar. Inicialmente, os hoplitas compunham um braço do exército formado apenas por cidadãos fortemente armados, que utilizavam elmos, escudos, couraças, grevas ou cnêmides, lanças e espadas, constituindo as chamadas falanges. A eficiência do combate hoplítico consistia na compactação das suas falanges formadas por oito

LIVRO VI - ÉRATO | 43

embarcados nas naus[60], e durante o restante do dia, mantinha as naus ancoradas[61], e isso todo dia oferecia um trabalho penoso aos iônios. Então, até o sétimo dia, eles obedeceram e fizeram o que lhes foi ordenado, e nesses dias, os iônios, como eram inexperientes de tais trabalhos penosos e estavam esgotados com o trabalho forçado e o calor do sol, diziam uns para os outros o seguinte: "Qual das divindades transgredimos para cumprirmos estas penas? Nós estávamos transtornados

---

fileiras desenhando um retângulo. Dentre elas, somente as cinco primeiras atuavam diretamente no combate e as demais formavam um corpo reserva. Durante esse combate, os soldados utilizavam seus escudos para proteger o lado esquerdo de seus companheiros enquanto guerreavam com suas lanças pelo lado direito, o que não permitia a passagem nem o avanço do inimigo, forçando-o a recuar diante dessa muralha humana. Plutarco registra que o combate hoplítico era grandioso e assustador, pois não havia espaço para a passagem dos inimigos entre as falanges, que marchavam ao som cadenciado das flautas (*Vida de Licurgo*, XXII, 4). A partir desse relato plutarquiano e dos fragmentos 10 W, 11 W e 12 W de Tirteu, pode-se imaginar que os inimigos eram massacrados com violência por esses blocos ordenados de soldados fortemente armados e treinados, pois, mesmo havendo baixas nas fileiras dianteiras, os mortos eram rapidamente substituídos pelos hoplitas posicionados atrás, manobra que mantinha sua unidade e sua capacidade de avançar no território inimigo, mesmo com a morte contínua de seus soldados. Outro aspecto importante dessa nova formação militar é a introdução de soldados oriundos das classes mais populares, uma vez que havia a necessidade de um número maior de homens para a composição das falanges. A aristocracia guerreira representada pelos cavaleiros era obrigada a dividir o campo de batalha com cidadãos do campo, ao mesmo tempo em que via o crescimento dessa participação na proteção da cidade e na conquista de novos territórios.

60. Sobre essas manobras táticas, temos o seguinte relato de Xenofonte: "Frequentemente, se fizesse bom tempo, zarpavam logo depois do jantar e se o vento os levasse, descansavam ao mesmo tempo que avançavam; mas se fosse preciso remar, trinta remadores descansavam a cada turno. Enquanto navegavam, algumas vezes seguiam alinhados, outras em linha reta, de acordo com a sinalização, de modo que avançavam e ao mesmo tempo se exercitavam e aprendiam o que era preciso para chegarem ao combate com o mar dominado pelos inimigos, conforme pensavam. Frequentemente se alimentavam e jantavam em território inimigo, mas como faziam o extremamente necessário para que terminassem rápido e zarpassem antes da chegada das tropas de socorro." (Xenofonte, *Helênicas*, I, 6, 29-31), tradução de Maria Aparecida de Oliveira Silva.

61. A novidade desta manobra estava no fato de as naus não permanecerem ancoradas no litoral, como era de costume, o que dava muito mais trabalho aos seus tripulantes.

44 | HISTÓRIAS

e navegamos fora da nossa capacidade de pensar quando confiamos nele e nos mantivemos sob o poder de um homem foceu, presunçoso, que se apresentou com três naus.[62] E que nos dominou e nos ultraja com seus implacáveis maus-tratos; e, além disso, muitos de nós estamos caídos em doenças, e é provável que muitos outros estejam sofrendo exatamente o mesmo que nós. Diante desses males, certamente é melhor sofrer então qualquer outro tipo de mal e suportar a servidão futura, qualquer que seja, mais que continuar com essa situação presente. Vamos! Não o obedeçamos daqui para a frente!". Disseram essas palavras, e depois disso, imediatamente ninguém quis obedecê-lo, mas como uma tropa da infantaria fixaram suas tendas na ilha, mantiveram-se na sombra, não queriam sair com as naus nem fazer as manobras com elas[63].

---

62. Dos capítulos 164 a 167, do *Livro I – Clio*, Heródoto registra a fragorosa derrota dos foceus para Hárpago, cujo desfecho foi o seguinte: "E com relação aos homens das naus que foram destruídas, os carquedônios e os tirsênios... muito numerosos, dividiram entre eles, após os obrigarem a sair do território, apedrejaram-nos até a morte. Depois disso, entre os agilenses, todas as coisas que passassem pela região na qual os foceus foram apedrejados e lá jaziam, tornavam-se disformes, estropiadas ou apopléticas, igualmente rebanhos, animais de carga e homens. Os agilenses enviaram mensageiros a Delfos, porque queriam reparar esse erro. E a Pítia ordenou-lhes fazer as coisas que também hoje os agilenses ainda cumprem; pois também sacrificam com grandiosidade para eles e lhes dedicam competições gímnicas e hípicas. E esses foceus experimentaram tal destino. Os que dentre eles se refugiaram em Régio, quando partiram de lá, conquistaram a cidade do território da Enótria, essa que hoje é chamada Hiela. Eles colonizaram essa cidade depois de saberem por um homem de Posidônia que a Pítia lhes havia proferido um oráculo que colonizasse Cirno, por ser um dos seus heróis, mas não uma ilha. Então, assim foram os acontecimentos a respeito da Foceia na Iônia." (*Histórias*, I, 167). In: Heródoto. *Histórias. Livro I – Clio. Op. cit.* Desse modo, este relato de Heródoto explica a inexpressiva participação dos foceus nessa revolta. Hárpago era um general do exército medo que auxiliou Ciro na tomada da Lídia. Depois da vitória de Ciro, Hárpago tornou-se um dos seus sátrapas.

63. Com esse episódio, Heródoto começa a traçar uma diferença crucial entre os iônios da Ásia Menor, dominados pelo Império Persa, e os iônios da Ática; o empenho e a coragem daqueles responderam por sua ousada vitória sobre os persas, enquanto a servidão desses se explica pela falta dessas qualidades. No entanto, os iônios da Ásia Menor não formavam um grupo homogêneo, conforme lemos neste relato: "Por causa disso, os iônios conceberam doze cidades, visto que é muita tolice dizer que esses são mais iônios que os demais iônios, e que têm a mais bela origem, dentre eles estão os abantes da Eubeia, uma parte que não é pequena, os

Livro VI - Érato | 45

13. E, depois de saberem dadas questões surgidas dentre os iônios, os estrategos dos sâmios lá, então, decidiram aceitar o que veio de Éaces[64], filho de Silosonte[65], porque Éaces antes enviou-lhes propostas nas quais pedia para que abandonassem a aliança militar dos iônios, porque os persas lhes ordenaram isso; então os sâmios,

---

quais nada têm nem compartilham do nome da Iônia, os mínios de Orcômeno, e os cadmeus, dríopes, foceus separados do restante, e os molossos, árcades pelasgos e os dórios epidauros, e muitos outros povos que se misturaram. Dentre os que são provenientes do pritaneu de Atenas, eles mesmos consideram que são os mais nobres dos iônios." (*Histórias*, I, 146). In: Heródoto. *Histórias. Livro I – Clio. Op. cit.*

64. Sobre Éaces e Silosonte, temos o seguinte relato de Heródoto: "Enquanto Cambises realizava uma expedição militar contra o Egito, os lacedemônios também realizavam uma guerra contra Samos e Polícrates, filho de Éaces, que detinha o poder de Samos por causa de uma revolta liderada por ele. E no início, Polícrates, após ter dividido a cidade em três partes, repartiu-as com os seus irmãos Pantagnoto e Silosonte; mas, depois de ter matado um deles, baniu da cidade Silosonte, o que era mais jovem, e deteve toda a cidade de Samos. E depois de ter estabelecido um acordo de hospitalidade com Amásis, o rei do Egito, enviou-lhe presentes e recebeu outros dele." (*Histórias*, III, 39). In: Heródoto. *Histórias. Livro III – Talia. Op. cit.*

65. Sobre as circunstâncias que favoreceram a tirania de Silosonte e a tomada de Samos, Heródoto conta: "Depois disso, o rei Dario capturou Samos, a primeira dentre todas as cidades helenas e bárbaras, por causa do seguinte motivo. [...] Para esse Silosonte aconteceu um episódio de boa sorte, que é o seguinte. Após ter pegado um manto leve e trajado a rubra peça, foi passear na ágora de Mênfis. E quando o viu, Dario era um lanceiro da guarda pessoal de Cambises e um homem de quem ninguém falava muito. Mas Silosonte, ao ver Dario com grande desejo de ter seu manto leve, servindo-se da sua divina sorte, disse-lhe: 'Eu não vendo este manto por dinheiro algum, mas eu lhe dou por nada, se é verdade que isso deve ser absolutamente assim.'. [...] Silosonte foi informado que o reino havia sido transferido para aquele homem para o qual um dia ele deu o seu manto [...] Após ter subido para Susos, sentou-se diante das portas do palácio do rei e disse que era um benfeitor de Dario. [...] Então, Silosonte contou-lhes tudo o que aconteceu [...] Dario disse-lhe em resposta: '[...] Como compensação por seu ato, dou-lhe incontável ouro e prata, para que não te arrependas um dia de ter feito bem a Dario, filho de Histaspes.'. Diante dessas palavras, Silosonte disse-lhe: 'Ó rei, não me dês ouro nem prata, mas recupera de volta e devolva-me a minha pátria Samos, na qual agora, desde que meu irmão Polícrates foi assassinado por Oretes, manda um escravo nosso, dá-me a cidade sem morte nem escravidão.'. Após ter ouvido essas palavras, Dario enviou um exército e o estratego Otanes que era um dos sete homens, ordenando-lhe que executasse com perfeição tudo que Silosonte lhe pedisse." (*Histórias*, III, 139-141). In: Heródoto. *Histórias. Livro III – Talia. Op. cit.*

46 | Histórias

porque ao mesmo tempo viam que existia muita desordem entre os
iônios, aceitaram as propostas, e ao mesmo tempo estava claro que
lhes seria impossível vencer o poderio do rei, certamente, estavam
bem cientes de que se também vencessem a frota de Dario que estava presente, outra se lhes apresentaria cinco vezes maior. Portanto,
cercaram-se desse pretexto[66], depois rapidamente viram que os iônios
não queriam ser úteis[67], que estariam no ganho[68] se preservassem

---

66. O προφάσιος (*prophásios*) é um argumento frequente na narrativa de
Heródoto: até este ponto de nossa tradução, nós o encontramos nos Livros: I,
29-30; III, 36 e 72; IV, 135, 145, 165 e 166; e V, 30 e 102. Todos parecem com
o sentido de um argumento não muito verdadeiro, de uma desculpa; a exceção
está neste relato: "além de Sólon, cidadão ateniense, que, depois de elaborar leis
para os atenienses, que eles lhe pediram com insistência, ficou ausente da sua
pátria por dez anos, partiu em viagem pelo mar, com o pretexto legítimo de ver o
mundo, e a fim de que não fosse obrigado a abandonar nenhuma das leis as quais
instituiu. Os próprios atenienses não foram capazes de fazer isso, pois promete-
ram, com juramentos, que utilizariam as leis que Sólon lhes instituísse por dez
anos. Por esses mesmos motivos, também para ver o mundo, Sólon ficou ausente
da sua pátria e partiu para o Egito." (*Histórias*, I, 29-30). In: Heródoto. *Histórias.
Livro I – Clio. Op. cit.* Desse modo, vemos que Heródoto adjetiva a desculpa, ou
o pretexto, de Sólon para mostrar que se tratava de um expediente justo, dado
que não ocorre nas demais citações, como depreendemos desta fala de Otanes:
"e eu próprio tenho um pretexto que é o mais apropriado para entrarmos nele,
dizendo que há muito cheguei da Pérsia e que quero contar a história de meu pai
para o rei. Pois quando alguma mentira deve ser dita, que seja dita!" (*Histórias*,
III, 72). In: Heródoto. *Histórias. Livro III – Talia. Op. cit.*

67. Outro aspecto a ser apontado neste episódio é que Heródoto coloca em dúvida
se os iônios foram negligentes em suas manobras ou se houve excesso do sâmio na
intensidade dos exercícios em alto-mar. E por último, por meio deste relato, vemos
que a tática ateniense cobrava de seus nautas uma habilidade incomum adquirida
por meio de muito treinamento.

68. Outra questão levantada aqui é a do κέρδος (*kérdos*), que pode ser traduzido
como "ganho" ou "lucro" que se obtém com a mentira, ou um pretexto. Na peça
de Sófocles, vemos essa mesma preocupação, mostrando que tal pensamento é algo
que compõe o imaginário da Hélade desde o período arcaico, tal como lemos nestes versos que sequenciam os anteriores: "E não julgas vergonhoso dizer mentiras?
/ Não se a mentira traz a salvação.". Trata-se de um diálogo entre Neoptólemo e
Odisseu, que decide mentir para Filoctetes a fim de cumprir sua missão de levá-lo
com seu arco para Troia, conforme o que fora proferido pelo oráculo, para que a
cidade fosse capturada pelos helenos. "Então com que cara alguém ousa proclamar
isso? / Quando se faz algo pra lucro, não convém hesitar. / Que lucro é o meu que
ele vá a Troia? / Só este arco captura Troia." (Sófocles, *Filoctetes*, 108-113). Sófocles.

LIVRO VI - ÉRATO | 47

seus templos e suas posses. E Éaces, de quem os sâmios aceitaram os argumentos, era filho de Silosonte, filho de Éaces, que era tirano de Samos[69] que obteve o poder pela confiança que lhe foi dada pelo milésio Aristágoras[70], conforme os demais tiranos da Iônia.

14. Então, naquele momento os fenícios zarparam, enquanto os iônios conduziram suas naus para o alto-mar contra eles, que também estavam com suas naus enfileiradas. E, quando aconteceu a sua aproximação, eles enfrentaram uns aos outros; a partir daquele momento, não posso mais escrever com precisão quais dentre os homens iônios foram covardes ou corajosos nessa batalha no mar; pois acusam uns aos outros. E dizem que os sâmios então, conforme o determinado por Éaces, içaram suas velas, saíram da fileira e zarparam em direção a Samos, exceto onze naus. E os seus trierarcas[71] permaneceram em seus lugares, realizaram a batalha das naus sem dar ouvidos aos seus estrategos; e a comunidade dos sâmios deu-lhes por causa desse acontecimento uma estela na qual estavam inscritos os nomes dos seus pais, que tinham sido homens corajosos[72], e essa estela está na ágora. E os lésbios, quando viram que os

---

Filoctetes. Edição bilíngue. Tradução, introdução e notas de Fernando Brandão dos Santos. São Paulo: Odysseus, 2008.

69. Ilha helena situada no Mar Egeu.

70. Sobre esse episódio, Heródoto relata: "E foi enviado Iatrágoras para essa mesma missão, que capturou com um ardil Olíato de Milasa, filho de Ibanolis, Histieu de Térmera, filho de Timnes; Coes, a quem Dario recompensou com Mitilene, filho de Erxandro, Aristágoras, filho de Heráclides, de Cime, e outros seguidamente; desse modo, Aristágoras de fato, colocou-se às claras, tramando de tudo contra Dario. E em primeiro lugar, em palavra, renunciou à tirania e instituiu a isonomia em Mileto, a fim de que voluntariamente os milésios provocassem a revolta junto com ele; e depois disso, também instituiu isso no restante da Iônia; alguns tiranos ele expulsou, e outros tiranos ele capturou das naus que haviam navegado em companhia dele a Naxos; porque desejava ser agradável às cidades, entregou cada um à cidade que o requisitasse, de onde era proveniente cada um deles." (*Histórias*, V, 37). In: Heródoto. *Histórias. Livro V – Terpsícore. Op. cit.*

71. Comandantes de uma trirreme, que era uma nau com três fileiras de remos.

72. Homens que pertenciam à aristocracia, eram aliados dos atenienses e que juntos haviam instituído a democracia em Samos; no entanto, os outros cidadãos sâmios favoráveis aos persas contribuíram para a derrocada do regime democrático para a instituição de um regime tirânico controlado pelo Grande Rei. A respeito

48 | HISTÓRIAS

seus vizinhos estavam fugindo, fizeram o mesmo que os sâmios; como também a maior parte dos iônios fizeram o mesmo.

15. E, dentre os que permaneceram na batalha das naus, os quios foram os que pereceram de um modo muito mais cruel, porque mostraram feitos brilhantes e não quiseram ser covardes[73]; pois estavam presentes, tal como foi dito, com cem naus e em cada uma delas estavam embarcados quarenta homens selecionados dentre os seus cidadãos; e ao virem que a maioria dos aliados militares desertava, julgavam que não era justo serem iguais aos covardes dentre eles, mas, seguiram em companhia de poucos aliados militares, atravessaram o mar navegando e os combateram, até o ponto em que, após capturarem numerosas naus dos inimigos, perderam a maioria das suas. De fato, os quios, com o restante das naus, escaparam para a sua terra natal.

16. E quantos dentre os quios tiveram as suas naus impossibilitadas pelos danos sofridos, porque estavam sendo perseguidos, eles fugiram

---

dessa aliança militar entre atenienses e sâmios, temos o seguinte testemunho de Tucídides: "Apoiaram-nos homens da própria Samos que pretendiam uma mudança no regime. Navegaram então os atenienses para Samos com cinquenta navios, aí estabeleceram a democracia e tomaram como reféns cinquenta crianças sâmias e um número igual de cidadãos; instalaram-nos em Lemnos e, deixando um posto de guarda, retiraram-se. Havia certos sâmios que não toleram a situação e fugiram para o continente; compondo uma aliança com os homens mais influentes na cidade e com Pissoutnes, filho de Histaspes, que então era senhor de Sardes e, tendo recrutado perto de setecentos homens, fizeram a travessia para Samos durante a noite. Em primeiro lugar, fizeram um levante contra os democratas e conseguiram dominá-los na sua maioria; em seguida, tendo às ocultas retirado de Lemnos os seus reféns, fizeram defecção, entregaram a Pissoutnes os guardas e os oficiais atenienses que estavam em sua cidade e prepararam-se para marchar imediatamente contra Mileto.". (*História da Guerra do Peloponeso*, I, CXV). In: Tucídides, *História da Guerra do Peloponeso. Livro I.* Tradução e apresentação de Anna Lia Amaral de Almeida Prado. Texto grego estabelecido por Jacqueline de Romilly. 1. ed. São Paulo: Martins Fontes, 2008. Convém ressaltar que a grafia dos nomes foi mantida conforme o original citado, e que ela não se assemelha à utilizada neste livro por nos pautarmos na obra de Maria Helena Prieto que pode ser consultada nas referências bibliográficas deste *Livro VI – Érato*.

73. Com esse episódio, vemos que as críticas de Heródoto aos iônios não se destinam a todos os iônios, mas somente aos povos que demonstraram covardia ou má vontade nas batalhas travadas contra os persas.

LIVRO VI - ÉRATO | 49

em direção a Mícale[74]. De fato, eles atingiram sua praia e abandonaram suas naus ali mesmo, e eles seguiram com sua infantaria através da planície. E os quios marcharam e logo depois que entraram em Éfeso[75], quando chegaram neste lugar era noite e as mulheres que haviam ali estavam nas Tesmofórias[76], nesse momento, de fato, os efésios não tinham ouvido ainda sobre os acontecimentos que tinham ocorrido com os quios, e quando viram que o exército já havia entrado em seu território, eles suspeitaram completamente que fossem ladrões e que avançariam sobre suas mulheres, correram em socorro com o povo e mataram os quios. Portanto, eles tombaram por tais obras do acaso.

17. E Dionísio, o foceu, em seguida, percebeu que os planos dos iônios estavam destruídos, capturou três naus dos inimigos e zarpou não mais em direção à Foceia[77], porque viu bem que seria submetido

---

74. Sobre Mícale, temos o seguinte registro de Heródoto: "E o Paniônio é uma região sagrada de Mícale, voltada para o norte, que foi dedicado em comum pelos iônios ao deus Posídon Helicônio; e Mícale é um promontório de terra firme voltado para o Vento Zéfiro e posicionado defronte de Samos, onde os iônios, vindos das cidades, reuniam-se para celebrar a festa, no local em que colocaram o nome Paniônia. Percebe-se que não somente as festas são dos iônios, mas também de todos os helenos por igual, todos os nomes terminados na mesma letra, conforme os nomes dos persas." (*Histórias*, I, 148). In: Heródoto. *Histórias. Livro I – Clio. Op. cit.*

75. Cidade localizada na Ásia Menor, conhecida por seu templo dedicado a Ártemis, considerada uma das Sete Maravilhas do Mundo Antigo.

76. Havia muitos ritos relacionados à fertilidade da terra e das mulheres, características que se identificam com o contexto feminino, por isso somente as mulheres participavam destas festividades. As celebrações mais conhecidas são as Tesmofórias. As principais informações que temos sobre as Tesmofórias são oriundas da peça de Aristófanes, que foi representada em Atenas, entre 411 e 410 a.C., como *Tesmoforiantes*, ou ainda, *As mulheres que celebram as Tesmofórias*. As Tesmofórias são uma festa exclusiva para mulheres, realizada em honra à deusa Deméter. Estima-se que ela se realize no mês de outubro, que rege a fertilidade dos campos. Era, portanto, uma celebração agrícola, para que as colheitas futuras fossem propícias. Atenas era o seu local principal, mas não o único. Diversas regiões celebravam as Tesmofórias; mas não dispomos de detalhes sobre como elas eram realizadas. Como próprio Heródoto registra: "Portanto, eu conheço até mais sobre essas representações, como é feita cada uma delas, mas mantenho meu religioso silêncio. E a respeito do ritual sagrado de Deméter, o que os helenos chamam Tesmofórias, sobre este também mantenho meu religioso silêncio, exceto sobre o que for permitido pelos deuses dizer." (*Histórias*, II, 171). In: Heródoto. *Histórias. Livro II – Euterpe. Op. cit.*

77. Cidade colonizada pelos iônios localizada na costa da Anatólia.

50 | Histórias

à escravidão junto com o restante da Iônia; e rapidamente, como estava, e nesse momento, ele afundou alguns gaulos[78], apoderou-se de uma grande quantidade de seu dinheiro e navegou em direção à Sicília[79], onde se estabeleceu e organizou de lá a sua pirataria contra os carquedônios[80] e os tirsênios[81], mas contra nenhum dos helenos[82].

18. E os persas, logo que venceram os iônios na batalha de naus, fizeram o cerco de Mileto por terra e por mar, provocaram o desmoronamento de suas muralhas e a atacaram com todos os tipos de máquinas de guerra[83], e

---

78. Barcos mercantes utilizados pelos fenícios para transportar cargas; conforme Hesíquio, *s.v.*, por derivar de *gôl-*, que significa "algo redondo", os barcos também eram chamados de redondos.

79. Maior ilha da região da Península Itálica, fundada por Árquias de Corinto em 734 a.C. Conforme o relato de Plutarco, Árquias era descendente de Héracles, influente por sua riqueza e poder, pois pertencia à família mais ilustre de Corinto. Árquias apaixonou-se por um belo rapaz chamado Actéon. Por conta de seu sentimento desmedido e da negativa do jovem, tramou raptá-lo, mas sua ação resultou na morte de Actéon. Então, Melisso, pai do jovem morto, levou seu cadáver ao templo de Posídon e implorou por vingança; em resposta, o deus enviou peste e seca ao território coríntio, que foram retiradas somente quando Árquias foi banido de Corinto. Exilado na Sicília, ele fundou a cidade de Siracusa. Consultar: Plutarco, *Narrativas de amor*, 772E-773B.

80. Nome dado aos cartagineses habitantes de Carquédon, outro nome dado à cidade de Cartago, cidade localizada no norte da África cuja colonização foi feita por fenícios das cidades de Tiro e de Sídon.

81. Habitantes da Tirsênia, região também conhecida como Etrúria, por isso os tirsênios eram entre os autores antigos, associados aos etruscos.

82. Os helenos disputavam a pirataria com esses e outros povos, Tucídides explica os motivos: "Outrora, os helenos e os bárbaros que habitavam o litoral do continente e as ilhas, desde que com seus navios começaram a estabelecer comunicações mais frequentes, entregaram-se à pirataria, sob o comando de homens de não pequeno poder que agiam assim procurando lucro para si e alimentação para os fracos. Atacando populações desguarnecidas que habitavam aldeias, pilhavam-nas e daí conseguiam o princípio de sua subsistência, sem que tivessem vergonha dessa atividade, dela tirando ao contrário motivo de glória." (*História da Guerra do Peloponeso*, I, V). In: Tucídides, *História da Guerra do Peloponeso. Livro I*. Tradução de Anna Lia Amaral de Almeida Prado. *Op. cit.*

83. O termo μηχανή (*mēkhanē*) aqui surge com o significado de "máquina de guerra", também está relacionado a qualquer mecanismo que auxilie o trabalho humano, conforme lemos neste relato: "Essa pirâmide foi construída da seguinte maneira: ao modo de degraus, alguns os chamaram de *Króssas*, outros de *Bômidas*; esse foi o modo primeiro, em seguida, eles a construíram, eles ergueram as pedras restantes com máquinas engenhosas feitas de madeiras pesadas, e ergueram do chão

LIVRO VI - ÉRATO | 51

a capturaram de cima a baixo[84] no sexto ano da revolta de Aristágoras; e escravizaram os homens livres da cidade[85], de modo que aconteceu o desastre que tinha aparecido no oráculo destinado a Mileto.

19. Pois, quando os argivos foram consultar o oráculo em Delfos[86] a respeito da salvação de sua cidade, foi-lhes proferido um oráculo comum; por um lado, trazia predições aos próprios argivos, por outro lado, o oráculo proferido trouxe predições adicionais aos milésios. Então, quanto ao que os argivos obtiveram, quando este assunto aparecer dentro do meu relato[87], nesse momento, eu me recordarei disso, e quanto às palavras que o oráculo proferiu aos milésios que não estavam presentes, são as seguintes:

> *E outrora, Mileto, artesã de terríveis males,*
> *para muitos, banquete e esplêndida presa se tornará,*

---

para a primeira coluna dos degraus; como algumas, a pedra era colocada sobre ele, em outra máquina o colocavam e erguiam para a primeira coluna, a partir desse lugar, e era arrastado para cima da segunda coluna por outra máquina. Pois, de fato, quantas colunas houvesse dentre os degraus, tantas também eram as máquinas, e, se houvesse uma mesma máquina, única e fácil de ser carregada, ela era transferida para cada uma das colunas todas as vezes que a pedra era retirada;" (*Histórias*, II, 125). In: Heródoto. *Histórias. Livro II – Euterpe. Op. cit.*

84. A expressão κατ᾽ ἄκρης (*kat' ákrēs*), ora traduzida por "de cima a baixo", já aparece em Homero, em sua obra *Ilíada*, Canto XIII, verso 772: "agora foi toda destruída, de cima a baixo" (νῦν ὤλετο πᾶσα κατ᾽ ἄκρης/ *nŷn ōleto pâsa kat' ákrēs*) e no Canto XV, verso 557: "antes ou de matar ou de cima a baixo" (πρίν γ᾽ ἠὲ κατακτάμεν ἠὲ κατ᾽ ἄκρης/ *prín g'ēè kataktámen ēè kat' ákrēs*).

85. No ano de 494 a.C.

86. Santuário heleno localizado aos pés do Monte Parnaso, considerado o umbigo do mundo, que abrigava o santuário de Apolo, famoso por seus oráculos. Os antigos habitantes da Hélade (mas não somente, pois temos notícias de que persas e lídios, por exemplo), consultavam o seu famoso oráculo e o cultuavam. Como agradecimento aos vates proferidos pela sacerdotisa pítica, por intermédio de quem o deus Apolo proferia seu oráculo, os povos tinham o hábito de erigir monumentos suntuosos, que ainda podem ser vistos no sítio arqueológico da cidade de Delfos, os quais chamavam de θησαυρός (*thēsaurós*) ou seja, "tesouro". Local em que eles depositavam suas oferendas ao deus, como vasos, crateras, cinturões, estátuas etc., em geral confeccionados em materiais nobres, como ouro e prata.

87. Heródoto retomará este episódio no Capítulo 77 deste *Livro VI – Érato.*

52 | HISTÓRIAS

tuas mulheres, para muitos, os pés lavarão, de cabelos longos[88],
do nosso templo em Dídimos[89] outros se ocuparão.[90]

De fato, nesse momento, essas predições atingiram os milésios
quando a maioria dos seus homens foi morta pelos persas que tinham
os cabelos longos, e as mulheres e as crianças foram submetidos à

---

88. O substantivo κομήτης (*komḗtēs*) significa "de cabelos longos" em inúmeros
versos de Homero, mas em Heródoto, κομήτης (*komḗtēs*) está relacionado aos cabelos longos que os persas usavam. A interpretação herodotiana retira a beleza
antes dada por Homero, que se refere aos "aqueus de longos cabelos" (κομόωντες
Ἀχαιοὶ/ *komóōntes Akhaioí*) em sua forma participial do verbo κομάω (*komáō*),
que deriva de κομήτης (*komḗtēs*), *na* Ilíada, Canto IX, verso 45, um povo heroico que
conquistou Troia. A interpretação herodotiana revela uma mudança no significado
de κομήτης (*komḗtēs*), dado que mais tarde vemos também um uso menos nobre
para o substantivo, como lemos nestes versos de Aristófanes: "tornam-se tudo que
querem; e se virem um de cabelos longos/ um selvagem desses cabeludos, como
o filho de Xenofanto/ para ridicularizar a sua mania de que se parecem com os
Centauros" [{Σω.} γίγνονται πάνθ᾽ ὅτι βούλονται· κᾆτ᾽ ἢν μὲν ἴδωσι κομήτην/
ἄγριόν τινα τῶν λασίων τούτων, οἷόνπερ τὸν Ξενοφάντου,/ σκώπτουσαι τὴν
μανίαν αὐτοῦ κενταύροις ᾔκασαν αὐτάς.] (Aristófanes, *Nuvens*, 348-351), tradução de Maria Aparecida de Oliveira Silva. Os Centauros representam a época da
escuridão, quando não havia cidades nem leis, nem mesmo Zeus reinava sobre os
deuses e os homens para estabelecer a justiça e a equidade entre eles.

89. Sobre a localização de Dídimos, Heródoto conta: "Pois havia sido construído
ali um oráculo muito antigo, o qual todos os iônios e eólios tinham o costume de utilizar; e esse estava na região de Mileto sobre o porto de Panormo."
(*Histórias*, I, 157-158). In: *Heródoto. Histórias. Livro I – Clio. Op. cit.* A família
dos Brânquidas era a que cuidava do templo de Dídimos em Mileto, oráculo
considerado o segundo mais importante da Hélade depois do de Delfos. Lá havia
o oráculo de Apolo, que foi destruído pelos persas em 493 a.C., quando estes
saquearam seus tesouros e subtraíram-lhe a estátua de bronze de Apolo. O interesse pelo santuário de Dídimos se dava também pelos tesouros que haviam no
local, conforme podemos depreender deste relato de Heródoto: "Também essas
oferendas ainda sobrevivem na minha época, mas algumas delas já haviam sido
destruídas; as oferendas feitas por Creso aos Brânquidas de Mileto, como eu me
informei, eram iguais em peso e semelhantes às de Delfos. E as que foram deposi-
tadas no templo de Delfos e no de Anfiarau eram privadas, eram primícias vindas
das riquezas paternas, e outras oferendas vieram da riqueza de um homem que
era seu inimigo, que era um rebelde antes de Creso tornar-se rei, era um auxiliar
zeloso, que atuava para que Pantaleão herdasse o Império Lídio." (*Histórias*, I, 92).
In: Heródoto. *Histórias. Livro I – Clio. Op. cit.*

90. Convém notar que se trata de um oráculo incomum, pois nos demais oráculos
registrados pelo próprio Heródoto a resposta oracular se destina ao consulente.

LIVRO VI - ÉRATO | 53

escravidão, e produziram uma grande quantidade deles, e o templo de Dídimos[91], o lugar da imagem divina e local do oráculo, foi saqueado e incendiado. E, muitas vezes e em outros lugares desta obra, compus um relato com a lembrança das riquezas[92] que haviam neste templo[93].

---

91. Heródoto registra que o oráculo de Dídimos, comandado pela família dos Brânquidas, era também consultado pelos bárbaros, como lemos neste relato: "Depois desse pensamento, rapidamente, pôs à prova os oráculos dentre os que existiam entre os helenos e o do povo líbio, e enviou diferentes mensageiros para lugares distintos, uns para ir a Delfos, outros para Abas, nas regiões dos foceus, e outros ainda para Dodona; alguns foram enviados para Anfiarau e para Trofônio, e outros para o dos Brânquidas, na região milésia; esses foram os oráculos helênicos que Creso enviou para solicitar uma predição; e enviou outros à Líbia para consultar o oráculo de Ámon. Ele os enviou tendo em mente colocar à prova os oráculos;" (*Histórias*, I, 46). In: Heródoto. *Histórias. Livro I – Clio. Op. cit.* Com esse relato, Heródoto faz um mapeamento dos oráculos mais prestigiados entre os antigos, citados em quase toda a literatura de sua época e posterior.

92. As riquezas do oráculo eram tão famosas entre os antigos que Heródoto registra que Histieu planejava pilhar o templo de Dídimos: "Então, Histieu refletiu sobre isso e enviou um mensageiro, e coincidiu que, nesse mesmo tempo, Aristágoras foi influenciado por tudo isso. Portanto, decidiu em companhia dos revoltosos esclarecer o seu plano e a mensagem enviada por Histieu. De fato, todos os outros concluíram pelo plano dele mesmo, pedindo que eles provocassem a revolta, mas Hecateu, o logógrafo, foi quem primeiro não permitiu que eles empreendessem uma guerra contra o rei dos persas, enumerando todos os povos dentre os que Dario comandava e a sua força militar; e depois, porque não conseguia persuadi-los pela segunda vez, aconselhou-os para que fossem os detentores do mar. Portanto, como não havia outro modo, ele disse afirmando que via que isso seria possível (pois sabia que a força militar dos milésios era fraca), e se as riquezas fossem retiradas do santuário dos Brânquidas, as que o lídio Creso lá dedicou, e tinha muitas esperanças de dominar com suas naus o mar, e desse modo eles poderiam fazer uso das riquezas e os inimigos não poderiam saqueá-las. E essas riquezas eram grandiosas, como já foi demonstrado por mim no primeiro livro desses relatos. De fato, esse plano não vingou, mas mesmo assim, pareceu-lhes bom provocar a revolta, e que uma expedição deles navegasse em direção a Miunte e fosse para o acampamento militar de Naxos que havia lá, para tentar capturar os estrategos que estavam embarcados nas naus." (*Histórias*, V, 36). In: Heródoto. *Histórias. Livro V – Terpsícore. Op. cit.*

93. Além das passagens já citadas nas notas deste Capítulo 19, temos mais este relato sobre Neco que lhe oferece sua vestimenta: "Depois de ter interrompido a construção do canal, Neco voltou-se para suas funções militares, e suas trirremes foram construídas, umas no mar do norte e outras no Golfo Arábico, em torno do Mar Eritreu; desses trabalhos, ainda os lugares secos para onde arrastavam as trirremes são visíveis. E ele utilizou essas trirreme conforme a sua necessidade, e Neco venceu os sírios com sua infantaria, enfrentando-os em Magdolo, e, depois dessa batalha,

54 | Histórias

20. Depois disso, os que foram capturados vivos dentre os milésios foram levados para Susos; e o rei Dario não lhes fez nada além do que colocá-los como colonos no chamado mar Eritreu[94], na cidade de Ampes[95], ao lado dela corre o rio Tigre[96] que desemboca no mar. E, dentro do território milésio, esses persas se apoderaram das regiões que circundavam a cidade e a sua planície, e deram as regiões montanhosas como posses aos cários de Pédaso[97].

21. E, enquanto os milésios sofriam diante dos persas, os sibaritas não lhes retribuíram com a mesma equidade, os que habitavam

---

ele capturou Cáditi, a grande cidade da Síria. Ofereceu a vestimenta que ele trajava naquela batalha a Apolo, que ele havia enviado ao oráculo dos Brânquidas, em Mileto. Depois de ter governado durante dezesseis anos completos, ele morreu, e o seu poder foi entregue ao seu filho Psâmis." (*Histórias*, II, 159). In: Heródoto. *Histórias. Livro II – Euterpe. Op. cit.*

94. Mar que banhava a região da Eritreia, famosa por seus recursos minerais; o Mar Eritreu hoje recebe o nome de Mar Vermelho. Sobre este mar, registra: "Entre os persas, os versados em história dizem que os fenícios foram os responsáveis pela discórdia; vindos do mar chamado Eritreu, chegaram a este mar e fundaram colônias nesta região que ainda hoje habitam, e logo dedicaram-se às navegações de longa distância, levando suas mercadorias egípcias e assírias, e chegaram a outras regiões atingindo Argos; e nessa época Argos se destacava em tudo na região que hoje chamamos Hélade." (*Histórias*, I, 1). In: Heródoto. *Histórias. Livro I – Clio. Op. cit.*

95. Não conhecemos ao certo a localização desta cidade. No entanto, Plínio faz referências a uma cidade chamada Ampelone que está localizada perto de Alexandria, na região da Antioquia, e a chama de colonia Milesiorum, ou seja, "colônia dos milésios" (*Plínio, História natural*, VI, 28).

96. Rio que corria na região conhecida como Mesopotâmia, cujo significado literal é "entre rios", a saber, entre o rio Tigre e o Eufrates.

97. Cidade próxima a Halicarnasso, na Ásia Menor. Heródoto nos conta sobre o caminho de Pédaso que ia do vale do rio Mársias até a cidade de Milasa e registra o seguinte episódio nele: "E depois disso, os cários se recuperaram do desastre e se renovaram para o combate; pois foram informados de que os persas estavam se movimentando para realizar uma expedição militar contra as cidades deles, prepararam-lhes uma armadilha no caminho de Pédaso, e os persas caíram na armadilha à noite e eles e os seus estrategos foram aniquilados, Daurises, Amorges e Sisimaces; e com eles, morreu também Mirso, filho de Giges. E quem foi o comandante dessa armadilha foi Heráclides, filho de Ibanolis, um homem milésio." (*Histórias*, V, 121). In: Heródoto. *Histórias. Livro V – Terpsícore. Op. cit.*

LIVRO VI - ÉRATO | 55

Laos e Cidro[98] foram privados de sua cidade; pois Síbaris[99] havia sido capturada pelo crotoniatas, e todos os milésios adultos haviam raspado suas cabeças e se colocado em um grande luto; pois essas cidades, de fato, pelo que nós sabemos, tinham estabelecido os mais intensos laços de hospitalidade entre si. E os atenienses não se comportaram em nada do mesmo modo; pois os atenienses deixaram claro que tinham ficado extremamente descontentes com a captura de

---

98. Eram antigas colônias de Síbaris, localizadas na região da Lucânia. Sobre a colônia de Laos, temos o seguinte relato de Estrabão: "Laos é tanto um golfo, como um rio e uma cidade, a última da Lucânia, perto do mar, uma colônia dos sibaritas, que estava a quatrocentos estádios de Ele. E a travessia de todo o litoral da Lucânia é de seiscentos e cinquenta estádios. Próximo dela existe o templo do herói Drácon, um dos companheiros de Odisseu; a respeito dele o oráculo que apareceu para os italiotas foi este: 'pelas mãos de Drácon de Laos, um dia um numeroso exército perecerá'. Pois os helenos da Itália realizaram uma expedição militar contra essa Laos porque aconteceu de serem enganados pelos lucânios com esse oráculo." [Λᾶος κόλπος καὶ ποταμὸς καὶ πόλις, ἐσχάτη τῶν Λευκανίδων, μικρὸν ὑπὲρ τῆς θαλάττης, ἄποικος Συβαριτῶν, εἰς ἣν ἀπὸ Ἔλης στάδιοι τετρακόσιοι· ὁ δὲ πᾶς τῆς Λευκανίας παράπλους ἑξακοσίων πεντήκοντα. πλησίον δὲ τὸ τοῦ Δράκοντος ἡρῷον ἑνὸς τῶν Ὀδυσσέως ἑταίρων, ἐφ᾽ οὗ ὁ χρησμὸς τοῖς Ἰταλιώταις ἐγένετο "Λάιον ἀμφὶ Δράκοντα πολύν ποτε λαὸν ὀλεῖσθαι." ἐπὶ γὰρ ταύτην Λᾶον στρατεύσαντες οἱ κατὰ τὴν Ἰταλίαν Ἕλληνες ὑπὸ Λευκανῶν ἠτύχησαν ἐξαπατηθέντες τῷ χρησμῷ.] (Estrabão, *Geografia*, VI, 1, 1), tradução de Maria Aparecida de Oliveira Silva. Convém notar que as palavras oraculares colocadas em itálico "*Λάιον ἀμφὶ Δράκοντα πολύν ποτε λαὸν ὀλεῖσθαι*" resultam de um jogo de palavras com o nome da cidade Λᾶος (*Laîos*) e o substantivo homérico λαός (*laós*) que significa "povo" ou "exército".

99. Fundada em 710 a.C., Síbaris está localizada no golfo de Tarento. A respeito de sua fundação e da fundação de outras cidades pelos sibaritas, dispomos do seguinte relato de Aristóteles: "O caráter de uma revolta é ainda o fato de não haver igualdade de origem, até que atinjam essa semelhança; pois, tal como uma cidade não nasce de uma multidão de pessoas unidas pelo acaso, assim também não se cria nenhuma em pouco tempo; por isso, quantos já aceitaram colonos estrangeiros ou os colonos de suas colônias, a maioria se revolta. Por exemplos, com os trezenos, os aqueus fundaram a colônia de Síbaris, e depois, quando os aqueus se tornaram a maioria, eles expulsaram os trezenos, de onde a expiação que aconteceu aos sibaritas. Também em Túrio, isso aconteceu aos sibaritas que a colonizaram (pois sibaritas, quando se julgaram dignos de ter mais vantagens, foram expulsos de seus territórios); também em Bizâncio, os colonos que se rebelaram contra eles foram descobertos, e eles foram expulsos dos territórios através de um combate." (*Política*, 1303a25-34). In: Aristóteles. *Política. Op. cit.*

56 | HISTÓRIAS

Mileto e de muitos outros modos, e além disso, quando Frínico[100] compôs o seu drama *A captura de Mileto* e enquanto ele era encenado[101], lágrimas caíam no teatro e o poeta foi condenado a pagar uma multa de mil dracmas por ter lembrado esses terríveis acontecimentos da vida interna da cidade, e impôs a ordem de que ninguém mais se serviria desse enredo para o seu drama.

22. Então, Mileto ficou deserta de milésios. E, dentre os sâmios que tinham certas posses, havia os que não estavam de modo algum satisfeitos com o que os seus estrategos tinham feito por deferência aos medos, e imediatamente depois à batalha das naus, os que haviam se reunido para deliberar sobre o assunto decidiram, antes da chegada do tirano Éaces, que zarpariam para fundar uma colônia para que não permanecessem sob o domínio dos medos nem escravizados por Éaces. Pois os zancleus[102] oriundos da Sicília, enviavam mensageiros para a Iônia para convocar os iônios para irem para a chamada Cale Acte que estava situada no litoral dos siciliotas em direção a Tirsênia[103] que é parte da Sicília. Portanto, dentre esses que foram convocados, os sâmios foram os únicos que se prepararam para ir, e com eles os milésios que escaparam vivos.

23. Nesse momento, calhou de acontecer algo deste tipo: enquanto os sâmios marchavam em direção à Sicília, encontraram no

---

100. Tragediógrafo, 540-470 a.C., conhecido por ter sido o grande rival de Ésquilo. Existem referências a duas de suas peças, *A captura de Mileto* e *As fenícias*; esta inspirou Ésquilo a compor *Os persas*, mas delas somente nos restaram fragmentos. De acordo com o Suda *s.v.*, Frínico foi o primeiro tragediógrafo que utilizou máscaras femininas no teatro.

101. A peça foi encenada em 492 a.C., recebeu o prêmio de primeiro lugar e teve Temístocles como corego, conforme lemos neste relato de Plutarco: "Certa vez, na qualidade de corego, empalmou o prêmio da tragédia, numa época em que esse gênero de concurso já era bastante apreciado e despertava emulação. Para comemorar a vitória, consagrou uma placa com a seguinte frase: 'Temístocles de Freárrio, corego; Frínico, autor; Adimanto, arconte.'." (Plutarco, *Vida de Temístocles*, V, 4-5). In: Plutarco. *Vidas Paralelas. Primeiro Volume.* Introdução e notas de Paulo Matos Peixoto. Tradução direta do grego por Gilson César Cardoso. São Paulo: Paumape, 1991.

102. Habitantes de Zancle, antigo nome de Messene.

103. Região da Península Itálica cujos nomes encontramos grafados: Tirsênia, como neste texto, Tirrênia, Etrúria e Toscana.

LIVRO VI - ÉRATO | 57

território dos lócrios, esses que eram epicefírios, mas eles mesmos eram zancleus[104], e o rei deles, cujo nome era Cites, que haviam feito um cerco com a intenção de destruir a cidade dos siciliotas[105]. Após saber disso, Anaxilau[106], o tirano de Régio[107], que então os zancleus o tinham como adversário, conversou com os sâmios e os persuadiu de que era preciso que renunciassem a Cale Acte, na sua navegação, e capturassem Zancle[108], que naquela ocasião estava

---

104. Por Zancle ser uma colônia fundada pelos calcidenses, os sâmios os socorreram por serem seus aliados, como podemos ler neste episódio: "E Aristágoras, depois que os atenienses chegaram com suas vinte naus, ao mesmo tempo em que conduziam cinco trirremes dos eritreus, que não realizaram uma expedição militar por um favor aos atenienses, mas pelos milésios, porque retribuíam os que lhes deviam (pois, de fato, os milésios primeiro deram suporte aos eritreus na guerra contra os calcidenses, quando também os sâmios correram em socorro aos calcidenses contra os eritreus), então, depois que os atenienses chegaram e os demais aliados militares se apresentaram, Aristágoras fez uma expedição militar contra Sárdis." (*Histórias*, V, 99). In: Heródoto. *Histórias. Livro V – Terpsícore. Op. cit.*

105. Tucídides faz um pequeno relato sobre a formação étnica da Sicília, que é longa, então selecionamos a parte em que trata dos sícelos e dos helenos: "Os sícelos, por sua vez, vieram da Itália, onde moravam, para a Sicília, fugindo aos ópicos em balsas, de acordo com a tradição, esperando até que o vento soprasse do continente para atravessar (ou talvez eles tenham navegado de outra maneira qualquer). Ainda hoje há sícelos que tinham este nome. Eles atravessaram a Sicília em vez da Sicânia. Eles se fixaram lá após aquela travessia, e dominavam as melhores áreas da ilha havia trezentos anos aproximadamente quando os helenos chegaram à Sicília; até hoje eles são os senhores do norte e do centro da ilha." (*História da guerra do Peloponeso*, VI, 2). In: Tucídides. *História da guerra do Peloponeso*. Tradução de Mário da Gama Kury. *Op. cit.*

106. Tirano de Régio, de 494 a 476 a.C. Para mais detalhes, consultar: Diodoro Sículo, *Biblioteca histórica*, XI, 48. Tucídides também o menciona: "os sâmios por sua vez foram expulsos não muito tempo depois por Anaxilas, tirano de Région, que colonizou o local com uma população miscigenada e mudou o seu nome para Messene, sua antiga pátria." (*História da guerra do Peloponeso*, VI, 4). In: Tucídides. História da guerra do Peloponeso. Tradução de Mário da Gama Kury. *Op. cit.*

107. Localizada no estreito de Messene, Régio é uma colônia fundada pelos calcidenses em 720 a.C.

108. A respeito de Zancle, Tucídides conta: "Zancle foi fundada inicialmente por piratas vindos de Cime, cidade Cálcis em Opícia; depois, numerosos colonos vieram de Cálcis e do resto da Eubeia e partilharam a terra com eles; seus fundadores foram Perieres e Cratémenes, um de Cime e outro de Cálcis. Zancle foi o primeiro

58 | HISTÓRIAS

um deserto de homens. E os sâmios, porque foram persuadidos por eles, capturaram Zancle; quando os zancleus foram informados que sua cidade estava tomada, correram em socorro dela e convocaram Hipócrates[109], o tirano de Gela[110]; pois eles o tinham como seu aliado militar. E quando Hipócrates veio em seu socorro com o seu exército, porque Cites, o monarca[111] dos zancleus havia arrasado a cidade, aprisionou-o e também o seu irmão Pitógenes[112], e os enviou para a cidade de Ínix[113], e o restante dos zancleus, após terem se reunido para debater com os sâmios e de ter feito juramentos entre si; na sequência, ele os traiu. E o pagamento dado para ele sozinho pelos sâmios foi a partilha da metade de todos os bens móveis e escravos de guerra, e todas as colheitas dos campos. De fato, ele aprisionou a maior parte dos zancleus, que os tinha em seu discurso como escravos de guerra, e os trezentos mais importante entregou

---

nome dado inicialmente, porque os sícelos achavam que o local tinha a forma de foice (os sícelos chamam a foice de zanclos)." (*História da guerra do Peloponeso*, VI, 4). In: Tucídides. *História da guerra do Peloponeso*. Tradução de Mário da Gama Kury. *Op. cit.*

109. Tirano de Gela, de 498 a 491 a.C.

110. A cidade mais próspera da Sicília à época da tirania de Hipócrates. Consultar: Diodoro Sículo, *Biblioteca histórica*, XI, 62.

111. Mais uma vez, Heródoto reproduz um pensamento corrente na Hélade de que a monarquia (μουναρχίη) (*mounarkhíê*), isto é, "o governo de um só", representa um mal para a sociedade. Convém ressaltar que Heródoto descreve o monarca ou o rei como se fosse um tirano; do mesmo modo, a tirania era condenada pelos helenos do período clássico, por ser um governo violento e à parte das leis. Heródoto grafa μούναρχον (*moúnarkhon*), mas entendemos que o substantivo "rei" insere-se melhor neste contexto. O termo μουναρχίη (*mounarkhíê*), ou seja, "monarquia", significa "o governo de um só". Convém notar que Heródoto chama o tirano dos zancleus de monarca; talvez seja um prenúncio da seguinte reflexão de Aristóteles: "Mas os desvios de finalidade dos regimes que nós já mencionamos são a tirania da monarquia, a oligarquia da aristocracia, e a democracia da república. Pois a tirania é uma monarquia voltada para o interesse do monarca, e a oligarquia para o dos ricos, enquanto a democracia está voltada para o interesse dos pobres, mas nenhum deles está voltado para o proveito comum." (*Política*, 1279b5-10). In: Aristóteles. *Política. Op. cit.*

112. Não dispomos de mais informações sobre essa personagem.

113. Pequena cidade da Sicília.

LIVRO VI - ÉRATO | 59

aos sâmios para que fossem degolados; todavia, os sâmios, certamente, não fizeram isso.

24. Cites, o monarca dos zancleus, escapou em fuga de Ínix para Hímera[114], e de lá foi para a Ásia e subiu até a corte do rei Dario. E a ele Dario deu o nome de o mais justo dentre todos os homens quantos da Hélade subiram até ele; de fato, ele foi para a Sicília com a permissão do rei, e outra vez da Sicília retornou para a corte do rei, até o ponto em que na sua velhice estava feliz por sua grande riqueza e teve o seu fim na Pérsia. E os sâmios que se desvencilharam dos medos e se apoderaram sem trabalho de Zancle, uma cidade belíssima.

25. Depois da batalha das naus ocorrida mais longe de Mileto, os fenícios, porque receberam ordens dos persas, trouxeram para Samos Éaces, filho de Silosonte, porque era digno de muita consideração entre eles e tinha realizado grandiosos trabalhos para eles; e os sâmios foram os únicos dentre os revoltosos contra Dario, por causa da deserção das suas naus na batalha marítima, nem a sua cidade nem os seus templos foram destruídos. E, depois de capturar Mileto, imediatamente os persas tomaram também a Cária; algumas de suas cidades se renderam por vontade e outras foram atacadas com força.

26. Esses acontecimentos, de fato, ocorreram assim. E, enquanto Histieu de Mileto estava na região de Bizâncio e apressava as embarcações de carga dos iônios provenientes do Ponto, foi anunciado por meio de um mensageiro os fatos ocorridos em Mileto. Então, confiou a Bisaltes de Abdeno, filho de Apolófanes, os assuntos que tinha no Helesponto[115], e ele zarpou com os lésbios em direção a Quios; também os quios não aceitavam a sua aproximação, avançaram contra ele nas chamadas Celas[116], no território de Quios. E então ele matou-os incessantemente, e o restante dos quios, quantos extenuados pela batalha das naus, Histieu com os lésbios venceu-os, movimentando-se de Policna, localizada dentro de Quios.

---

114. Cidade do norte da Sicília.

115. Estreito que liga o Mar Egeu ao Mar de Mármara na Ásia Menor.

116. As Κοῖλα (*Koîla*), ou Celas, significam "recifes".

60 | Histórias

27. E costuma, de algum modo, ser anunciado antecipadamente por sinais, quer se grandes desastres acontecerão a uma cidade ou a um povo; de fato, aos quios grandes sinais surgiram antes desses acontecimentos. Um deles foi quando eles tinham enviado para Delfos um coro de cem jovens e somente dois deles retornaram, os outros noventa e oito deles foram acometidos por uma peste que os dizimou. E o outro foi quando, na cidade, durante essa mesma época, pouco antes da batalha das naus, o telhado caiu enquanto os professores ensinavam os meninos, de modo que de cento e vinte crianças somente uma escapou. E o deus[117] mostrou-lhes antes esses sinais. E, depois disso, a batalha das naus que colocou de joelhos a cidade, e além dessa batalha, Histieu surgiu comandando os lésbios, porque os quios estavam extenuados, com facilidade ele executou a conquista deles.

28. E, de lá, Histieu realizou uma expedição militar contra Tasos[118] com iônios e eólios em grande número. E, enquanto estava sitiando Tasos, chegou uma mensagem que dizia que os fenícios estavam navegando de Mileto contra o restante da Iônia. E, depois de ter sido informado sobre isso, sem o saque, deixou Tasos para trás, e ele mesmo se apressou em direção a Lesbos com todo o seu exército. De Lesbos, porque seu exército estava passando fome, atravessou para o continente a fim de colher o trigo de lá de Atárnea, também da planície de Caíco[119] que era

---

117. Trata-se de Apolo, Filho de Zeus e Leto, irmão gêmeo da deusa Ártemis; é considerado o deus da adivinhação. Trofônio era irmão de Agamedes, ambos eram arquitetos e foram responsáveis pela construção do templo de Apolo em Delfos

118. Ilha localizada no Mar Egeu, próxima à costa da Trácia, cuja colonização foi feita pelos habitantes da ilha de Paros. No entanto, Heródoto registra a presença de fenícios nela: "E vi em Tiro também outro templo de Héracles em que seu nome era Tasos. E parti também para Tasos, na qual encontrei um templo de Héracles edificado pelos fenícios, aqueles que, navegando à procura de Europa, colonizaram Tasos; e esses acontecimentos se passaram há cinco gerações desses homens, antes de Héracles, filho de Anfitrião, nascer na Hélade." (*Histórias*, II, 44). In: Heródoto. *Histórias. Livro II – Euterpe. Op. cit.*

119. Estrabão conta que Caíco possuía riqueza, graças ao seu vale fértil onde os mísios cultivavam cereais.: Estrabão, *Geografia*, XIII, 4, 1.

LIVRO VI - ÉRATO | 61

dos mísios[120]. E, nesses tais campos, por acaso estava Hárpago[121], um homem persa, estratego de um exército que não era pequeno; que, ao desembarcar, atacou o próprio Histieu, capturou-o com vida e aniquilou a maior parte do seu exército.

29. E Histieu foi capturado com vida do modo que se segue. Quando os helenos lutavam contra os persas em Malene[122], um território do distrito de Atárnea, os adversários permaneceram de pé durante muito tempo, e mais tarde a cavalaria se movimentou e avançou contra os helenos. De fato, esse foi o feito dessa cavalaria, quando os helenos se colocaram em fuga, e Histieu estava esperançoso de que não fosse morto pelo rei por causa de sua presente

---

120. As terras férteis da Mísia já são destacadas no primeiro livro, quando Heródoto relata o episódio em que Creso acaba involuntariamente enviando seu filho Átis para a morte, como lemos neste pequeno trecho desta história: "E ele passou a viver no palácio de Creso; nessa mesma época, havia no Monte Olimpo da Mísia, um javali, que era uma criatura enorme; e depois de ter descido dessa montanha, devastava os campos dos mísios; muitas vezes, quando eles saíam para atacá-lo; não lhe faziam mal nenhum, mas sofriam por causa dele. Por fim, os mensageiros dos mísios foram à corte de Creso e disseram o seguinte: 'Ó rei, um javali, uma criatura gigantesca, que devasta os nossos campos, apareceu em nossa região. Embora tenhamos nos empenhado, não fomos capazes de capturá-lo. Agora, imploramos a ti que envie conosco seu filho, jovens de elite e cães, para que o retiremos de nossa região.'." (*Histórias*, I, 36). In: Heródoto. *Histórias. Livro I – Clio. Op. cit.*

121. Um general do exército medo que auxiliou Ciro na tomada da Lídia. Depois da vitória de Ciro, Hárpago tornou-se um dos seus sátrapas. No entanto, será este general que o trairá, pois não mata o menino Dario, como lemos neste registro de Heródoto: "Não cumprirei a ordem de Astíages, ainda que ele fique fora de si e seja tomado por uma loucura pior que a loucura de agora, eu mesmo não concordarei com seu pensamento, nem executarei tal assassínio. Por muitos motivos, eu não o matarei, porque o menino é meu parente, também porque Astíages é velho e sem filho do sexo masculino; mas se queria que, após ele morrer, o seu reinado fosse transmitido para essa sua filha, da qual agora o filho morreria pelas minhas mãos, que outra coisa me restaria senão, doravante, correr o maior risco? Mas, por segurança, eu devo dar cabo desse menino; todavia, ele deve ser morto por um dos servos de Astíages, não por mim." (*Histórias*, I, 109-110). In: Heródoto. *Histórias. Livro I – Clio. Op. cit.* Para mais detalhes sobre esse episódio, ler os capítulos 108 a 122 do referido Livro I dessas *Histórias*.

122. Não conhecemos a sua localização exata.

62 | HISTÓRIAS

traição[123], pois se apegou a um certo amor à vida; quando estava fugindo, foi capturado por um homem persa e, quando havia sido capturado e ia ser perfurado por ele, começou a falar em língua persa que ele era o milésio Histieu.

30. Então, porque foi capturado com vida, foi conduzido e levado até a presença do rei Dario, eu penso que ele não teria sofrido nenhum tipo de mal e que lhe retiraria a acusação. Na verdade, por causa dessas mesmas coisas e a fim de que não escapasse outra vez e se tornasse grande na corte do rei, Artafernes, o governador de Sárdis, e Hárpago, quem o havia capturado, quando chegaram com ele a Sárdis, empalaram ali mesmo o seu corpo, embalsamaram a sua cabeça e a levaram para a corte de Dario em Susos. E Dario, após ter sido informado sobre isso, repreendeu os que haviam feito essas coisas porque eles não lhe trouxeram para que ele próprio o visse, e ordenou que lavassem sua cabeça e a enfaixassem bem para que fosse enterrada como sendo de um homem importante para ele e para os persas, porque lhes prestou grandes serviços[124]. E assim foram os acontecimentos a respeito de Histieu.

---

123. Sobre a punição entre os persas, Heródoto registra: "Louvo esse costume, louvo também o seguinte, o de que, por um único motivo, o próprio rei não condena ninguém à morte, [...] única causa, é possível ser implacável aplicando-lhe uma punição; mas, depois de realizar uma avaliação, se descobrisse mais e maiores ações injustas que os serviços prestados, assim é possível que se sirva da cólera que há em seu peito. E dizem que ninguém um dia matou seu próprio pai nem mãe, mas quantas vezes tais acontecimentos ocorram, contam que há uma razão muito convincente, que, após investigação das causas desses fatos e uma razão, esses são descobertos como sendo supostos filhos ou nascidos no adultério; pois dizem que não é plausível que um pai verdadeiro seja morto pelo seu próprio filho. As coisas que não lhes são permitidas fazer, estas não lhes são permitidas dizer. E consideram que a pior coisa para eles é mentir." (*Histórias*, I, 137-138). In: Heródoto. *Histórias. Livro I – Clio. Op. cit.* No entanto, como veremos mais adiante, Histieu é duramente executado por Artafernes e Hárpago assim que chegaram a Sárdis, o que pode nos revelar que o rei persa não executava seus inimigos por ter quem o fizesse, sem que maculasse sua imagem, que também estava relacionada ao divino, ao puro e magnânimo.

124. É verdade que Histieu prestou inestimáveis serviços ao rei Dario quando o ajudou a atravessar a região do Danúbio, conforme vimos no *Livro IV – Melpômene*, capítulo 137. No entanto, Histieu também é uma peça fundamental para que

LIVRO VI - ÉRATO | 63

31. E a força náutica dos persas passou o inverno em torno de Mileto, no segundo ano[125], quando zarpou de volta, capturou com facilidade as ilhas situadas à frente do continente, Quios, Lesbos e Tênedos[126]. E, quando tomavam uma das ilhas, porque as capturavam uma de cada vez, os bárbaros cercavam e capturavam os habitantes com uma rede[127]. E eles cercam e capturam os habitantes com uma rede deste modo: um homem atado a outro homem pela mão, que se estendem do litoral norte até o litoral sul, e depois, atravessam por toda ilha e caçam[128] seus

---

houvesse a Revolta da Iônia, que custou muitos homens e recursos dos persas para ser contida. Então, a nosso ver, a postura de Dario é a de exibir aos estrangeiros, e principalmente a seus aliados e dominados, que o Grande Rei da Pérsia conta com o auxílio de seus súditos, que a Pérsia tem relações de amizade com os mais diversos povos por meio dos seus melhores homens. Esse domínio simbólico se materializa em uma lista daqueles que colaboraram para a grandeza do Império Persa.

125. O ano de 493 a.C.

126. Ilha situada no litoral da Tróade, na entrada do Helesponto. A ilha também é conhecida por ter servido de base para o exército de Aquiles, conforme lemos nestes versos de Virgílio: "Está em frente a Tênedos, ilha de célebre/ fama, rica em recursos que está próxima do reino de Príamo [...] aqui acampava o cruel Aquiles/ [...] bem por engano bem já cantava o destino de Troia. [*est in conspectu Tenedos, notissima fama/ insula, dives opum Priami dum regna manebant, [...] hic saevus tendebat Achilles; [...] sive dolo seu iam Troiae sic fata ferebant.*] (Virgílio, *Eneida*, vv. 21-30), tradução de Maria Aparecida de Oliveira Silva.

127. O verbo σαγηνεύω (*sagēneúō*) é o verbo característico dos pescadores, pois significa "cercar e pegar o peixe com uma rede de pesca", o que revela a facilidade com que os persas capturavam seus inimigos dessa forma, além de dar a entender que se tratava de uma grande quantidade de soldados que eram arrastados por eles. Por isso, o verbo σαγηνεύω (*sagēneúō*) também significa "capturar", "fazer cerco" ou "invadir", mas como se trata de uma estratégia persa de captura com rede dos inimigos, a tradução aqui escolhida atende a essa especificidade.

128. O particípio ἐκθηρεύοντες (*ekthēreúontes*), ora traduzido por "caçavam", poderia ter sido traduzido também por "capturavam", mas o radical do verbo nos remete aos substantivos θήρ (*thḗr*) que significa "animal selvagem" e θήρα (*thḗra*) que significa "caça". Desse modo, a nossa opção de tradução mantém a escolha de Heródoto que claramente quer ressaltar o aspecto selvagem da técnica de captura dos habitantes das cidades como se fossem animais e ao mesmo tempo revela a selvageria dos soldados persas que faziam um arrastão na terra como se fossem peixes no mar, ou animais selvagens soltos nos campos. Essa característica selvagem da captura persa que Heródoto faz questão de registrar e de descrever também se alinha com o uso anterior do substantivo βάρβαροι (*bárbaroi*) ou "bárbaros" que

64 | HISTÓRIAS

habitantes[129]. E também os capturavam no continente as cidades da flor da Iônia, conforme as mesmas condições, exceto por não terem cercado e capturado os habitantes; pois tais recursos não seriam possíveis ali.

32. Nesse momento, os estrategos persas não mentiram quanto às ameaças que fizeram aos iônios por terem montado acampamentos militares do lado oposto aos deles[130]. Pois, de fato, quando capturaram as cidades, selecionaram os jovens mais belos, os castraram e os tornaram eunucos em vez de não castrados[131], também levaram as virgens mais belas para a corte do rei; e além de fazerem isso, incendiavam as cidades com os seus templos. Dessa maneira, então, pela terceira vez, submeteram os iônios à condição de escravos: a

---

antecipa uma ação que não é praticada entre os helenos, o que a torna mais estranha e próxima do irracional, do selvagem, do bárbaro.

129. Heródoto relata que a ilha de Samos foi capturada desse modo, conforme lemos aqui: "Após ter feito o cerco de Samos ao modo de uma rede de arrastão, entregou a cidade desprovida de homens a Silosonte. Todavia, passado um tempo, o estratego Otanes ajudou a repovoá-la por causa de uma visão que teve em sonho e de uma doença que o acometeu e adoeceu as suas partes pudendas." (*Histórias*, III, 149). In: Heródoto. *Histórias. Livro III – Talia. Op. cit.* Os persas tinham como tática militar de invasão formar uma linha com seu exército e seguir marchando sobre o território e, por assim dizer, varrendo-o com a execução de todos os que encontrassem pelo caminho. A imagem construída em torno desta ação assemelha-se à de um pescador que solta a sua rede de arrastão e a puxa para recolher os peixes, como vimos na descrição herodotiana. Em contraposição ao relatado por Heródoto, temos a narrativa de Estrabão, que nos conta que a drástica queda no número de cidadãos em Samos ocorreu em razão da tirania cruel de Silosonte, que instaurou uma política de eliminação dos opositores; consultar: Estrabão, *Descrições da Hélade*, XIV, 1, 17.

130. Consultar o capítulo 9 deste *Livro VI – Érato.*

131. Com relação à castração dos jovens, além deste relato, encontramos em Heródoto as seguintes referências, neste mesmo livro, capítulo XXXII, Heródoto relata que, após vencer os iônios, os persas selecionaram os jovens mais belos para que fossem castrados e se tornassem eunucos do rei. No oitavo livro, no capítulo CV, registra informações sobre Paniônio, que seria um especialista em castrar jovens, em especial para o rei Xerxes, afirmando que Hermotimo teria sido um deles e que se transformara em seu preferido. De concreto, não há registros sobre a tal castração antecipada dos jovens persas destinados à travessia do mar helênico.

LIVRO VI - ÉRATO | 65

primeira vez, foram submetidos pelos lídios[132], e a segunda vez, depois dessa ocasião, pelos persas[133].

33. E, após a força náutica[134] ter deixado a Iônia, enquanto navegou, capturou todas as regiões localizadas à esquerda do Helesponto; pois as regiões situadas à direita já haviam se tornado submissas aos próprios persas em uma expedição pelo continente[135]. E as cidades que existem

---

132. Sobre esse episódio, Heródoto registra: "Quando Aliates morreu, Creso, filho de Aliates, herdou o seu reino, estando com trinta e cinco anos de idade; então, os primeiros dentre os helenos que ele atacou foram os efésios. Lá, os efésios, quando foram cercados por ele, ofertaram sua cidade à Ártemis ligando uma corda do seu templo até a muralha; entre a cidade velha, que nesse momento estava cercada e que ficava a sete estádios do templo. Creso atacou esses primeiros, depois, em sequência, a cada um dos iônios e eólios, infligindo a cada um deles acusações diferentes, dentre as maiores que podia inventar, ele os acusava das mais graves coisas, entre algumas delas, infligia acusações tolas." (*Histórias*, I, 26-27). In: Heródoto. *Histórias. Livro I – Clio. Op. cit.* Estima-se que Creso, o rei da Lídia, conquistou os territórios iônios da Ásia Menor em 555 a.C., somente as cidades continentais.

133. O Império Persa, sob o comando de Ciro, o Grande, conquistou as cidades continentais por volta de 545 a.C., conforme este relato herodotiano: "Esses foram os únicos dentre os iônios que, por não suportarem a escravidão, abandonaram suas pátrias. E os demais iônios, exceto os milésios, os que abandonaram suas pátrias, por meio de uma batalha, avançaram contra Hárpago e tornaram-se homens corajosos, combatendo cada um por sua pátria; após terem sido derrotados e capturados, permaneceram cada um em sua região e cumprindo as coisas que lhes eram ordenadas. E os milésios, como foi dito antes por mim, fizeram um pacto com o próprio Ciro e mantiveram sua tranquilidade. Assim, então, a Iônia foi escravizada pela segunda vez. Hárpago subjugou os iônios que habitavam no continente, enquanto os iônios que habitavam nas ilhas, temendo que isso lhes sobreviesse, entregaram-se a Ciro." (*Histórias*, I, 169). In: Heródoto. *Histórias. Livro I – Clio. Op. cit.*

134. Os territórios do continente foram dominados por três vezes, pois, como lemos no relato a seguir, antes os persas não dispunham de uma frota poderosa: "Dentre esses iônios, os milésios estão ao abrigo do medo, porque fizeram um acordo, e para os ilhéus não havia nenhum perigo; pois os fenícios jamais foram servos dos persas nem os próprios persas eram marinheiros." (*Histórias*, I, 143). In: Heródoto. *Histórias. Livro I – Clio. Op. cit.*

135. A tomada das cidades continentais da Ásia Menor que foram colonizadas pelos iônios aconteceu em 497-496 a.C., sob o comando de Daurises, conforme lemos neste relato herodotiano: "Daurises voltou-se para as cidades localizadas no Helesponto e capturou Dárdano, e ainda capturou Abido, Percote, Lâmpsaco, Peso

66 | HISTÓRIAS

na Europa que estão dentro do Helesponto e do Quersoneso[136], no lugar em que existem numerosas cidades, que são Perinto[137], as muralhas em torno da Trácia, Selímbria[138] e Bizâncio. Então os bizantinos e os calcedônios que estavam do outro lado[139] não esperaram os fenícios atacarem com suas naus, mas partiram e abandonaram o seu próprio território e foram para dentro do Ponto Euxino[140], e lá habitaram a cidade de Mesêmbria[141]. E os fenícios, após incendiarem esses terri-

---

(capturou-as, uma por dia), e de Peso, quando ele cavalgava para a cidade de Pário, chegou-lhe a notícia de que os cários, porque pensaram o mesmo que os iônios, revoltaram-se contra os persas. Então, ele retornou do Helesponto e cavalgou conduzindo seu exército contra a Cária." (*Histórias*, V, 117). In: Heródoto. *Histórias. Livro V – Terpsícore. Op. cit.*

136. O Quersoneso é uma colônia da Táurica, fundada no século V a.C. pelos helenos da região da Heracleia Pôntica.

137. Perinto é uma cidade da Trácia fundada pelos sâmios no século VII a.C., na Propôntida, o atual Mar de Mármara, enquanto o Bósforo está situado no Golfo que liga a Propôntida ao Mar Egeu; já o Helesponto está situado no golfo que liga o Mar Negro à Propôntida. Heródoto assim inicia seu relato sobre a captura dos períntios: "E os persas que foram deixados para trás na Europa por Dario, os quais Megabizo comandava, embora os períntios fossem os primeiros dentre os helespontinos que não quiseram ser súditos de Dario, eles os subjugaram, porque antes eles foram rudemente tratados pelos peônios. Pois, então, os peônios do Estrímon, após terem recebido um oráculo do deus para realizar uma expedição militar contra os períntios também, se os períntios acampassem diante deles e os chamassem gritando os seus nomes, que os atacassem, e se eles não os chamassem, que não os atacassem, e os peônios fizeram isso." (*Histórias*, V, 1). In: Heródoto. *Histórias. Livro V – Terpsícore. Op. cit.*

138. Cidade localizada na Ásia Menor, próxima a Bizâncio.

139. Sobre a colonização dessas cidades, Heródoto conta que "E esse Megabizo deixou uma lembrança imortal aos helespontinos quando emitiu esta sua opinião: quando estava em Bizâncio, foi informado de que os calcedônios haviam colonizado o território dezessete anos antes que os bizantinos. Depois de saber disso, ele disse que os calcedônios naquele tempo eram cegos; pois, quando o mais belo território se apresentava, e não tê-lo colonizado para escolher o mais feio, a não ser que estivessem cegos. De fato, esse Megabizo, deixado como estratego naquele território, subjugou os helespontinos que eram simpatizantes dos medos." (*Histórias*, IV, 144). In: Heródoto. *Histórias. Livro IV – Melpômene. Op. cit.*

140. Ponto Euxino é antigo nome do Mar Negro.

141. Cidade situada nas costas do Mar Negro, na região que hoje denominamos Bulgária.

LIVRO VI - ÉRATO | 67

tórios que foram enumerados, voltaram-se contra o Proconesos[142] e
Ártace[143], e também com o fogo queimaram esses, e outra vez navegaram em direção ao Quersoneso para aniquilar as cidades restantes que
não foram saqueadas quando tiveram contato com elas antes. E contra Cízico[144], não navegaram nem mesmo no início; pois os próprios
cizicenos, ainda antes do ataque das naus fenícias, foram favoráveis a
estar sob o domínio do rei e então fizeram um acordo com o governador de Dascílio[145], Ébares[146], filho de Megabizo[147]. Excetuando a

---

142. Cidade colonizada pelos milésios no século VI a.C., localizada na Propôntida.

143. Cidade portuária da Propôntida, próxima a Cízico.

144. Cízico era uma cidade da Mísia fundada pelo lendário Cízico, rei dos do-
liones, que foi morto por engano pelos argonautas. Para mais detalhes, consultar:
Apolônio de Rodes, *Argonautica*, I, 936-1080.

145. Capital da Helespôntida, a terceira província persa, situada no seu litoral,
conforme relata Heródoto: "Dario recebia quarenta talentos de prata; de fato,
essa era a primeira província que havia sido estabelecida; e dos mísios, lídios,
lasônios, cabaleus e hiteneus, recebia a quantia de quinhentos talentos; e essa era
a segunda província. E dos helespontinos que estavam do lado direto quando
se navegava entrando pelo estreito, e dos frígios, trácios da Ásia, paflagônios,
mariandinos e sírios recebia um tributo que era no valor de trezentos e sessenta talentos; e essa era a terceira província." (*Histórias*, III, 90). In: Heródoto.
Histórias. Livro III – Talia. Op. cit.

146. Não dispomos de mais informações sobre este Ébares; não confundir com o
palafreneiro Ébares que ajudou o rei Dario no *Livro III – Talia,* capítulos 85 e 86.

147. Depois de ter sido bem-sucedido ao lado de seus amigos na derrubada
do falso rei Esmérdis e colaborado para a coroação de Dario I como rei da
Pérsia, Megabizo tornou-se comandante do exército do rei no Helesponto.
A respeito de Megabizo, Heródoto escreve: "E Dario passou pela Trácia e
chegou ao Sesto, na região do Quersoneso; de lá ele atravessou com suas naus
em direção à Ásia, e deixou Megabizo, um homem persa, como estratego na
Europa, a quem outrora Dario concedeu uma menção honrosa ao emitir a
sua opinião sobre ele entre os persas: Dario se precipitava para comer romãs; quando ele rapidamente abriu a primeira das suas romãs, o seu irmão
Artabano lhe perguntou o que ele desejaria ter em tanta quantidade quanto
os grãos que nasciam em uma romã; e Dario respondeu-lhe que desejaria ter
uma quantidade maior de Megabizo que a Hélade subjugada. De fato, ele o
honrou entre os persas ao dizer isso, e nesse momento ele o deixou como seu
estratego, com oitenta mil homens do seu exército." (*Histórias*, IV, 143). In:
Heródoto. *Histórias. Livro IV – Melpômene. Op. cit.*

68 | HISTÓRIAS

cidade de Cárdia[148], os fenícios colocaram sob seu domínio as outras do Quersoneso.

34. E, até esse momento, Milcíades[149], filho de Címon, filho de Esteságoras[150], exercia a tirania sobre eles, que Milcíades[151], filho de Cípselo[152], havia conquistado antes esse poder do modo que se segue. Os doloncos, que eram trácios, habitavam esse Quersoneso. Então, esses doloncos, porque foram oprimidos pelos apsíntios com a guerra, enviaram seus reis a Delfos para consultar o oráculo a respeito dessa guerra. E a Pítia[153] respondeu-lhes que levassem um colonizador com eles ao seu território, esse seria quem eles encontrassem primeiro ao sair do templo e quem os convidasse a receber sua hospitalidade. E os doloncos foram pelo Caminho Sagrado[154] e atravessaram a Fócida[155] e a

---

148. Cidade do Quersoneso Trácio.

149. A história de Milcíades é contada por Heródoto dos capítulos 34 a 39 deste *Livro VI – Érato*.

150. Heródoto é a nossa única fonte de informação sobre essa personagem.

151. Milcíades, o Velho, que foi tirano desta colônia helena do Quersoneso, século VI, também era tio de Pisístrato.

152. Não sabemos ao certo de quem se trata.

153. Sacerdotisa de Apolo que cumpria o dever de pronunciar o oráculo do deus ao seu consulente. De acordo com os relatos dos antigos, a Pítia entrava em transe divino quando consultava os oráculos, pois entrava em contato com vapores sagrados. Hoje sabemos que se trata de gás etileno, que a região onde está localizado o oráculo exala. A Pítia, ou a sacerdotisa, de Apolo costumava proferir os oráculos em versos hexâmetros dactílicos. Conforme vemos no tratado *Do oráculo da Pítia*, Plutarco constrói seu diálogo em torno do debate sobre a imperfeição linguística e métrica de muitos oráculos que são pronunciados em nome de Apolo, poetas e Musas (396D). A partir desse argumento, em debate com diversas personagens, Plutarco reflete sobre o processo de elaboração e expressão das palavras oraculares, permeado pela questão central posta na correlação que se estabelece entre o fim dos vates versificados e a decadência da mântica em sua época.

154. O Caminho Sagrado ia de Delfos até Elêusis. O mito de Apolo conta que o deus fez esse percurso até chegar ao seu templo, que passava por Queroneia, na Beócia, por Tebas, por Citéron até alcançar Elêusis.

155. Região localizada na parte central da Hélade.

LIVRO VI - ÉRATO | 69

Beócia[156]; e ninguém os convidava, e então se desviaram do caminho em direção a Atenas.

35. E por aquela época, Pisístrato detinha todo o poder, mas também Milcíades, filho de Cípselo[157], exercia grande influência entre os atenienses, porque era de uma família que criava tiros de quatro cavalos para uma quadriga[158], que desde a origem descendia de Éaco[159] e de Egina[160], e de origem recente dos atenienses, Fileu[161],

---

156. Situada entre e Eubeia e o Golfo de Corinto, localizada na região central da Hélade.

157. Não sabemos ao certo de quem se trata; o nome nos remete à família do tirano de Corinto, também chamado Cípselo, o que indicaria um parentesco entre eles. Cípselo era tirano de Corinto, 657-627 a.C., filho de Labda, uma descendente dos Baquíadas, que foram depostos por Cípselo. O nome do tirano deriva de κυψέλη (*kypsélē*), que significa "caixa". A mãe de Cípselo sofria de uma deformação e, por essa razão, não conseguia se casar; por causa disso, rompendo sua tradição de endogamia, os Baquíadas permitiram que ela se casasse com Etíon, um desconhecido. No entanto, quando Labda ficou grávida, por temerem a presença de uma criança fora dos seus padrões, seus familiares planejaram matá-la. Então, depois de dar à luz seu filho, Labda escondeu-o em uma caixa, evitando, assim, que seus parentes o assassinassem.

158. Atividade que indicava que era membro de uma família aristocrata, com muitas posses, visto que a criação de cavalos demandava grandes gastos, a começar pelos cavalos, que eram trazidos da Ásia Menor.

159. Filho de Zeus e da ninfa Egina, Éaco é conhecido como o mais piedoso dos helenos; nasceu na ilha de Enone, que depois recebeu o nome de sua mãe. Éaco é o herói fundador do povo dos Mirmídones, cujo nome deriva de μύρμηξ (*mýrmēx*), que significa "formiga". A história de seu mito conta que Éaco queria ter companheiros para governar e que então pediu a Zeus que transformasse as formigas de seu território em homens, pedido que foi atendido e assim surgiu o povo dos Mirmídones.

160. Filha do deus-rio Asopo e de Métope. Zeus enamorou-se por Egina e a raptou. Então, Asopo percorreu toda Hélade em busca de sua filha; graças ao auxílio de Sísifo, este depois castigado por isso, o deus-rio conseguiu encontrá-la, mas Zeus fulminou Asopo com seu raio e levou Egina para a ilha de Enone, onde gerou Éaco e a ilha passou a ter o nome de Egina.

161. Obteve a cidadania ateniense após ter entregado a ilha de Salamina a Atenas. Plutarco reforça o relato herodotiano ao registrar que Fileu, filho de Ájax, entregou Salamina a Atenas em troca da cidadania ateniense (*Vida de Sólon*, X, 2). Também temos o registro de Pausânias, que afirma que Fileu era neto de Ájax (*Descrição da Hélade*, I, 35.2).

70 | Histórias

filho de Ájax[162], foi o primeiro dessa família que se tornou atenien-se[163]. Esse Milcíades estava sentado diante da porta da sua casa, quando viu os doloncos passando ao seu lado com vestimentas e lanças que não eram da região, saudou-os e, quando eles se apro-ximaram, ofereceu-lhes estada e hospitalidade. E eles as aceitaram, após terem usufruído da hospitalidade oferecida por ele, revelaram--lhe em detalhes todo o conteúdo do oráculo, após terem feito essa revelação, pediram-lhe que obedecesse ao deus. E Milcíades, após ouvi-los, imediatamente o argumento deles o persuadiu, pois se sen-tia oprimido pelo poder de Pisístrato e queria sair da cidade. E logo partiu em direção a Delfos para consultar o oráculo sobre se deveria aceitar o que os doloncos lhe pediam.

36. E também porque a Pítia lhe ordenou, desse modo, então, Milcíades, filho de Cípselo, antes disso, havia obtido um prêmio em Olímpia[164] com a sua quadriga, e nesse momento, dentre os

---

162. Filho de Télamon, rei de Salamina, participou da Guerra de Troia e era o segundo herói em coragem e força, sendo superado apenas por Aquiles. Homero retrata Ájax como um homem enorme e de extrema força física, que usa pedras para vencer seus adversários, também como autor de diversas façanhas. Para mais detalhes, consultar: Homero, *Ilíada*, II, 557; VIII, 183; XIII, 46 e XXIII, 842; também a *Odisseia*, XI, 469. Sobre os dramas vividos por Ájax, temos ainda uma peça homônima composta pelo tragediógrafo Sófocles em 442 a.C.

163. Plutarco, em um relato tardio, registra: "Contudo, a maioria afirma que Sólon encontrou na autoridade de Homero um aliado: ou seja, depois de interpolar um verso no *Catálogo das naus*, leu-o por altura do julgamento: Ájax de Salamina con-duzia doze navios/ e fê-los estacionar onde se encontravam as falanges atenienses. Os atenienses, porém, sustentam que se trata de um boato sem fundamento e ajun-tam que Sólon apresentou aos juízes provas de que Fileu e Eurísaces, filho de Ájax, ao receberem um em Bráuron da Ática e o outro em Mélite; daí que haja um demo cujo nome deriva de Fileu – o demo dos Fiaídas – de onde era originário Pisístrato." (Plutarco, *Vida de Sólon*, X, 2-3). In: Plutarco. *Vida de Sólon*. Introdução, tradu-ção e notas de Delfim Ferreira Leão. Introdução geral de Maria Helena da Rocha Pereira. Lisboa: Olho d'Água, 1999.

164. Ou seja, nos Jogos Olímpicos, estima-se que Milcíades tenha vencido durante as competições realizadas em 560 a.C. Ao obter a vitória nos Jogos Olímpicos, Milcíades se tornou um Olimpiônico. O primeiro catálogo de vencedores dos Jogos Olímpicos foi elaborado por Hípias de Élis, por volta de 400 a.C., que lista desde os primeiros jogos realizados em 776 a.C. até os de sua época, cujo título es-colhido foi Ολυμπιονίκαι (*Olympioníkai*), "Os vencedores dos Jogos Olímpicos",

LIVRO VI - ÉRATO | 71

atenienses, pegou todo aquele que queria participar da expedição, navegou junto com os doloncos e se apossou do território; também os doloncos que o haviam conduzido instituíram-no como tirano. E em primeiro lugar, ele construiu uma muralha[165] no istmo do Quersoneso, da cidade de Cárdia até Páctia[166], a fim de que os apsíntios não tivessem como entrar em seu território e pilhá-lo; e esses somam trinta e seis estádios[167] do istmo; e a partir desse istmo, o Quersoneso em seu interior tem ao todo quatrocentos e vinte estádios de extensão[168].

37. Portanto, porque construiu uma muralha na passagem estreita do Quersoneso, Milcíades fez recuar desse modo os apsíntios e, dentre esses povos, os lampsacenos foram os primeiros com quem guerreou; mas os lampsacenos armaram-lhe uma emboscada e o capturaram com uma jaula. E porque Milcíades havia caído nas graças de

---

ou os Olimpiônicos. Os Ολυμπιονίκαι (*Olympioníkai*) não somente deram nome ao catálogo, como também aos homens que se tornaram vitoriosos nas competições. Embora a tradição de registrar os nomes dos vencedores no Catálogo dos Olimpiônicos tenha se mantido até o século III d.C., cobrindo 1.025 anos dos Jogos Olímpicos em um registro que se perpetuou por sete séculos, os Jogos foram realizados até 393 d.C., ano em que o imperador Teodósio I decretou sua extinção. E a cidade de Olímpia conhece o seu declínio no período romano tardio, quando é arrasada por invasões, depois por enchentes e terremotos, e sucumbe em ruínas até ser redescoberta em 1776, exatos 2.000 anos depois dos primeiros Jogos Olímpicos, pelo arqueólogo Richard Chandler.

165. Em um relato tardio, Plutarco atribui a Péricles a construção dessa muralha no Quersoneso, conforme lemos neste relato: "De todas as expedições levadas a termo por Péricles, a mais popular foi a do Quersoneso, que salvou os gregos estabelecidos naquele país. Nessa campanha, Péricles não apenas aumentou a população das cidades com o envio de mil colonos como crivou o istmo de fortificações e muralhas, as quais, correndo de um mar a outro, barravam as incursões dos trácios espalhados à volta do Quersoneso." (*Vida de Péricles*, XIX, 1-3.). In: Plutarco. *Vidas paralelas. Primeiro volume*. Introdução e notas de Paulo Matos Peixoto. Tradução direta do grego por Gilson César Cardoso. São Paulo: Paumape, 1991.

166. Entreposto comercial famoso por seu belo porto, situado no Quersoneso.

167. Aproximadamente 6,5 quilômetros.

168. Cerca de 75 quilômetros.

72 | Histórias

Creso[169], o lídio; então, depois de ter sido informado sobre o ocorrido, Creso enviou um mensageiro que anunciou aos lampsacenos que libertassem Milcíades; caso isso não ocorresse, que ele os aniquilaria do modo como se destrói a raiz e a rama de um pinheiro[170]. E os lampsacenos divagavam sobre os sentidos que havia naquelas palavras, o que Creso queria lhes dizer com a mensagem que lhes enviou, destruí-los como se faz com a raiz e a rama de um pinheiro, com dificuldade, quando um dos embaixadores compreendeu o que ele quis dizer de verdade, porque o pinheiro é o único dentre todas as árvores que, ao ser cortado, não produz nenhum broto, mas que perece completamente[171]. Portanto, porque tiveram medo de Creso, os lampsacenos soltaram Milcíades e permitiram que partisse.

38. De fato, esse Milcíades escapou por causa de Creso. Depois disso, ele morreu sem ter um filho, e também deixou como herança o seu poder e sua riqueza para Esteságoras, filho de Címon, que

---

169. Rei da Lídia entre 560-546 a.C., sucedeu seu pai, Aliates, e deu prosseguimento à conquista da Iônia. Mantinha amizade com os helenos, além de ser benfeitor do oráculo de Delfos, sendo também assíduo consulente da Pitonisa. Perdeu seu reino em uma guerra contra Ciro, rei da Pérsia. Segundo Heródoto, após ter gritado o nome de Sólon quando estava na fogueira, Ciro ordenou sua retirada da pira e ouviu seu relato. Admirado pela sapiência de suas palavras, manteve-o vivo e nomeou-o seu conselheiro. Consultar: *Histórias*, I, 86.

170. O antigo nome de Lâmpsaco era Pitiúsas (Πιτυόεσσα/*Pityóessa*) que significa "Rica de pinheiros". Plutarco de Queroneia, séculos I-II d.C., conta que: "Da Focea, haviam chegado dois irmãos gêmeos, Foxo e Blepo, da família dos Codridas [...] Foxo, porque detinha o poder e a realeza, navegou em direção a Pario [...] Quando Foxo partiu, Mandron lhe expressou sua mais profunda gratidão e prometeu que daria parte do seu território e de sua cidade, se quisesse vir com os colonos a Pitiúsas. [...] Mas Lâmpsace, a filha de Mandron, alertou-o sobre os males daquela proposta [...] e eles tomaram a cidade, chamaram Mandron a sua presença e lhe pediram que os coroasse. Lâmpsace morreu de uma doença, e eles a enterraram na cidade com grande pompa e deram à cidade o nome de Lâmpsaco." (*Virtudes das mulheres*, 255A-E), tradução de Maria Aparecida de Oliveira Silva.

171. Notamos aqui, pela explicação que Heródoto nos fornece, que o historiador não conhecia o nome original da cidade, pois no princípio seu nome nos remetia ao fato de seu território ser abundante de pinheiros. A fonte da informação de Plutarco foi Caronte de Lâmpsaco, um historiador contemporâneo de Heródoto, século V a.C.

Livro VI - Érato | 73

era seu irmão por parte de mãe. E após a sua morte, os habitantes do Quersoneso começaram a fazer sacrifícios[172], conforme o costume para quem é um fundador de cidade[173], e estabeleceram uma competição hípica e gímnica[174], na qual acontecia de nenhum dos lampsacenos competir. E quando estava em guerra contra os lampsacenos, Esteságoras foi surpreendido e também morreu sem ter um filho, e foi golpeado na cabeça com um machado, no momento em que estava no Pritaneu[175], por um homem que se dizia desertor, mas na verdade era seu inimigo e do mais acalorado.

---

172. Este é o segundo exemplo de um Olimpiônico que é honrado com um templo e realizações de sacrifícios, que são característicos das honrarias oferecidas aos heróis. No primeiro relato, Heródoto nos conta que: "E quem acompanhou Dorieu e morreu com ele foi Filipe, filho de Butacides, um homem crotoniata que, após ter ficado noivo da filha do sibarita Télis, foi exilado de Crotona, e depois de ter falhado com seu casamento, foi navegando em direção a Cirene, e de lá saiu e acompanhou com trirreme particular e com despesa particular para seus homens, porque também era um Olimpiônico e o mais belo dentre os helenos de seu tempo. E por causa de sua beleza, recebeu dos egesteus honrarias como nenhum outro; pois sobre o seu túmulo, erigiram um templo de herói e o tornam propício com oferendas sacrificiais." (*Histórias*, V, 47). In: Heródoto. *Histórias. Livro V – Terpsícore. Op. cit.*

173. Como um Olimpiônico, Milcíades também era considerado um herói, além de ser o fundador da cidade; portanto, os cidadãos erigiram um templo em sua honra, onde realizavam sacrifícios. Trata-se de um ἡρώιον (*hērṓion*), no dialeto iônio, que significa "templo de um herói", que era uma edificação feita no local de enterramento do herói e paga com o erário público. Essa honraria tão especial na antiga Hélade devia-se ao fato de Milcíades também ser um Olimpiônico, digno de honras. Em algumas cidades, os nomes dos vencedores do estádio se tornaram epônimos. Os vitoriosos deram seu nome ao ano e alcançavam grande influência social. Temos o célebre exemplo de Quílon de Esparta: ele obteve sete vitórias nos Jogos Olímpicos no século VII a.C. e foi homenageado com estátuas em Olímpia e Esparta, além de outros monumentos no século V, sendo consagrado herói. Porém a grande marca simbólica dos Jogos Olímpicos era a coroa de louros que os vencedores das competições recebiam.

174. A realização de competições atléticas e equestres já aparecem como sinal de honra a um herói na *Ilíada*, de Homero, no episódio conhecido como *Os funerais de Pátroclo*, no Canto XXIII.

175. Local consagrado à deusa Héstia, regente das regras de hospitalidade, conhecida como a Deusa da Lareira. O Pritaneu, "Salão da Cidade", era uma construção encontrada nas maiores cidades helenas e destinava-se à recepção de hóspedes ilustres que usufruíam da lareira citadina.

74 | Histórias

39. Depois de Esteságoras ter morrido dessa maneira, na ocasião em que os Pisistrátidas[176] tinham enviado em uma trirreme Milcíades, filho de Címon, e irmão do morto Esteságoras, para que tomasse nas mãos os assuntos do Quersoneso, pois tratavam-no bem entre os atenienses, como se não tivessem sido cúmplices da morte dada ao seu próprio pai Címon, com relação a isso, eu explico como aconteceu em outro relato[177]. Após ter chegado ao Quersoneso, deteve-se em sua casa, com toda evidência de que iria prestar as derradeiras honras ao seu irmão Esteságoras. E os habitantes do Quersoneso, quando foram informados sobre o ocorrido, os mais poderosos de toda parte reuniram-se vindos de todas as cidades, e chegaram em uma expedição comum para que lhe juntos celebrassem o luto quando foram aprisionados por ele. E então Milcíades se apoderou do Quersoneso mantendo quinhentos mercenários e desposou Hegesípila[178], filha de Óloro, o rei dos trácios[179].

---

176. Pisistrátidas foi a denominação dada aos tiranos que governaram Atenas, os filhos de Pisístrato: Hípias e Hiparco. Harmódio, um dos tiranicidas, ao lado de Aristogíton, assassinou o tirano Hiparco por ter ultrajado a irmã de Harmódio ao proibi-la de participar das Panateneias. Sobre esse episódio, Aristóteles faz a seguinte análise: "Porque a insolência é composta de vários tipos, e o motivo de cada uma delas se origina da cólera; e quase a maioria dos que se encolerizam atacam por vingança, mas não pela sua superioridade. Por exemplo, o ataque contra os Pisistrátidas aconteceu por causa do ultraje feito à irmã de Harmódio e ainda por terem caluniado Harmódio (pois Harmódio se encolerizou por causa da irmã, e Aristogíton por causa de Harmódio)." (*Política*, 1311a34-40). In: Aristóteles. *Política. Op. cit.* Os Pisistrátidas também estavam voltados para as iniciativas artísticas em suas várias formas; Pisístrato, por exemplo, foi responsável pela compilação dos textos da *Ilíada e da Odisseia*, por isso a importância deste registro sobre o alfabeto introduzido na Hélade.

177. Heródoto retoma esse episódio do assassinato de Címon no capítulo 103 deste *Livro VI – Érato*.

178. Filha de Óloro, rei de um dos povos trácios, casou-se com Milcíades em 510 a.C.

179. Óloro deve ter sido rei de um dos povos que compunham os trácios, pois sobre o comando dos trácios, Heródoto registra que: "E o povo dos trácios, depois dos indos, certamente é o mais numeroso dentre todos os homens; se fossem comandados por um só ou pensassem o mesmo, seriam imbatíveis e em muito seriam o povo mais poderoso dentre todos os povos, conforme a minha opinião; isso é uma dificuldade para eles, e é impossível que isso aconteça um dia; de fato, por isso eles são fracos. E cada um deles tem muitos nomes, de acordo com seus

Livro VI - Érato | 75

40. De fato, esse Milcíades, filho de Címon, havia chegado há pouco ao Quersoneso, e foi surpreendido por outro acontecimento pior do que os acontecimentos que o haviam surpreendido. Pois no terceiro ano antes desses acontecimentos, escapou em fuga dos citas; pois os citas nômades[180], que tinham sido reunidos pelo rei Dario[181], voltaram para atacá-los e cavalgaram até esse território do Quersoneso; mas eles partiram, não os esperaram, e Milcíades fugiu do Quersoneso até o momento em que os doloncos o trouxeram de volta; foi então no terceiro ano antes desses acontecimentos que neste período se desenvolveram.

41. Enquanto foi informado de que os fenícios estavam em Tênedos, Milcíades equipou cinco trirremes com as riquezas de que dispunha e zarpou em direção a Atenas; e, como havia se movimentado da cidade de Cárdia, navegou através do golfo de Melas[182]. E enquanto passava ao longo do Quersoneso, os fenícios cercaram-no com suas naus; en-

---

territórios, e eles todos adotam costumes quase iguais em tudo, exceto os getas e os trausos e os povos que habitam ao norte dos crestoneus." (*Histórias*, V, 3). In: Heródoto. *Histórias. Livro V – Terpsícore. Op. cit.*

180. Em seu livro dedicado aos citas, sobre os citas nômades, Heródoto registra: "E o território na direção da aurora desses citas agricultores, depois da travessia do rio Pantícapes, já são os citas nômades que o ocupam. Eles não semeiam nenhum tipo de alimento nem aram; e todo o território, exceto o de Hilea, é desprovido de árvores; e esses nômades estão no território mais voltado para a direção da aurora em um caminho de quatorze dias até o rio Gerro." (*Histórias*, IV, 19). In: Heródoto. *Histórias. Livro IV – Melpômene. Op. cit.* E em sua descrição dos rios mais importantes da Cítia, a respeito do seu território, relata: "E o sexto rio é o Hipáciris, que começa a partir de um lago, corre pelo meio do território dos citas nômades e desemboca próximo à cidade de Carcinitis, afastando-se pela direita da Hilea e o chamado Corredor de Aquiles." (*Histórias*, IV, 55). In: Heródoto. *Histórias. Livro IV – Melpômene. Op. cit.*

181. O rei persa havia dominado a Cítia, como nos conta Heródoto, pelos seguintes motivos: "E depois da captura da Babilônia, ocorreu uma marcha do próprio Dario contra os citas. Quando a Ásia florescia com seus homens e reunia grandiosas riquezas, Dario desejou que os citas pagassem sua pena, porque antes eles cometeram a ofensa de invadir a Média e vencer em batalha os seus oponentes. Pois os citas comandaram na parte alta da Ásia, como também já foi dito antes por mim, durante vinte e oito anos. Pois eles invadiram a Ásia em perseguição aos cimérios, e colocaram fim ao poder dos medos; estes, antes dos citas chegarem, comandavam a Ásia." (*Histórias*, IV, 1). In: Heródoto. *Histórias. Livro IV – Melpômene. Op. cit.*

182. Golfo do Quersoneso Trácio, na Ásia Menor.

76 | Histórias

tão, o próprio Milcíades escapou em fuga com quatro das suas naus, e a quinta das suas naus, os fenícios a capturaram em sua perseguição. E aconteceu dessa nau ser de um dos filhos de Milcíades, Metíoco[183], o mais velho e que não era nascido da filha de Óloro, o trácio, mas de outra mulher. E assim que os fenícios capturaram a nau e souberam que ele era o filho de Milcíades, eles o levaram à presença do rei, porque pensavam que ele lhes ofereceria uma grande recompensa[184], porque Milcíades apresentou a ideia pedindo entre esses iônios para que obedecessem aos citas, quando os citas lhe pediram para que abandonassem a ponte de barcos[185] e que navegassem de volta para o

---

183. Não dispomos de mais informações sobre essa personagem.

184. Os reis Ciro e Dario concediam vultosas recompensas aos que os aconselhavam bem, ou aos que lhe prestassem um notável serviço, e por isso os mais ambiciosos se empenhavam em lhes apresentar soluções infalíveis ou a lhes entregar quem ou o que eles desejassem. Há o caso extremo de Zópiro, filho de Megabizo, que se tornou sátrapa da Babilônia, porque ajudou Dario a conquistá-la. Sobre este episódio, Heródoto conta que: "[Zópiro] foi ao encontro de Dario e informou-se se ele dava muita importância para capturar a Babilônia. Depois de ter sido informado que em muito ele estimava essa conquista [...] Nesse momento, pensando que fosse um gesto fácil de suportar, mutilou-se em flagelo de modo irreparável; pois cortou seu próprio nariz, orelhas, também raspou terrivelmente a sua cabeleira e açoitou-se com chicote, e foi para a corte de Dario. E Dario suportou muito mal ver um homem notabilíssimo mutilado [...] perguntou-lhe [...] 'Mas, por que, tolo, os inimigos irão se render mais rápido contigo mutilado?' [...] 'Pois eu, como estou, passarei para o outro campo do muro e direi aos babilônios que, por tua causa, eu sofri estas mutilações; também penso que, se eu os persuadir que as coisas foram desse modo, eles prepararão um exército para mim. [...] Pois, como eu penso, quando eu demonstrar meus grandes feitos e outras coisas, os babilônios se voltarão para o meu lado; além disso, eu terei as chaves das portas. E, doravante, eu e os persas teremos de nos empenhar para fazer as coisas que devemos.'." (*Histórias*, III, 154-155). In: Heródoto. *Histórias. Livro III – Talia. Op. cit.* E assim, segundo Heródoto, o rei persa conseguiu conquistar a Babilônia.

185. Heródoto, quando narra os preparativos da expedição militar dos persas e sua travessia do Bósforo alcançando a Europa, onde vencem os trácios e os getas, o dado mais impressionante dessa travessia e modo como ela ocorreu, segundo Heródoto: "o exército náutico se juntou formando uma ponte, ligando as duas margens do rio. E Dario, assim que atravessou o Bósforo pela ponte de barcos, marchou através da Trácia, e chegou às nascentes do rio Tearo, onde fez seu acampamento militar por três dias." (*Histórias*, IV, 89). In: Heródoto. *Histórias. Livro IV – Melpômene. Op. cit.* Mas antes nos conta que "o território do Bósforo em que o rei Dario ligou as margens com sua ponte, como

LIVRO VI - ÉRATO | 77

território deles. E Dario, quando os fenícios lhe trouxeram Metíoco, filho de Milcíades, ele não fez nenhum mal a Metíoco, mas muitos bens; de fato, deu-lhe uma casa, uma propriedade e uma mulher de origem persa, com quem gerou seus filhos, que foram considerados como persas[186]. E Milcíades partiu de Imbros[187] em direção a Atenas.

42. Também durante esse ano[188], não aconteceu de nenhuma hostilidade a mais ser conduzida contra os iônios; ao contrário, dentro

---

me parece por meio de cálculos, está no meio do caminho entre Bizâncio e o templo situado na embocadura do Ponto. E depois disso, Dario se deleitou com a ponte de barcos; ao arquiteto dela, o sâmio Mândrocles, presenteou com dez presentes de todo tipo" (*Histórias*, IV, 87-88). In: Heródoto. *Histórias. Livro IV – Melpômene. Op. cit.*

186. A concessão de cidadania aos filhos de Metíocos significa uma grande honraria, visto que o próprio Dario descendia de um pai considerado bastardo entre membros da aristocracia persa, porque Ciro era filho de um homem persa e uma mulher meda, como Heródoto revela neste oráculo recebido por Creso no qual a Pítica profere os seguintes versos: "'Mas quando um mulo tornar-se rei dos medos,/ então, lídio, de pés delicados, pela margem do Hermo coberta de pedrinhas, fuja e não esperes,/nem te envergonhes por seres um covarde.' Com a chegada desses versos, Creso alegrou-se muito mais que com os outros, tendo a expectativa de que um burro, em vez de um homem, jamais seria rei dos medos, e que nem ele mesmo nem seus sucessores teriam algum dia o seu poder interrompido." (*Histórias*, I, 55-56). In: Heródoto. *Histórias. Livro I – Clio. Op. cit.* E depois Heródoto esclarece: "De fato, Ciro era esse mulo; pois nasceu de duas pessoas que não pertenciam ao mesmo povo, de uma mãe de linhagem superior e de um pai de origem inferior. Pois sua mãe era uma meda, filha de Astíages, rei dos medos, enquanto seu pai era um persa, governado por aqueles; mesmo estando abaixo dela em todos os aspectos, casou-se com sua senhora. E a Pítia respondeu isso aos lídios, e levaram essa resposta para Sárdis e anunciaram-na para Creso. E, após ele ter ouvido isso, compreendeu que o erro havia sido dele mesmo, e não do deus." (*Histórias*, I, 91). In: Heródoto. *Histórias. Livro I – Clio. Op. cit.*

187. Ilha localizada no Mar Egeu, no litoral da Trácia, próxima à ilha de Lemnos. Sobre ambas as ilhas, Heródoto registra: "Portanto, esse Otanes, o que tinha seu assento nesse trono, nesse momento havia se tornado um sucessor de Megabizo no comando militar do exército e capturou os bizantinos e os calcedônios; também capturou Antandro, a que fica na terra Tróade, e ainda Lampônio, e depois de ter recebido naus dos lésbios, capturou Lemnos e Imbros, ambas ainda naquele tempo eram habitadas pelos pelasgos." (*Histórias*, V, 26). In: Heródoto. *Histórias. Livro V – Terpsícore. Op. cit.*

188. Trata-se do ano de 493 a.C.

78 | HISTÓRIAS

desse mesmo ano, outras ocorrências muito úteis aconteceram para os iônios. E Artafernes, o governador de Sárdis, enviou mensageiros para lhes ordenar que obrigassem os iônios a fazer com que entrassem em acordo uns com os outros, a fim de que fossem julgar uns aos outros nos tribunais e de que não saqueassem e pilhassem uns aos outros. E os obrigou a fazer isso e depois mediu seus territórios conforme a parassanga[189], que os persas chamam de trinta estádios; além disso, de acordo com essa medição, determinou os tributos para cada um deles, os que eles tinham, sempre cumpriram desde aquele tempo e ainda também até o meu tempo, como foi determinado por Artafernes; e eles determinaram quase a mesma quantia que tinham estabelecido antes[190]. Também os iônios tinham um caráter pacífico com relação a isso...

43. E na mesma primavera[191], Mardônio[192], filho de Góbrias[193], porque todos os estrategos haviam sido destituídos pelo rei, desceu até

---

189. Sobre a parassanga, Heródoto registra: "conforme nós interpretamos, o Egito está situado do golfo de Plintine até o Lago Serbonis e ao redor de onde se estende o Monte Cásio; então, a partir desse lugar, são sessenta cordéis. Pois grande quantidade desses homens são carentes de terra, o seu território é medido em braças; e os que são menos carentes de terra, em estádios; e os que possuem grande parte do território, em parassangas; e os que detinham um território mais amplo, em escoinos. A parassanga tem a capacidade de trinta estádios; e cada escoino, uma medida egípcia, sessenta estádios." (*Histórias*, II, 6). In: Heródoto. *Histórias. Livro II – Euterpe. Op. cit.* Cada estádio equivale a 186 metros.

190. Heródoto se refere a esta tributação: "Então, dos iônios, os magnésios da Ásia, os eólios, os cários, os lícios, os mileus e os panfílios (pois eles tinham um único imposto e esse era de quatrocentos talentos), Dario recebia quarenta talentos de prata; de fato, essa era a primeira província que havia sido estabelecida; e dos mísios, lídios, lasônios, cabaleus e hiteneus, recebia a quantia de quinhentos talentos; e essa era a segunda província." (*Histórias*, III, 90). In: Heródoto. *Histórias. Livro III – Talia. Op. cit.*

191. O ano de 492 a.C.

192. Filho de Góbrias e genro de Dario, comandou o exército persa na guerra contra os helenos; mais tarde foi destituído do posto por não ter participado da Batalha de Maratona em 490 a.C.

193. Filho do general persa Mardônio, conhecido por este episódio narrado por Heródoto como um dos que conspiraram para a derrubada do mago Esmérdis, o que resultou na ascensão de Dario I ao trono, conforme este relato

LIVRO VI - ÉRATO | 79

o litoral, com um exército muito numeroso quanto à infantaria e conduziu junto uma numerosa frota marítima, e ele era um jovem e recém-casado com Artozostra, filha de Dario[194]. E depois que estava na Cilícia[195] com o seu exército, ele embarcou em uma nau e conduziu ao mesmo tempo as outras naus, e os outros comandantes conduziam a tropa terrestre no Helesponto. Como navegava ao longo da costa da Ásia, Mardônio chegou à Iônia; lá, direi algo muito espantoso aos que dentre os helenos não admitem que Otanes, entre os sete persas, revelou como seria útil para os persas se tivessem uma forma de governo democrática[196]; pois Mardônio derrubou todos os tiranos dos iônios e estabeleceu a democracia nas cidades. E depois de fazer isso, apressou-se em direção ao Helesponto. E quando foi reunido todo o numeroso contingente de naus, e foi reunida também toda a

---

de Heródoto: "E Otanes recebeu Aspatines e Góbrias, que eram homens importantes dentre os persas e os mais merecedores de sua confiança, e contou-lhes toda a questão. E eles mesmos ainda suspeitavam do modo como Esmérdis tinha morrido, e receberam as palavras que Otanes proferira. E pareceu-lhes que seria bom se cada um deles se associasse a um homem persa, no qual confiasse mais. Portanto, Otanes trouxe Intafernes, Góbrias trouxe Megabizo e Aspatines trouxe Hidarnes. Quando eles se tornaram seis, chegou em Susos Dario, filho de Histaspes, vindo da Pérsia; pois o seu pai era, de fato, o governador dos persas. Portanto, quando ele chegou, os seis persas julgaram que seria bom se eles se associassem a Dario. E esses sete reuniram-se e deram uns aos outros suas palavras e sua confiança." (*Histórias*, III, 70-71). In: Heródoto. *Histórias. Livro III – Talia. Op. cit.*

194. Costume entre as sociedades antigas de estabelecer vínculos de amizade e políticos por meio de casamentos realizados entre os membros das famílias mais influentes. Hábito que se mantém na Idade Média e ainda hoje em menor grau. No caso de Dario, este expediente era muito empregado, como vemos neste relato de Heródoto: "E Dario realizou seus casamentos entre os mais importantes persas, com duas filhas de Ciro: Atossa e Artístene; Atossa havia se casado antes com o seu próprio irmão Cambises, e novamente com o mago, enquanto Artístene era virgem; e ele casou-se com outra filha de Esmérdis, filho de Ciro, cujo nome era Pármis; e ainda desposou a filha de Otanes, que fez a revelação sobre o mago. Tudo estava se preenchendo com o seu poder." (*Histórias*, III, 88). In: Heródoto. *Histórias. Livro III – Talia. Op. cit.*

195. Região costeira localizada ao sul da Ásia Menor, próxima a ilha de Cipro, atual Chipre.

196. Consultar capítulos 80 a 82 do *Livro III – Talia*.

80 | Histórias

tropa terrestre, atravessaram com suas naus o Helesponto e marcharam através da Europa, e marcharam contra Erétria[197] e Atenas[198].

44. Então, ele as tinha como pretexto para sua expedição[199], mas os persas tinham em mente o maior número de cidades helenas que pudesse conquistar, então, de um lado, com as naus conquistaram os tásios que nem ergueram suas mãos, por outro lado, com a infantaria, acrescentaram os macedônios aos que foram reduzidos a escravos[200]; pois os povos do interior da Macedônia já estavam em suas mãos. De fato, de Tasos passaram ao longo do continente e prosseguiram até

---

197. Cidade localizada na região da Eubeia.

198. Erétria e Atenas haviam auxiliado os revoltosos iônios, conforme este relato de Heródoto: "E Aristágoras, depois que os atenienses chegaram com suas vinte naus, ao mesmo tempo em que conduziam cinco trirremes dos eritreus, que não realizaram uma expedição militar por um favor aos atenienses, mas pelos milésios, porque retribuíam os que lhes deviam (pois, de fato, os milésios primeiro deram suporte aos eritreus na guerra contra os calcidenses, quando também os sâmios correram em socorro aos calcidenses contra os eritreus), então, depois que os atenienses chegaram e os demais aliados militares se apresentaram, Aristágoras fez uma expedição militar contra Sárdis." (*Histórias*, V, 99). In: Heródoto. *Histórias. Livro V – Terpsícore. Op. cit.*

199. Essa é a primeira expedição dos persas contra essas cidades, sobre os conflitos entre helenos e persas após a Revolta da Iônia, Heródoto tece o seguinte comentário: "Os atenienses, de fato, foram persuadidos por ele e votaram para que enviassem vinte naus auxiliares para os iônios, e indicaram um deles como estratego, Melântio, um homem que era em tudo honrado pelos cidadãos. E essas naus tornaram-se o princípio dos males para helenos e bárbaros." (*Histórias*, V, 97). In: Heródoto. *Histórias. Livro V – Terpsícore. Op. cit.*

200. Antes da dominação militar, os persas já haviam instituído uma dominação política por meio de negociações travadas por Megabizo e os macedônios, tal lemos neste relato: "Então, conduziram os peônios que foram capturados para a Ásia, e Megabizo, porque havia dominado os peônios, envia sete homens persas como mensageiros para a Macedônia, os que eram mais ilustres depois dele no acampamento militar. E eles foram enviados junto à corte de Amintas para reclamar terra e água para o rei Dario. E existe a partir do lago Prásis um caminho muito curto para a Macedônia; pois, em primeiro lugar, tem-se a mina do lago, de onde, depois desses acontecimentos, saia um talento de prata por dia para Alexandre, e depois de transpor a mina da montanha chamada Dísoro, chega-se à Macedônia." (*Histórias*, V, 17). In: Heródoto. *Histórias. Livro V – Terpsícore. Op. cit.*

Acanto[201], e de Acanto se empenharam e contornaram o Atos[202]. E quando estavam navegando ao longo dele, um forte e intransponível vento do norte os tratou muito duramente, lançando muitas naus, em grande quantidade, contra o Atos. Pois conta-se que foram destruídas trezentas naus, e para além de vinte mil homens; pois, porque havia uma espécie de fera mais selvagem dentro desse mar em torno do Atos, uns foram capturados e mortos por essas feras, enquanto outros foram despedaçados contra os rochedos; e alguns deles não sabiam nadar, e por isso morreram, e outros, pelo frio.

45. De fato, enquanto a frota marítima assim agiu, enquanto a infantaria de Mardônio estava fazendo seu acampamento militar, à noite, os trácios brigos[203] colocaram-nos em suas mãos; e os brigos mataram muitos deles, e feriram o próprio Mardônio. Mas nem mesmo eles escaparam da escravidão dos persas; pois Mardônio não partiu desse território antes de fazer com que eles se tornassem seus súditos. Todavia, depois de eles terem sido subjugados, ele conduziu o seu exército de volta, porque havia sofrido um desastre com o exército diante dos brigos e grandemente com sua frota em torno do Atos. Então, essa expedição lutou de modo vergonhoso e retornou em direção à Ásia.

46. No segundo ano desses acontecimentos, durante o primeiro[204], Dario enviou um mensageiro e ordenou-lhes que demolissem sua muralha e que levassem suas naus para Abdera[205], porque

---

201. Localizada no golfo de Estrímon, próxima a Cálcis.

202. Trata-se do Monte Atos, localizado na Península da Cálcis, ao norte do Mar Egeu, com 2.033 metros de altitude, cujas águas que o circundam são conhecidas por serem profundas e agitadas.

203. Habitavam o extremo do território de Epiro e da Ilíria.

204. Trata-se do ano de 491 a.C.

205. Cidade helena da Trácia, próxima a Tasos, que foi colonizada primeiro por Clazômena, no século VII a.C. Sobre Abdera também há o seguinte registro de Heródoto: "Depois de Hárpago ter tomado a muralha deles com um amontoado de terra em torno dela, todos embarcaram nos navios e partiram navegando para a Trácia e lá colonizaram a cidade de Abdera; o primeiro dentre eles a colonizá-la foi Timésio de Clazômenas, embora não lhe tenha sido útil, ao contrário, foi expulso

82 | Histórias

os tásios eram acusados por seus vizinhos de cidade de estar tramando uma revolta contra eles. Pois, de fato, os tásios, como foram cercados em um sítio por Histieu de Mileto[206] e porque tinham grandes entradas de riquezas, utilizavam-nas para a construção de naus longas e estavam se cercando com uma muralha mais forte. E eles tinham essa entrada de riquezas vinda do continente[207] e proveniente das minas. Certamente, vinda das minas de ouro[208] de Escápcia Hile[209], que produzia ao todo oitenta talentos[210], e as que estavam situadas em Tasos produziam menos que essas, e com frequência, de modo que, assim, não havia tributos sobre as colheitas porque o total que os tásios obtinham do continente e das minas era de duzentos talentos por ano, quando não lhes vinha mais, trezentos.

---

pelos trácios, hoje honrado pelos teios de Abdera como um herói." (*Histórias*, I, 168). In: Heródoto. *Histórias. Livro I – Clio. Op. cit.*

206. Consultar o capítulo 28 deste *Livro VI – Érato.*

207. Trata-se de Piéria, grande produtora de ouro, precisamente nos arredores do monte Pangeu, na Trácia. Segundo Hesíodo, Piéria era onde moravam as Musas, conforme lemos nestes versos: "Musas Piérias que gloriais com vossos cantos/ vinde! Dizei Zeus vosso pai hineando./ Por eles mortais igualmente desafamados e afamados,/ notos e ignotos são, por graça do grande Zeus." (*Os trabalhos e os dias*, 1-5). Transcrevo o comentário que a professora Mary Lafer redigiu para o termo Piérias: "Hesíodo invoca as musas da Piéria e não as do Hélicon, como faz na *Teogonia* (vv. 77-79), onde as nove musas aparecem individualmente nomeadas; sabe-se que elas habitavam igualmente um ou outro local.". In: Hesíodo. *Os trabalhos e os dias*. Edição bilíngue. Tradução, introdução e comentários de Mary de Camargo Neves Lafer. São Paulo: Iluminuras, 1991.

208. Tucídides também atesta a existência das minas e o comércio que os tásios movimentavam por conta delas quando trata do episódio em que houve hostilidades entre eles e os atenienses, de acordo com este relato: "Mais tarde, aconteceu a defecção dos tásios, provocada por divergências sobre os mercados da Trácia que ficava fronteira à ilha e sobre as minas que lá exploravam." (*História da Guerra do Peloponeso*, I, 100). In: Tucídides, *História da Guerra do Peloponeso. Livro I.* Tradução de Anna Lia Amaral de Almeida Prado. *Op. cit.*

209. Que significa "Floresta escavada".

210. Cerca de duas toneladas.

Livro VI - Érato | 83

47. E também eu mesmo vi essas minas[211], e o quanto em muito as mais admiráveis delas eram as que os fenícios haviam descoberto, os que colonizaram essa ilha com Tasos, a que agora recebe o nome de Tasos por causa desse fenício[212]. E essas minas dos fenícios estão em Tasos entre o território chamado dos eniritas e dos cenitas, que está de frente para a Samotrácia[213], uma grande montanha que reviraram em suas buscas. E os tásios, em obediência ao rei, derrubaram sua muralha e levaram todas as suas naus para Abdera.

48. E depois disso, Dario tentou saber o que havia em mente dentre os helenos, se tinham a intenção de guerrear com ele ou de se entregarem a ele. Então, enviou arautos com suas determinações para diferentes povos de diversas partes do território da Hélade[214],

---

211. Heródoto conta sobre sua viagem no segundo livro, relata que "Por querer conhecer esses assuntos com clareza de quem eu pudesse obtê-los, fiz uma viagem de navio até Tiro, na Fenícia; neste lugar, fui informado de que havia um templo sagrado de Héracles. [...] E vi em Tiro também outro templo de Héracles em que seu nome era Tasos. E parti também para Tasos, na qual encontrei um templo de Héracles edificado pelos fenícios, aqueles que, navegando à procura de Europa, colonizaram Tasos; e esses acontecimentos se passaram há cinco gerações desses homens, antes de Héracles, filho de Anfitrião, nascer na Hélade." (*Histórias*, II, 44). In: Heródoto. *Histórias. Livro II – Euterpe. Op. cit.*

212. A ilha de Tasos antes era conhecida por ilha de Eria ou de Odônis.

213. Ilha situada ao norte do Mar Egeu, entre as ilhas de Imbros e de Tasos. Hoje nós conhecemos o nome da ilha Samotrácia, por meio da famosa estátua de Nice de Samotrácia, ou a Vitória de Samotrácia, que se encontra exposta no Museu do Louvre em Paris.

214. Antes dessa resolução do rei persa, Heródoto conta que, por oposição e temor de Cleômenes, o rei espartano, os atenienses haviam ido à corte persa para pedir ajuda militar ao rei Dario, conforme lemos neste registro: "E depois disso, os atenienses mandaram trazer de volta Clístenes e as setecentas famílias que haviam sido expulsas por Cleômenes, enviaram mensageiros a Sárdis porque queriam fazer uma aliança militar com os persas; pois tinham ciência entre eles de que Cleômenes e os lacedemônios viriam em uma expedição militar contra eles. E quando os mensageiros chegaram a Sárdis e comunicaram as ordens recebidas, Artafernes, filho de Histaspes, o governador de Sárdis, [...] deu-lhes uma resposta sumária que foi a seguinte: 'Se os atenienses derem terra e água a Dario, ele estaria disposto a fazer uma aliança militar convosco; se não os derem, ele ordena que vós deveis partir.'. E os mensageiros, depois de entre eles mesmos terem tomado a decisão, disseram que os dariam, porque queriam fazer a aliança militar com eles. De fato, quando eles retornaram para sua terra natal receberam graves acusações." (*Histórias*, V, 73). In: Heródoto. *Histórias. Livro V – Terpsícore. Op. cit.*

84 | Histórias

ordenando-lhes que pedissem terra e água para o rei[215]. De fato, ele enviou esses arautos para a Hélade para as cidades litorâneas que lhe pagavam tributos, ordenando-lhes que construíssem naus longas e embarcações para fazer o transporte de cavalos[216].

49. E, de fato, enquanto eles preparavam esses equipamentos, também esses arautos chegavam à Hélade, muitos dos que habitavam o continente deram-lhe as obrigações que o Persa[217] lhes reclamava, e todos os ilhéus vieram para lhes dar o que pediam. E, de fato, os demais ilhéus ofereceram terra e água para Dario, e além deles, também os eginetas. E depois de eles fazerem isso, os atenienses imediatamente se sentiram pressionados, porque pensavam que os eginetas pensavam em atacá-los[218], que eles realizariam uma expedição militar junto com

---

215. Vemos aqui a indicação de que a dominação persa se dava pelo uso da terra e da água dos subjugados, como Heródoto já demonstrou em seu relato, pela primeira vez, com os citas: "E os citas, porque os agatirsos os proibiram, eles não avançaram mais, enquanto os que vieram da Nêuride trouxeram os persas para dentro do seu território. E como isso aconteceu por muito tempo e não parava, Dario enviou um cavaleiro ao rei dos citas, Idantirso, que lhe disse o seguinte: 'Miserável! Por que foges sempre, quando tu podes fazer uma destas duas propostas a seguir? Pois se acreditas no seu íntimo que és digno de enfrentar o meu poderio militar, tu posiciona-te, para de vagar e combate; mas se reconheces que és inferior, assim tu também interrompa tua corrida, traz como presente para o teu senhor terra e água e vem para a conversa.'." (*Histórias*, IV, 125-126). In: *Heródoto. Histórias. Livro IV – Melpômene. Op. cit.* Nesse caso, percebemos que o rei persa não visava sempre a posse efetiva do território, mas o pagamento de tributos, ou a livre passagem pelos territórios em troca de comida e água, ou o envio de provimentos para as suas expedições militares.

216. Parece que esse tipo de embarcação era uma invenção dos iônios e muito recente, pois temos o seguinte testemunho de Tucídides: "Antes, porém, de os lacedemônios terem deixado a planície e entrado em Páralos, Péricles havia começado a equipar uma frota de cem naus para navegar contra o Peloponeso, e quando tudo estava pronto ele partiu. Levou consigo nas naus quatro mil hoplitas atenienses, em embarcações para o transporte de cavalos, e trezentos cavalarianos (estes empregados pela primeira vez); as embarcações de transporte eram velhas naus adaptadas." (*História da Guerra do Peloponeso*, II, 56). In: Tucídides, *História da Guerra do Peloponeso*. Tradução de Mário da Gama Kury. *Op. cit.*

217. Outro nome dado ao rei Dario.

218. As razões da inimizade entre Atenas e Egina foram relatadas assim por Heródoto: "E a inimizade que há muito tempo nasceu entre atenienses e eginetas vem da origem que se segue. Os epidáurios tinham uma terra que não lhes produzia nenhum fruto; portanto, os epidáurios foram consultar o oráculo em Delfos a respeito desse infortúnio; e a Pítia lhes ordenou que erigissem estátuas em honra de Dâmia e Auxésia [...] mas

LIVRO VI - ÉRATO | 85

o Persa, e ficaram alegres com o pretexto que tinham, e foram e voltaram várias vezes a Esparta[219] e acusaram os eginetas das coisas que foram feitas na condição de traidores da Hélade.

50. E diante dessa acusação, Cleômenes[220], filho de Anaxândrides[221], que era rei dos cidadãos espartanos[222], atravessou o território em

---

que fosse de madeira de uma oliveira cultivada. [...] não existiam oliveiras em nenhum outro lugar da terra, naquele tempo, a não ser em Atenas. E os atenienses lhes deram a permissão para isso e lhes disseram que sob a condição de que eles trouxessem vítimas sacrificiais a cada ano para Atena Políade e de Erecteu. E porque eles tendiam para essas ações, os epidáurios obtiveram o que eles haviam pedido, erigiram as estátuas e as fizeram dessas oliveiras; de fato, a terra deles começou a produzir fruto e cumpriram o que havia sido estabelecido com os atenienses. [...] E depois destas estátuas terem sido roubadas, os epidáurios não cumpriram mais o que haviam acordado com os atenienses; [...] e os eginetas disseram que eles não tinham nenhum assunto a tratar com os atenienses." (*Histórias*, V, 82 e 84). In: Heródoto. *Histórias. Livro V – Terpsícore. Op. cit.*

219. Heródoto nos mostra que Esparta exercia seu poder na Hélade, pois, no caso dos iônios, esta não foi a primeira vez que pediram o socorro de Esparta, como quando da invasão de Ciro na Ásia Menor, Heródoto conta que: "decidiu em comum acordo enviar mensageiros a Esparta para pedir ajuda aos iônios" (*Histórias*, I, 141) e que "Quando os mensageiros dos iônios e dos eólios chegaram a Esparta [...] os lacedemônios não o ouviram [...] E os lacedemônios, embora tivessem se recusado a ajudar, [...] enviaram a Sárdis [...] Lacrine, para anunciar a Ciro a decisão dos lacedemônios, que ele não destruísse nenhuma cidade da terra da Hélade porque eles mesmos não seriam negligentes com isso. [...] (Ciro) disse: 'Jamais temi tais homens, os quais têm um local conhecido no meio de sua cidade, onde, reunindo-se uns com os outros e fazendo juramentos, enganam-se. Se eu estiver em bom estado de saúde, os sofrimentos dos iônios não serão assuntos de conversas entre vós, mas os vossos próprios.'. E Ciro desprezou com suas palavras todos os helenos." (*Histórias*, I, 152-153). In: Heródoto. *Histórias. Livro I – Clio. Op. cit.*

220. Rei espartano da Casa dos Ágidas, reinou de 525 a 488 a.C. A sua sucessão ao trono foi conturbada e contou com a ajuda do éforo Quílon, uma vez que Cleômenes era filho da segunda esposa do rei Anaxândrides, em lugar de Leônidas, filho do primeiro casamento do rei.

221. Descendente da casa dos Ágidas, reinou em Esparta entre os anos de 560 e 520 a.C., conhecido não somente por ter vencido a guerra contra os tegeatas, mas também por ter sido o único rei bígamo de Esparta, sob o argumento de que a sua primeira esposa era estéril, mas curiosamente sua primeira mulher teve três filhos depois de seu segundo casamento: Dorieu, Leônidas e Cleômbroto, estes últimos gêmeos; enquanto a segunda esposa deu-lhe apenas um filho: Cleômenes. Não há registro sobre os nomes de suas esposas.

222. Σπαρτιάτης (*Spartiátēs*), traduzido comumente como "esparciata", e o nome dado exclusivamente ao indivíduo que é cidadão espartano, distinguido

86 | HISTÓRIAS

direção a Egina com a intenção de prender os eginetas responsáveis pelo ocorrido. E enquanto ele tentava prendê-los, então os outros foram contrários ao que ele fazia aos eginetas, e além disso, nesse momento, especialmente Crio[223], filho de Polícrito[224], que lhe disse que não levaria impunemente nenhum dos eginetas; pois fazia isso sem o apoio comum dos cidadãos espartanos, mas porque foram subornados com dinheiro pelos atenienses; pois ele teria vindo prendê-lo ao mesmo tempo com o outro rei[225]. E dizia isso por causa de uma carta de Demarato[226]. Quando estava sendo expulso de Egina, Cleômenes perguntou a Crio qual era o seu nome; e ele lhe respondeu o verdadeiro[227]. E Cleômenes, dirigindo-se a ele, disse: "Já, carneiro, agora cobre os teus chifres de bronze, porque enfrentarás um grande mal.".

---

por ter nascido em Esparta e ser filho de pai e mãe cidadãos espartanos. Em nossa tradução, optamos por traduzir *spartiátēs* (Σπαρτιάτης) sempre por "cidadão espartano" em lugar de "esparciata".

223. Heródoto é a nossa única fonte sobre essa personagem.

224. Não dispomos de mais informações sobre essa personagem.

225. Esparta tinha um sistema político pautado em uma diarquia, ou seja, tinha dois reis, um proveniente da Casa dos Ágidas e o outro da dos Euripôntidas. Sobre a lista e as possíveis datações dos reis das duas casas, consultar: Pausânias, *Descrição da Hélade*, III, 1.7-11.5. Os descendentes dos dois reis de Esparta eram conhecidos como Heráclidas por serem descendentes de Héracles; este, por sua vez, por sua linhagem familiar, estava ligado por parentesco a Perseu, pois ambos eram primos, o que conferia a Cleômenes uma ancestralidade comum à dos atenienses. As funções dos reis espartanos estavam relacionadas às expedições militares e à realização de cerimônias religiosas. Para mais detalhes, consultar: Xenofonte. *A constituição dos lacedemônios*, XIII.

226. Rei espartano da Casa dos Euripôntidas, reinou entre 515 e 491 a.C. Demarato foi destituído do trono de Esparta em 492 a.C. por ter atacado Cleômenes, o outro rei espartano da Casa dos Ágidas, em uma batalha no território de Egina. Depois de ter sido destronado, Demarato segue para a corte persa e encontra abrigo no palácio do rei Dario, que concedeu terras na Mísia por seus serviços prestados. Demarato também é conhecido por ter participado das Guerras Persas ao lado de Xerxes, como conselheiro do rei persa.

227. Κριός (*Kriós*), que significa "carneiro".

Livro VI - Érato | 87

51. Enquanto isso em Esparta, durante esse tempo em que permaneceu lá, Demarato, filho de Aríston[228], fazia acusações contra Cleômenes, porque esse também era rei dos cidadãos espartanos, e tinha uma família de menor prestígio, inferioridade que não tem nenhuma razão de ser (pois ambos descendem de um mesmo antepassado)[229], mas conforme a primogenitura de nascimento de Eurístenes[230], ele era um tanto mais honrado.

52. Pois os lacedemônios não concordam com nenhum poeta[231]; contam que foi Aristodemo, filho de Aristômaco[232], filho de Cleodeu[233], filho de Hilo[234] que, durante o tempo em que reinou, ele próprio os conduziu para esse território em que agora estão estabelecidos, e não os filhos de Aristodemo[235]. E não muito tempo depois, a mulher de Aristodemo, cujo nome era Argia[236], deu à luz;

---

228. Rei espartano da Casa dos Euripôntidas, reinou em Esparta de 550 a 515 a.C., casou-se três vezes; uma delas era esposa de seu amigo, com quem Aríston gerou Demarato, que mais tarde é repudiado por ser considerado um bastardo. No entanto, como não havia deixado descendentes, voltou atrás em sua decisão e reconheceu Demarato como seu filho legítimo, fato que serviu de argumento para que Cleômenes conseguisse destituí-lo do trono de Esparta.

229. No entanto, Pausânias registra que os túmulos das duas Casas, a dos Euripôntidas e a dos Ágidas, estavam em locais separados em Esparta. Para mais detalhes, consultar: Pausânias, *Descrição da Hélade*, III, 12.8 e 14.2.

230. Proveniente da Casa dos Ágidas, reinou no século X a.C. Considerado descendente direto de Héracles, que teria sido seu tataravô. Tornou-se rei junto com o seu irmão Procles, dando origem à Diarquia espartana.

231. Heródoto se refere às genealogias muito comuns entre os poetas, sobretudo os épicos.

232. Rei de Esparta no século XI a.C., por volta de 1025 a.C.

233. Rei de Esparta, século XI a.C., neto de Héracles.

234. Rei de Esparta, século XI a.C., filho de Héracles e de Dejanira, epônimo de uma das três etnias dórias, a dos Hileus de Epiro.

235. Pai de Eurístenes e Procles, que fora a primeira dupla de reis de Esparta. Sobre Aristodemo também temos os relatos de Xenofonte, *Agesilau*, VIII, 7; Pausânias, *Descrição da Hélade*, III, 1.5 e Apolodoro, *Biblioteca*, II, 8.2.

236. Filha de Autesíon, um tebano, que, segundo Pausânias, recebeu um oráculo que lhe ordenava a partir para Esparta e lá se estabelecer (*Descrição da Hélade*, IX,

88 | HISTÓRIAS

e contam que ela era filha de Autesíon[237], Polinices[238]; e então ela deu à luz gêmeos, e Aristodemo viveu para ver os seus filhos e depois morreu acometido por uma doença. E naquele momento, os lacedemônios, conforme a lei[239], deliberaram que o mais velho dos filhos iria ser o seu rei; portanto, eles não sabiam de fato qual dos dois elegeriam, porque eram semelhantes e iguais em físico. E não eram capazes de reconhecê-los, ou mesmo antes disso, perguntaram a sua mãe, e essa disse que não os distinguia; ela estava muito ciente ao afirmar isso, porque queria, se de algum modo fosse possível, que ambos se tornassem reis. Então, os lacedemônios de fato não sabiam o que fazer; perplexos, enviaram mensageiros a Delfos para que perguntassem o que eles deveriam fazer com o problema; e a Pítia ordenou-lhes que considerassem ambas as crianças como reis, e que honrassem especialmente o primogênito. De fato, após a Pítia ter lhes respondido com essas palavras, os lacedemônios não sabiam menos o que fazer para que descobrissem quem era o mais velho de

---

5.8). Heródoto também traça outra genealogia na qual Argia também aparece como irmã de Teras: "Durante esse mesmo tempo, Teras, filho de Autesíon, filho de Tisâmeno, filho de Tersandro, filho de Polinices, estava pronto para sair da Lacedemônia e fundar uma colônia. E esse Teras, que era da linhagem cadmeia, era tio materno dos filhos de Aristodemo, Eurístenes e Procles; enquanto esses jovens ainda eram menores, Teras obteve a regência de Esparta." (*Histórias*, IV, 147). In: *Heródoto. Histórias. Livro IV – Melpômene. Op. cit.*

237. Tebano, pai de Teras que se estabeleceu em Esparta por conta do casamento de sua filha Argia com Aristodemo, um descendente de Héracles.

238. Filho de Édipo e de Jocasta e irmão de Etéocles, com quem irá travar uma guerra pelo trono de Tebas.

239. De acordo com o relato de Aristóteles, houve uma perda de poder de ambos os reis após a instituição do eforato, já na época de Teopompo: "Por isso também a realeza se manteve por muito tempo, e a dos lacedemônios porque desde o início o poder foi dividido em duas partes, e por sua vez Teopompo o moderou e estabeleceu, entre outras coisas, o poder dos éforos; pois retirou o poder real e aumentou o tempo de duração da realeza, de modo que, de uma certa maneira, ele não a tornou menor, mas mais importante. E o que ele disse ao responder a sua mulher, depois de ela ter lhe perguntado se ele não se envergonhava de dar como herança aos filhos uma realeza menor que ele herdou de seu pai: 'Não, de fato', ele disse, 'pois a dou com mais tempo de duração.'." (*Política*, 1313a25-35). In: Aristóteles. *Política. Op. cit.*

LIVRO VI - ÉRATO | 89

ambos, quando um homem messênio, cujo nome era Panites, deu-
-lhes um conselho. E Panites aconselhou o seguinte aos lacedemônios, que vigiassem a mãe para saber qual dos dois filhos ela banhava
e alimentava primeiro; e se ela se mostrasse fazendo sempre a mesma coisa, eles poderiam encontrar tudo o que queriam descobrir,
e ao contrário, se ela agisse aleatoriamente, seria evidente que nem
mesmo ela sabia mais que eles, e eles teriam de se voltar para outro
caminho. Então, os cidadãos espartanos passaram de fato a vigiar a
mãe dos filhos de Aristodemo, conforme os conselhos do messênio,
e descobriram, visto que ela não sabia que estava sendo vigiada, que
ela fazia sempre as mesmas coisas; que no momento de alimentá-
-los e de banhá-los, que o mais estimado era o primogênito. Então
pegaram a criança mais estimada pela mãe como se fosse o primogênito, para criar em um edifício público; e lhe colocaram o nome de
Eurístenes, e ao mais novo, de Procles. E contam que depois de eles
terem se tornado homens adultos, embora fossem irmãos, durante
toda a sua vida, eram divergentes; e seus descendentes continuam
agindo do mesmo modo.

53. E dentre os helenos, os lacedemônios são os únicos a contarem
isso, e sobre estas coisas que são contadas pelos helenos, começo a
escrever, pois esses reis dórios até Perseu[240], filho de Dânae[241], com

---

240. Perseu é um herói argivo, filho de Zeus e de Dânae. Há muitas narrativas que
envolvem o herói com a demonstração de sua força e poder. A mais famosa delas
foi a de sua luta contra a Górgone, mais conhecida como Medusa, de quem deveria
trazer a cabeça para o rei Polidectes para salvar sua mãe, Dânae. As Górgones eram
três irmãs: Esteno, Euríale e Medusa. Esta última foi a escolhida, porque somente
ela era mortal, com o poder de petrificar aquele que a olhasse nos olhos.

241. Filha de Acrísio, rei de Argos, e de Eurídice, filha de Lacedêmon e de Esparto.
Havia a profecia de que o filho de Dânae seria o assassino de seu pai, Acrísio, o que
fez com que o rei a isolasse, mas Zeus se apaixonou por ela e a engravidou. Quando
Acrísio soube do ocorrido, logo que o menino nasceu, ele foi trancado junto com a
mãe em um cofre para que perecessem. No entanto, Zeus os protegeu e os enviou
para a ilha de Serifos, onde Dânae e seu filho, Perseu, foram acolhidos por Díctis,
irmão do tirano Polidectes, que se apaixonou pela jovem. Para afastar o filho da mãe,
Polidectes enviou Perseu para buscar a cabeça de Medusa, com a qual ele mesmo
foi transformado em pedra, quando do retorno do herói Perseu. Para mais detalhes,
consultar: Apolodoro, *Biblioteca*, II, 4, 2.

90 | HISTÓRIAS

o deus fora disso[242], isso é corretamente contado pelos helenos e demonstra que eles são helenos; pois já naquela época eles eram considerados helenos. E calculou até Perseu por causa disso, mas não retomou mais para trás, porque não acrescentavam o nome de nenhum pai mortal ao de Perseu[243], tal como a Héracles[244], o de Anfitrião[245]; portanto, pelo relato correto utilizado "até Perseu" já foi corretamente dito por mim. E se a partir de Dânae, filha de Acrísio[246], enumerassem os antepassados sempre paternos deles, revelaria que os chefes dos dórios são, em sua origem, iguais aos egípcios.

---

242. A partir dos relatos de Heródoto sobre Héracles, em momento algum o historiador traça uma genealogia comum entre o herói e Perseu, o que pode ser uma discordância de Heródoto sobre o fato de ambos serem considerados filhos de Zeus. Consultar os capítulos 43-45 e 142-146 do *Livro II – Euterpe* desta Coleção *Histórias* de Heródoto.

243. Heródoto não cita a filiação de Perseu nem mesmo neste episódio em que ele é cultuado no Egito: "Mas há Quêmis, uma grande cidade da província de Tebas, próxima a Neápolis; nessa cidade, existe um templo quadrado de Perseu, filho de Dânae, e, em volta dele, nasceram palmeiras; e os vestíbulos do templo eram feitos de pedras muito grandes; e sobre eles havia duas estátuas de pedras enormes colocadas de pé; e nesse recinto sagrado existe um santuário, no qual existe uma estátua de Perseu em pé. Esses quemitas dizem que Perseu aparece muitas vezes para eles nessa terra, e que frequentemente ele está dentro do templo, e encontram uma sandália que ele calçava, que tem o tamanho de dois côvados; e quando ela aparece, todo o Egito se torna abundante." (*Histórias*, II, 91). In: Heródoto. *Histórias. Livro II – Euterpe. Op. cit.*

244. Filho de Zeus e Alcmena, são inúmeras as histórias que envolvem o herói heleno; dentre as mais famosas, está o ciclo dos Doze Trabalhos, façanhas executadas por determinação de seu primo Euristeu, como expiação pelo assassinato dos filhos que gerara com Mégara. Plutarco compôs uma biografia sobre o herói, da qual nos resta apenas um fragmento recolhido por Flaceliere (fr. 8 Fl.).

245. Filho de Alceu, rei de Tirinte, e de Astidameia, filha de Pélops. O mito de Héracles narra que seu pai mortal casara-se com Alcmena e que, durante uma expedição militar, Zeus metamorfoseou-se em Anfitrião e manteve relações sexuais com a jovem. Então, Alcmena deu à luz dois filhos, Íficles e Héracles; o primeiro era filho de Anfitrião e o segundo, de Zeus. A descoberta deu-se depois de Hera, a esposa traída de Zeus, ter enviado duas serpentes ao leito dos meninos, quando Héracles dominou-as e esmagou-as, revelando assim a sua identidade. Sobre o mito, consultar: Apolodoro, *Biblioteca*, II, 4, 8.

246. Rei mítico de Argos.

LIVRO VI - ÉRATO | 91

54. Portanto, essas informações são conforme os helenos contam sobre as suas genealogias. E como o relato dos persas conta, o próprio Perseu, que era assírio, tornou-se um heleno, mas não os seus antepassados; e concordam que as genealogias paternas de Acrísio não tinham nenhum parentesco com Perseu, conforme os helenos mesmos contam, que esses eram egípcios.

55. Portanto, quanto a isso, já foi dito o suficiente a respeito deles; por que motivo, mesmo sendo egípcios, e como foram aceitos e receberam as realezas dos dórios, outros já contaram sobre isso, e deixemos isso para trás; e os acontecimentos a que outros não se prenderam, deixarei uma memória desses.

56. E os cidadãos espartanos concederam privilégios aos reis que foram estas: dois sacerdócios, o de Zeus[247] Lacedêmon[248] e o de Zeus Urânio[249], e que podiam levar a guerra para o território que quisessem, e sem que nenhum dos cidadãos espartanos pudesse lhes impedir, e se não fosse assim, quem o fizesse, carregaria uma maldição; e quando realizavam expedições militares, os reis eram os primeiros a avançar e os últimos a partir; e cem homens selecionados fazia a sua guarda pessoal no exército, e se seriam dos rebanhos nas expedições fora de seu território, tantos quantos animais quisessem, e recebem as peles e os lombos de todas as vítimas que sacrificam.

57. Esses são os privilégios em tempo de guerra; os outros, em tempo de paz, são lhes concedidos da maneira que se segue. Quando um sacrifício é feito às custas da cidade, os reis são os primeiros a sentar no banquete e começam a servir a partir deles primeiro, e é servido para cada um deles em todas as refeições duas vezes mais que os demais convivas; e eles têm a primícias das libações, assim como as

---

247. Pai dos deuses e dos homens, Zeus, filho de Crono e Reia, reinou sobre todos depois de destronar o pai; sobre a origem e os acontecimentos que antecederam seu reinado, ler *Teogonia*, 468-506, de Hesíodo.

248. Nome do herói epônimo da Lacedemônia.

249. Como filho de Urano, que é a personificação do céu, daí poderia ser Zeus Celeste. Sobre o culto de Zeus e seus epítetos, temos o relato de Xenofonte em sua *Constituição dos lacedemônios*, capítulos XIII e XV.

92 | Histórias

peles dos rebanhos sacrificados. Todos os dias de lua nova e no sétimo dia de todos os meses oferecem a cada um deles, às custas da cidade, uma vítima adulta para ser levada ao templo de Apolo[250], assim como um médimo de farinha de cevada e um quarto lacônio de vinho; igualmente, em todas as competições atléticas têm assentos de honra reservados. Também indicam para a função de próxenos os cidadãos[251] que eles querem e escolhem cada um dos dois Pítios. E os Pítios eram encarregados de ir consultar o oráculo de Delfos, e sua alimentação, que compartilhavam com os reis, eram às custas da cidade. Se os reis não fossem ao banquete, enviavam para suas casas, para cada um deles, duas quênices de farinha de cevada e um cótilo de vinho; enquanto que, quando estavam presentes, recebiam duas vezes mais de tudo; eram honrados com o mesmo também quando eram convidados por um cidadão comum para um banquete. Também são eles que guardam as respostas proferidas pelos oráculos, que também os Pítios conhecem. E os únicos processos que somente os reis podem julgar são os seguintes: quem deveria desposar uma jovem virgem que herda todos os bens de sua família, se seu pai não lhe havia prometido em casamento, e os sobre os caminhos públicos; e se alguém quiser adotar uma criança, deve fazê-lo diante dos reis. Também têm assento no Conselho dos Gerontes[252], que é composto por vinte e oito membros; mas, se não vão, os gerontes mais especialmente aparentados com eles possuíam privilégios reais, já que tinham dois votos[253], além de um terceiro para si mesmos.

---

250. Filho de Zeus e Leto, irmão gêmeo da deusa Ártemis, Apolo é considerado o deus da adivinhação e da música, conhecido também por sua excepcional beleza física.

251. Interessante notar que Heródoto grafa ἀστῶν (*astôn*), que é o genitivo de ἀστός (*astós*), que é como o cidadão ateniense também é chamado, pois, como vimos, os cidadãos espartanos eram chamados de Σπαρτιάτης (*Spartiátēs*), traduzido comumente como "esparciata", mas que em nossa tradução optamos por "cidadãos espartanos".

252. Os gerontes compunham a Gerúsia, um Conselho de Anciãos de Esparta composto por trinta membros, incluindo os dois reis; os demais eram eleitos entre os cidadãos com idade de 60 anos.

253. Sobre esses dois votos, Tucídides assim conclui: "A respeito de muitos outros fatos, ainda atuais e não apagados pela ação do tempo, também os outros

Livro VI - Érato | 93

58. E são esses os privilégios que concedem aos reis enquanto vivos vindo da comunidade dos cidadãos espartanos, e depois de mortos são os que se seguem. Uns cavaleiros anunciam o ocorrido por toda a Lacônia, enquanto as mulheres percorrem cada canto da cidade batendo em caldeirões. Então, quando se produz uma manifestação desse tipo, é obrigatório que venham de cada casa cidadãos livres, um homem e uma mulher, e que os dois se vistam de luto; e se não fizerem isso, aplicam-lhes grandes multas. E esse costume que têm os lacedemônios quando seus reis estão mortos é o mesmo também que têm os bárbaros que estão na Ásia; pois, dentre os bárbaros, a maioria deles utiliza os mesmos costumes quando seus reis estão mortos. Visto que quando morre um rei dos lacedemônios, deve vir de toda a Lacedemônia, à parte dos cidadãos espartanos, um número de periecos[254] que eram obrigados a ir para o funeral; lá dentre eles estavam também os hilotas[255] e os próprios cidadãos espartanos, quando muitas centenas deles estão reunidos no mesmo lugar, misturados com mulheres que batem com vontade nos seus próprios rostos e estão em contínuo estado de imensa lamentação, enquanto afirmam que o último rei morto, que esse de fato foi o melhor. E se um dos reis morre na guerra, moldam a sua imagem e a conduzem ao túmulo em um leito bem preparado. E quando eles o enterram, durante dez dias

---

helenos não têm uma opinião correta, como a ideia de que cada um dos reis lacedemônios dispõe não só de um voto mas de dois, ou que entre eles há um batalhão de Pitane, que não existiu em tempo algum." (*História da Guerra do Peloponeso*, II, 20). In: Tucídides, *História da Guerra do Peloponeso*. Tradução de Mário da Gama Kury. *Op. cit.*

254. O περιοίκος (*perioíkos*), que significa "aquele que mora nos arredores", ou "vizinho". Por isso os habitantes da redondeza que eram submetidos a um regime de servidão eram conhecidos como periecos. No entanto, por ser uma das cidades mais importantes da Hélade e ter um grande número de homens pertencentes a essa categoria, a cidade de Esparta ficou conhecida também por seus periecos, por isso são mais associados ao regime espartano.

255. Os hilotas eram oriundos das regiões conquistadas por Esparta. Seu nome deriva da primeira Hilos, que seriam os primeiros habitantes da península do Peloponeso. Após a Guerra da Messênia, por volta do século VII a.C., com a vitória de Esparta, os messênios foram reduzidos à condição de hilotas.

94 | Histórias

não estabelecem nenhuma assembleia nem nenhuma reunião para uma eleição, mas permanecem enlutados durante esses dias.

59. E eles coincidem com os persas neste outro costume: quando um rei morre, outro rei é instituído no poder, ele é quem liberta os homens livres, qualquer um dos cidadãos espartanos, que devem para o rei ou para o erário; e, entre os persas, por sua vez, o rei que foi instituído exclui o tributo atrasado de todas as cidades.

60. E os lacedemônios também coincidem com os egípcios no seguinte costume: os seus arautos, auletas[256] e cozinheiros herdaram suas artes de seus pais, e um auleta nasce de um auleta, um cozinheiro de um cozinheiro e um arauto de um arauto[257]; porque têm uma voz radiante, outros não se sobrepõem nem os substituem, mas exercem as atividades de seus pais. Então, isso acontece dessa maneira.

61. Nesse momento[258], enquanto Cleômenes estava em Egina e se antecipava trabalhando em assuntos comuns e bons para a Hélade, Demarato lançava calúnias contra ele, não porque se preocupava tanto com os eginetas, mas por ciúme e inveja. Quando Cleômenes retornou de Egina, quis interromper o reinado de Demarato e avançou contra ele por causa do problema que se segue. No tempo em que Aríston[259]

---

256. Tocadores de aulo, uma espécie de flauta dupla.

257. Dado que revela a importância dessas profissões e como eram vistas como uma atividade que requeria o conhecimento de uma arte. Os arautos espartanos tinham um sistema muito complexo de leitura de bastões, enquanto os cozinheiros conheciam o segredo do famoso caldo negro, por exemplo; e os auletas acompanhavam os guerreiros espartanos nas batalhas.

258. Heródoto retoma a história iniciada no capítulo 51.

259. Aríston reinou ao lado de Anaxândrides, conforme lemos neste relato de Heródoto: "Então, durante a primeira guerra, eles combatiam sempre mal contra os tegeatas, mas durante a época de Creso e dos reinados de Anaxândrides e de Aríston na Lacedemônia, os cidadãos espartanos foram superiores na guerra, e isso aconteceu do seguinte modo: uma vez que eles sempre eram derrotados pelos tegeatas, enviaram mensageiros para consultar o Oráculo de Delfos e perguntar o que poderiam fazer para que os deuses lhes fossem propícios para serem superiores na guerra. E a Pítia proferiu-lhe um oráculo para que trouxessem de volta os ossos de Orestes, filho de Agamêmnon. Como eles não descobriram onde estava o túmulo

LIVRO VI - ÉRATO | 95

reinava sobre Esparta, ele desposou duas mulheres[260], mas que não lhe geravam filhos[261]; também, porque ele mesmo não admitia que era responsável por isso, desposou uma terceira mulher[262]; que desposou da forma que se segue. Aríston tinha um amigo que era um homem cidadão espartano, com quem se envolvia mais dentre os citadinos. E esse homem tinha uma mulher que era em muito a mais bela dentre as mulheres que existiam em Esparta; apesar disso, todavia, ela havia se transformado da mais feia para a mais bela. Pois tinha uma ama de

---

de Orestes, enviaram novamente os mensageiros ao deus, a fim de que lhe perguntassem sobre o território no qual jazia Orestes. E a Pítia, respondendo às perguntas postas por esses mensageiros, proferiu as seguintes palavras: 'Há uma certa Tégea em uma região plana da Arcádia, onde dois ventos sopram, por força da necessidade, e há golpe e contragolpe, e mal sobre mal se coloca. Lá, a terra fecunda envolve o filho de Agamêmnon; tu, quando o trouxeres, serás o senhor da Tégea.' Assim que os lacedemônios ouviram essas palavras, mantiveram sua busca com intensidade, procurando em todos os lugares, até onde Lico, um dos cidadãos espartanos chamados Benfeitores, encontrou-o. Os Benfeitores estão dentre os citadinos, são sempre os mais velhos que saem do grupo dos Cavaleiros, são cinco a cada ano; eles devem, durante esse ano que saem do grupo dos Cavaleiros, ser enviados, com o consentimento de todos, pelos cidadãos espartanos uns para um mesmo lugar e outros para lugares diferentes, para que não permaneçam inativos." (*Histórias*, I, 67-68). In: Heródoto. *Histórias. Livro I – Clio. Op. cit.*

260. Sobre a mulher espartana, Aristóteles aponta outro problema que é a educação das mulheres em Esparta, conforme vemos a seguir: "mas diz-se que Licurgo tentou segurar as mulheres pelas leis, mas porque elas ofereceram resistência, voltou atrás. [...] E ainda quase dois quintos de toda a terra são das mulheres, porque muitas eram as que se tornavam herdeiras, e porque dão grande dotes. Todavia, seria melhor se nenhum, ou um pequeno, ou na medida, lhes fosse determinado. Mas na realidade é permitido ao pai dar a herdeira em casamento a quem ele quiser, e quando ele morre sem que isso seja registrado, a quem ele institui um herdeiro temporário, esse a dá em casamento a quem ele quiser." (*Política*, 1270a5-30). In: Aristóteles. *Política. Op. cit.*

261. A descendência dos reis fora controlada rigidamente pelos éforos a fim de evitar que se tivesse um bastardo no trono de Esparta.

262. A preocupação do rei espartano se deve ao fato de não deixar herdeiro e ainda não ter sido útil à cidade por não ter gerado um cidadão, o mesmo que um guerreiro. Este último detalhe pode ser apreendido a partir deste dito registrado por Plutarco: "Quando exortava seu marido Leônidas, que partia para as Termópilas para ser digno de Esparta, perguntou-lhe o que ela precisava fazer; e ele lhe disse: 'com um nobre casar e nobres parir'." (*Ditos das lacônias*, 240E), tradução de Maria Aparecida de Oliveira Silva.

96 | Histórias

leite que quando viu que a sua aparência era desagradável, tal filha de homens prósperos, mas que tinha má aparência, e também olhou para os pais que sofriam pelo infortúnio de sua aparência, ela compreendeu cada uma das circunstâncias, e imaginou planos do tipo a seguir. Ela a levava todo dia para o templo de Helena[263], o que está em um lugar chamado Terapne[264], abaixo do templo de Febo[265]; e a cada vez que a ama de leite a levava, colocava-a de pé diante da imagem e implorava

---

263. A mais bela helena, filha de Zeus e de Leda, seu pai humano e Tíndaro. Esposa de Menelau, por quem os helenos travaram a guerra contra Troia. Na *Ilíada*, de Homero, o poeta relata-nos que a invasão de Troia se deu por conta do rapto de Helena por Páris, quando este foi hóspede do rei Menelau de Esparta, esposo da bela mulher. Então se formou uma grande aliança entre os helenos para recuperar a mulher do rei, irmão do chefe de todos os homens, Agamêmnon.

264. Colina localizada em Esparta, às margens do rio Eurotas. Pausânias nos informa que: "O território tinha o nome de Terapne por causa da filha de Lélego, nele também existe um templo de Menelau, e dizem que Menelau e Helena foram enterrados naquele lugar. Mas os ródios não concordam com os lacedemônios, dizem que Helena, após a morte de Menelau, e enquanto Orestes ainda vagava pela terra, por aquela época, acompanhada por Nicóstrato e Megapentes, partiu para Rodes, porque era amiga íntima de Polixo, mulher de Tlepólemo; pois Polixo era de linhagem argiva, e ainda já estava casada antes com Tlepólemo, quando compartilhou seu exílio em Rodes, e por aquela época, ela reinava sobre a ilha, e restou-lhe um filho órfão. Dizem que essa Polixo, porque então desejava vingar-se de Helena pela morte de Tlepólemo, quando a teve na mão, enviou contra ela, enquanto se banhava, servas que tinham a aparência igual à das Erínias; e estas mulheres capturaram Helena e a enforcaram em uma árvore, e por isso, entre os ródios, existe um templo de Atena Dendrítis." (*Descrição da Hélade*, III, 19.9-10), tradução de Maria Aparecida de Oliveira Silva.

265. Φοῖβος (*Phoíbos*) era outro nome dado ao deus Apolo, cujo significado é "o Brilhante", por ser um deus solar. É interessante notar que os atributos divinatórios de Febo não eram usados apenas para questões particulares ou de guerra, mas também para a fundação de colônias, ou ocupação de novos territórios, tal lemos neste relato: "E Arísteas, filho de Cestróbio, um homem do Proconesos, compondo versos épicos, chegou à terra dos issedonos por ter sido inspirado por Febo, e acima dos issedonos habitavam os arimaspos, que eram homens que tinham um olho só, e depois desses vêm os grifos, que são os guardiões do ouro, e depois desses vêm os hiperbóreos, que habitavam a região em torno do mar; então todos esses, à exceção dos hiperbóreos, começando pelos arimaspos, sempre atacam os seus vizinhos; e os issedonos foram expulsos de seu território pelos arimaspos, e os citas pelos issedonos, e os cimérios que habitam na costa do mar do sul foram pressionados pelos citas a abandonar o seu território." (Heródoto, *Histórias*, IV, 13). In: Heródoto. *Histórias. Livro IV – Melpômene. Op. cit.*

LIVRO VI - ÉRATO | 97

à deusa que libertasse a criancinha da sua má aparência. E então, um dia quando retornava do templo, uma mulher apareceu para a ama de leite, e depois de ter aparecido, perguntou-lhe o que ela levava nos braços, e ela lhe disse que era uma criancinha; e então ela lhe ordenou que a mostrasse, mas ela lhe disse que não; pois os pais haviam lhe dito para que não a mostrasse para ninguém. E ordenou-lhe com veemência que a mostrasse para ela; e ao ver que a mulher queria muito vê-la, assim então a ama de leite mostrou-lhe a criancinha. E ela acariciou a cabeça da criancinha e disse que ela seria a mais bela dentre todas as mulheres existentes em Esparta[266]. De fato, a partir desse dia, ela começou a mudar a sua aparência; e quando chegou a hora certa de casar, Ageto[267], filho de Alcidas[268], esse amigo de Aríston[269], desposou-a.

62. E o amor encharcou Aríston dessa mulher; então, ele tramou um plano do tipo que se segue. Ele prometeu a um amigo, de quem a mesma era mulher, que lhe daria um presente de todos os que ele próprio tinha, o que ele escolhesse, e pediu que seu amigo que lhe desse igualmente o mesmo; e como ele nada temia acerca de sua mulher, ao ver que Aríston também tinha uma mulher, ele

---

266. Helena era conhecida como a mais bela dentre as helenas, assim a divindade lhe concedia beleza, mas maior que a dela, pois a menina se tornou a mais bela em Esparta, episódio que demonstra a superioridade de um ser divino: um humano jamais pode rivalizar com o divino em nada.

267. Não dispomos de mais informações sobre essa personagem.

268. Heródoto é a nossa única fonte de informação sobre essa personagem.

269. Plutarco registra em forma de diálogo, nas palavras de Aríston: "'Pelos deuses, será que há alguém que não dê lugar aos filósofos entre os que bebem vinho?' Então, eu respondi: 'Mas é claro que há, meu amigo; e sem dúvida, de forma ironicamente solene, dizem que, tal como donas de casa, a Filosofia não deve tomar a palavra enquanto se bebe vinho; que os Persas – e com razão, segundo eles – não se embebedam nem dançam com as suas mulheres, mas sim com as suas concubinas; e aconselham-nos precisamente a fazer a mesma coisa; introduzir nos banquetes a música e a representação, mas não mexer na Filosofia, porque nem é apropriada para os nossos divertimentos, nem nós estamos sóbrios nessas alturas.'" (Plutarco, *No banquete*, 612F-613A). In: Plutarco. *Obras morais. No banquete – I. Livros I-IV*. Tradução do grego, introdução e notas de Carlos de Jesus, José Luís Brandão, Martinho Soares, Rodolfo Lopes. Coordenação de José Ribeiro Ferreira. Coimbra: Centro de Estudo Clássicos e Humanísticos, 2008.

98 | Histórias

consentiu isso; e fizeram juramentos nesses termos. E, depois disso, o próprio Aríston deu o que Ageto escolheu dentre os pertencentes de Aríston, que era dele mesmo, também ele buscou levar o mesmo dele, nesse momento pediu para que levasse embora com ele a mulher do seu amigo. E ele lhe disse que concordava com os seus outros bens, exceto esse somente; todavia, porque ele estava obrigado pelo juramento[270] e pelo delito do engano, permitiu que ele a levasse embora.

63. Desse modo, então, pela terceira vez, Aríston desposou uma mulher, depois de ter devolvido a segunda[271]. E em pouco tempo, não

---

270. Os antigos tinham por hábito cumprir seus juramentos por se tratarem também de acordos firmados pelos deuses. Sobre o juramento à época de Heródoto, temos o seguinte relato: "E os árabes honram um juramento mais que quaisquer outros. E eles os fazem do modo que se segue. Dentre os que querem fazer os juramentos, um homem distinto de ambas as partes é colocado em pé no meio deles, com uma pedra afiada nessa parte das palmas das mãos dos que estavam fazendo os juramentos, junto dos dedos maiores, e em seguida, tiravam fios de lã do manto de cada um deles, besuntados com sangue, eram colocados no meio das sete pedras, e faziam isso evocando Dioniso e a Urânia. Depois de ter concluído essas ações, aquele que realiza os juramentos está entre os amigos de confiança, como um estrangeiro ou um cidadão, se fossem feitos para um cidadão, e os amigos e eles mesmos consentiam em honrar os seus juramentos. E Dioniso é o único dentre os deuses, também a Urânia, que os árabes seguem, eles dizem que cortam as madeixas dos cabelos, do mesmo modo que Dioniso corta; cortam em volta de suas cabeças e raspam as têmporas. E eles dão o nome de Orotalt a Dioniso, enquanto a Urânia é chamada Alilat." (*Histórias*, III, 8). In: Heródoto. *Histórias. Livro III – Talia. Op. cit.*

271. Não foi a primeira vez que um rei espartano trocou de mulher por motivo de infertilidade; a monogamia fazia parte dos costumes da Hélade, mas Esparta surge como uma cidade em que esse costume não era tão considerado, conforme lemos a seguir: "Diante disso, os éforos e os gerontes, após terem feito sua deliberação, pronunciaram a Anaxândrides o seguinte: 'Então, uma vez que vemos o teu interesse pela mulher que tens, tu faz isso e não te oponhas a esses conselhos, a fim de que os cidadãos espartanos não deliberem algo diferente a teu respeito. Nós não te pedimos para repudiar a mulher que tens, mas que tu a provenha de tudo quanto agora tu já a provéns e que despose outra mulher com quem possa fazer filhos.' Isso foi mais ou menos o que disseram e Anaxândrides concordou com eles, e depois disso, ele começou a ter duas mulheres e a habitar dois lares diferentes, fazendo algo que de modo algum era característico de Esparta." (*Histórias*, V, 40). In: Heródoto. *Histórias. Livro V – Terpsícore. Op. cit.*

LIVRO VI - ÉRATO | 99

se completaram dez meses[272], essa mulher deu à luz esse Demarato. E um dos seus servos, quando ele estava sentado em uma reunião dos éforos[273], anunciou-lhe que seu filho havia nascido. E ele sabia o tempo em que desposou sua mulher e contou os meses nos dedos e disse em alto brado: "Não poderia ser meu!". E após ouvirem isso, os éforos[274], todavia, não deram nenhuma importância ao fato. E o menino cresceu e Aríston mudou de ideia sobre o que havia dito sobre ele; pois considerou de verdade que Demarato era seu filho. E colocou-lhe o nome dele Demarato por causa disto: antes desses fatos, os cidadãos espartanos, todos eles, fizeram uma prece para que lhe nascesse um filho, porque era o homem mais bem prestigiado[275]

---

272. Um mês tinha 28 dias entre os helenos, portanto, uma criança deveria nascer no décimo mês de sua gestação.

273. Os magistrados de Esparta eram chamados de éforos. Cinco cidadãos espartanos eram eleitos anualmente para exercer o cargo de éforo, que em grego grafa-se ἔφορος (*ephoros*), que deriva de ἐπί (*epí*), "sobre", e ὁράω (*horáō*), "ver", ou seja, "aquele que olha", "aquele que vigia". Também está na raiz do verbo ἐφοράω (*ephoráō*), que significa "olhar", "vigiar", "observar". Os éforos eram magistrados eleitos anualmente, em número de cinco. Exerciam funções administrativas, judiciais e disciplinares. No período clássico da história espartana, os éforos passaram a ter mais poderes que os reis.

274. E sobre os éforos, Aristóteles escreveu: "Então alguns dizem que a melhor forma de governo deve ser elaborada a partir da mistura de todas as formas de governo, por isso louvam a dos lacedemônios (pois uns dizem que ela tem aspectos da oligarquia, da monarquia e da democracia, afirmando que a realeza é um aspecto da monarquia, e que o poder dos gerontes é um aspecto da oligarquia e que tem um aspecto democrático pelo governo dos éforos, porque os éforos são oriundos do povo. Mas outros dizem que o eforato é uma tirania, e que vivem em democracia por causa das sissítias e pelo restante do modo de vida cotidiano)." (*Política*, 1265b33-41). In: Aristóteles. *Política. Op. cit.*

275. O prestígio de Aríston veio por ter sido o responsável pela repatriação dos ossos de Orestes, filho de Agamêmnon, conforme lemos neste relato: "Então, durante a primeira guerra, eles combatiam sempre mal contra os tegeatas, mas durante a época de Creso e dos reinados de Anaxândrides e de Aríston na Lacedemônia, os cidadãos espartanos foram superiores na guerra, e isso aconteceu do seguinte modo: uma vez que eles sempre eram derrotados pelos tegeatas, enviaram mensageiros para consultar o Oráculo de Delfos e perguntar o que poderiam fazer para que os deuses lhes fossem propícios para serem superiores na guerra. E a Pítia proferiu-lhes um oráculo para que trouxessem de volta os ossos de Orestes, filho de Agamêmnon." (*Histórias*, I, 67). In: Heródoto. *Histórias. Livro I – Clio. Op. cit.*

100 | Histórias

dentre todos os reis nascidos em Esparta; por isso, foi-lhe colocado o nome de Demarato[276].

64. E avançado um tempo, Aríston morreu, e Demarato obteve a realeza[277]. Mas era preciso, como parece, que esses acontecimentos se tornassem notórios para destituir Demarato da realeza[278], porque foi fortemente caluniado por Cleômenes, primeiro porque Demarato retirou seu exército de Elêusis[279], e além disso,

---

276. O nome de Demarato deriva de δῆμος (*dêmos*), que significa "povo" e de ἀρή (*arê*) que significa "prece".

277. Em 515 a.C., e reinou até 510 a.C.

278. Heródoto registra as consequências desse episódio deste modo: "E quando estavam prestes a juntar as infantarias para a batalha, os coríntios foram os primeiros que concluíram entre si que não agiriam de modo justo, mudaram de ideia e partiram. Depois disso, Demarato, filho de Aríston, que também era um rei dos cidadãos espartanos, e que havia compartilhado o comando do exército com Cleômenes desde a Lacedemônia e que até aquele momento Cleômenes não o tinha como adversário. E a partir dessa dissensão, foi estabelecida uma lei em Esparta que não permitia que ambos os reis acompanhassem um exército que saísse em campanha; pois, até esse momento, ambos o acompanhavam; e depois disso, um deles estava liberado do exército para que um dos Tindáridas fosse deixado na cidade; pois, antes disso, de fato ambos eram convocados pelos espartanos e eles os acompanhavam." (*Histórias*, V, 75). In: Heródoto. *Histórias. Livro V – Terpsícore. Op. cit.*

279. Situada a trinta quilômetros de Atenas, a cidade era conhecida pela realização dos chamados Mistérios de Elêusis, ritos de iniciação aos cultos da deusa Deméter e de sua filha Perséfone, que estavam relacionadas à fertilidade da terra. O mito da criação dos Mistérios de Elêusis está relacionado ao rapto de Perséfone. A filha da deusa Deméter foi levada por Hades ao mundo dos mortos, onde ardilosamente o deus lhe ofereceu uma romã. Como havia o dito de que aquele que comesse algo de seu reino a ele pertenceria, Perséfone passou a integrar o reino dos mortos. No entanto, Deméter, desesperada com o desaparecimento da filha, empreendeu uma busca incansável em torno da Terra. Enfurecida com o rapto da filha, Deméter decidiu não mais voltar ao Olimpo; abandonando suas funções, exilou-se em Elêusis, assumindo a forma de uma velha, e foi para a corte do rei Céleo e da rainha Metanira; lá passou a ser a ama de Demofonte. Contudo, a ausência da deusa resultou no abandono dos campos, e logo a escassez começou a dominá-los. Então, Zeus foi obrigado a intervir na questão e fez um acordo com Hades para que Perséfone retornasse ao mundo dos vivos a cada seis meses; e a partir desse momento os campos voltaram a florescer e os homens passaram a honrar as duas deusas com os Mistérios de Elêusis, que celebravam o retorno de Perséfone à terra. Para mais detalhes, consultar: *Hino homérico a Deméter.*

LIVRO VI - ÉRATO | 101

Cleômenes atravessou então o território dos eginetas contra os partidários dos medos.

65. Então, Cleômenes começou a fazer com que ele pagasse a sua pena e fez um acordo com Leotíquides[280], filho de Menares[281], filho de Ágis[282], que era da mesma família de Demarato, e nos termos de que, se ele fosse instituído rei no lugar de Demarato, que ele seguisse contra os eginetas. E Demarato tinha Leotíquides como seu inimigo, sobretudo por causa de uma questão já existente, a que assim se segue. Leotíquides havia ajustado sua união com Percalo[283], filha de Quílon[284], filho de Demarmeno[285]; porque Demarato quis privar Leotíquides de seu casamento, ele raptou[286]

---

280. Leotíquides II, 545-469 a.c., pertencente à Casa dos Euripôntidas, reinou de 491 a 469 a.C.

281. Não dispomos de mais informações sobre esse rei espartano.

282. Também conhecido como Hegesilau, como Heródoto o denominou no *Livro VIII – Urânia*, capítulo 131. Hegesilau era filho de Hipocrátides, filho de Leotíquides I.

283. Prima da mãe de Cleômenes.

284. Éforo espartano, de 556 a 555 a.c., descendente do sábio Quílon, que integrava o grupo dos Sete Sábios. Os Sete Sábios era uma lista com os nomes dos homens mais sábios da Grécia Antiga; em sua maioria, políticos do século VI a.C. A primeira referência aos nomes que compunham a lista dos Sete Sábios aparece no diálogo platônico intitulado *Protágoras*, 343e-343b, quando reflete sobre a natureza da educação espartana. Com pequenas variações, a lista era composta pelos seguintes nomes: Tales, Pítaco, Bias, Cleóbulo, Sólon, Quílon e Periandro. O mito originou-se com uma trípode de ouro encontrada no Mar Iônio, a qual um oráculo determinou que fosse entregue ao homem mais sábio. Então, ela foi enviada a Sólon, que depois a passou para Pítaco e, assim, sucessivamente; quando atingiu o número de sete, ofereceram-na ao deus Apolo.

285. Personagem citada apenas por Heródoto.

286. Hábito espartano que nos parece estranho, mas temos o testemunho tardio de Plutarco que nos esclareceu como se dava: "Em Esparta, casava-se raptando a mulher, que não devia ser muito pequena nem muito jovem, mas estar na força da idade e da maturidade. A moça raptada era entregue aos cuidados de uma mulher chamada *nympheutria* que lhe tosava os cabelos, metia-lhes roupas e calçados de homem e deitava-a numa enxerga, sozinha e no escuro. O noivo, nunca bêbado nem amolentado pelos prazeres da mesa – com a sobriedade costumeira, havia jantado nas *phiditias* –, entrava, desatava-lhe o cinto e carregava-a para o tálamo."

102 | HISTÓRIAS

Percalo antes e tomou-a como esposa. Por causa disso, a inimizade entre Leotíquides e Demarato havia nascido, nesse momento, por vontade de Cleômenes. Leotíquides fez uma acusação contra Demarato, afirmou que ele não reinaria convenientemente sobre os cidadãos espartanos, porque não era filho de Aríston. E depois do seu testemunho prestado sob juramento contra ele, abriu um processo contra aquele ressuscitando o discurso, o que disse Aríston no momento quando o servo lhe anunciou que seu filho havia nascido, e que ele contou os meses e que fez uma acusação contra isso, disse que não era dele. Então, Leotíquides se apoiou nesse discurso e revelou que Demarato não havia sido engendrado por Aríston e que não reinaria convenientemente em Esparta[287], e apresentou os éforos como testemunhas[288], aqueles que naquele

---

(Plutarco, *Vida de Licurgo*, XV, 4-5). In: Plutarco. *Vidas Paralelas. Primeiro Volume.* Introdução e notas de Paulo Matos Peixoto. Tradução direta do grego por Gilson César Cardoso. São Paulo: Paumape, 1991.

287. O questionamento da legitimidade dos reis espartanos é algo registrado em vários momentos da história espartana. Na biografia do rei Agesilau, Plutarco escreveu: "No reinado de Ágis, Alcibíades, fugitivo, passou da Sicília à Lacedemônia. E não estava há muito tempo na cidade quando se viu acusado de ter seduzido a mulher do rei, Timeia. Esta deu à luz um filho que Ágis não quis reconhecer, alegando que era de Alcibíades. [...] Somente quando Ágis caiu doente o rapaz, atirando-se em lágrimas a seus pés, arrancou-lhe o reconhecimento na presença de numerosas testemunhas. Morto Ágis, Lisandro, que já vencera no mar os atenienses e tornara-se muito poderoso em Esparta, colocou Agesilau no trono, alegando que Leotíquidas, sendo bastardo, não tinha direito à realeza. Também muitos dos cidadãos, considerando o mérito de Agesilau e a circunstância de ter sido educado juntamente com eles segundo a disciplina espartana, preferiam-no e laboravam a seu favor." (*Vida de Ágis*, 11, 1-5). In: Plutarco. *Vidas Paralelas. Quarto Volume.* Introdução e notas de Paulo Matos Peixoto. Tradução direta do grego por Gilson César Cardoso. São Paulo: Paumape, 1991.

288. Sobre a participação dos éforos na elaboração e no reconhecimento da genealogia dos reis espartanos, temos o seguinte relato de Plutarco: "a cada nove anos, os éforos escolhem uma noite pura e sem lua, e sentam-se em silêncio a observar o céu; se avistavam uma estrela a correr de uma parte do firmamento para outra, concluem que os reis são culpados para com a divindade e suspendem-no até que um oráculo de Delfos ou de Olímpia venha inocentá-los." (*Vida de Ágis*, 11, 3). In: Plutarco. *Op. cit.*

LIVRO VI - ÉRATO | 103

momento os que por acaso estavam sentados ao seu lado e que ouviram isso de Aríston.

66. E, finalmente, porque havias querelas em torno dessas questões, os cidadãos espartanos decidiram que era bom consultar o oráculo em Delfos para perguntar se Demarato era filho de Aríston. E a decisão de ir até a Pítia[289] surgiu por causa de uma premeditação de Cleômenes, lá Cleômenes aliou-se a Cóbon[290], o filho de Aristofanto[291], um homem que exercia muito poder entre os delfos, e Cóbon persuadiu[292]

---

289. Essa simpatia que a Pítia demonstra pelos lacedemônios pode ser analisada a partir do registrado por Plutarco na biografia de Licurgo. Segundo Plutarco, Licurgo decidiu implementar leis que mudassem o sistema político espartano por completo, visto que estava certo de que leis parciais não conteriam a insolência reinante entre os espartanos (*Vida de Licurgo*, V, 1-2). Então, o legislador espartano parte para Delfos, onde realiza sacrifícios a Apolo e consulta seu oráculo, inquirindo-o sobre quais leis deveria instituir em Esparta, quando a Pítia lhe responde que θεοφιλῆ μὲν αὐτὸν (*theophilê men auton*), isto é, "ele era amigo dos deuses" e considerado θεὸν μᾶλλον ἢ ἄνθρωπον (*theòn mâllon è ánthrōpon*), que significa "mais deus que homem". Por esse motivo, a Pítia assegura-lhe que o deus lhe prometia uma εὐνομία (*eunomía*), ou seja, uma "boa legislação" e que essa ἣ πολὺ κρατίστη τῶν ἄλλων ἔσται πολιτειῶν (*hè polỳ kratistē tôn állōn éstai politeiôn*), que traduzimos como "seria muito mais poderosa que as demais constituições" (V, 3). Assim, Licurgo, ao instituir leis que lhes foram ditadas por Apolo, revela que tem a proteção do deus e que, por conseguinte, ela estende-se ao seu povo.

290. Personagem citada apenas por Heródoto.

291. Não dispomos de mais informações sobre essa personagem.

292. Esse é o segundo relato de Heródoto sobre a corrupção da Pítia. O outro é o seguinte: "Quando Hípias estava exercendo sua tirania e amargo com os atenienses por causa da morte de Hiparco, os Alcmeônidas, uma linhagem de homens que eram atenienses e que foram exilados à época dos Psistrátidas, visto que eles haviam tentado junto com outros atenienses exilados voltar pela força, mas o retorno não foi bem-sucedido, ao contrário, aconteceu um grandioso desastre na tentativa deles de entrar e libertar Atenas, pois Lipsidrio foi muralhada pelos peônios; lá os Alcmeônidas tudo tramaram contra os Pisistrátidas, e dos anfictiões obtiveram dinheiro para o templo de Delfos, o que existe agora, mas que não existia ainda naquele tempo, para que a sua construção fosse concluída. E como o dinheiro ia bem e os homens ainda gozavam de boa reputação há muito tempo, e realizaram a construção do templo com uma estrutura bem mais bela que as demais, prevista por eles para que o tempo fosse feito de pedra de tufo, e fizeram a sua fachada externa de mármore pário. Portanto, conforme os atenienses contam, esses homens, enquanto estavam estabelecidos em Delfos, corromperam a Pítia com dinheiro, a

104 | Histórias

a profetisa Períala[293] a dizer o que Cleômenes queria que ela dissesse. Desse modo, a Pítia, quando os mensageiros enviados para consultar o oráculo lhe fizeram a pergunta, pronunciou que Demarato não era filho de Aríston. Um tempo mais tarde, todavia, isso tornou-se bem conhecido e Cóbon fugiu de Delfos e Períala, a profetisa, teve essa honra interrompida.

67. De fato, aconteceu assim a deposição de Demarato do seu reinado[294]. E Demarato fugiu de Esparta para os medos por causa de tal ultraje a seguir. Depois da deposição de seu reinado, Demarato exerceu a magistratura para a qual havia sido eleito. Então, estavam acontecendo as Gimnopédias[295]; quando Demarato estava assistindo-as, Leotíquides, que já havia se tornado rei em lugar daquele, enviou-lhe seu servo, por deboche e desdém, para que perguntasse a Demarato como era ser magistrado depois de ter sido rei. E doído com o que lhe havia sido perguntado, ele respondeu afirmando que ele mesmo já havia experimentado ambos os lados, e que aquele não; todavia, que essa pergunta seria o princípio ou de infinito mal ou de infinita felicidade. Após ter dito isso, abaixou a cabeça e saiu do teatro em direção a sua casa, e imediatamente se paramentou e sacrificou um boi em honra de Zeus, e depois do sacrifício, chamou sua mãe.

---

fim de que quando os homens do corpo de cidadãos espartanos viessem para consultar o oráculo, quer em expedição particular, quer para assuntos públicos, que proclamasse que eles deviam libertar Atenas." (*Histórias*, V, 62-63). In: Heródoto. *Histórias. Livro V – Terpsícore. Op. cit.*

293. Sacerdotisa citada apenas por Heródoto.

294. Calcula-se que tenha sido em 491 a.C.

295. Era um festival espartano realizado por jovens nus que dançavam e se exercitavam na ágora. Temos o seguinte relato de Pausânias: "Os cidadãos espartanos têm na ágora estátuas de Apolo Pítio, de Ártemis e de Leto. Todo esse território se chama Coro, porque nas Gimnopédias (as Gimnopédias são o festival mais importante dentre os lacedemônios) os efebos executam danças em honra de Apolo." (*Descrição da Hélade*, III, 11.9), tradução de Maria Aparecida de Oliveira Silva. Calcula-se que as Gimnopédias tenham sido realizadas pela primeira vez em 665 a.C.

LIVRO VI - ÉRATO | 105

68. E enquanto sua mãe chegou, colocou em suas mãos uma parte das entranhas[296], e disse-lhe o seguinte: "Ó mãe, imploro-te recorrendo a todos os deuses e a este Zeus Hércio[297], diz-me a verdade, quem é o meu pai em uma fala correta. Pois Leotíquides afirmou, entre nossas querelas, dizendo que vieste assim grávida do teu primeiro marido para a casa de Aríston, e existem os que contam uma história mais insolente, dizem que tu vieste da casa de um dos escravos, o pastor de asnos, de quem eu sou o filho. Portanto, eu te imploro pelos deuses que digas a verdade; pois, se tiverdes feito algo do que dizem, não foste a única que o fez, mas estás em companhia de muitas; existe em Esparta uma longa história que Aríston não tinha um esperma procriador; pois as suas mulheres anteriores podiam dar à luz.".

69. De fato, enquanto ele lhe dizia tais coisas, ela lhe disse isto em resposta: "Ó filho, visto que me implora por meios de súplicas para que eu lhe diga a verdade, toda verdade te será contada. Quando Aríston me levou para a sua casa, na terceira noite desde a primeira veio até mim um espectro que tinha a aparência semelhante à de Aríston, e deitou-se no leito; tinha coroas e as colocou em mim. E ele partiu, e depois disso, Aríston chegou. E ele me viu com as coroas, e me perguntou quem as havia me dado; enquanto eu afirmava que havia sido ele, ele não aceitava isso; e eu garantia por meio de juramento, afirmando-lhe que ele não fazia bem ao me refutar; pois pouco tempo antes, ele tinha vindo, deitado no meu leito e me dado as coroas. E ao ver-me garantindo por meio de juramento, Aríston compreendeu que o fato era divino. E as coroas revelaram

---

296. Demarato chama sua mãe para que ela cumpra o ritual de participar de um sacrifício doloso, pois tal ato era para que ela mentisse e enganasse o deus, visto que ela tinha as entranhas em suas mãos. Informações contidas no relato que nos legou o orador Licurgo em Contra Leócrates, 20, mas não devia necessariamente ser a mãe; poderia ser qualquer pessoa que segurasse as entranhas do animal em suas mãos.

297. Ἑρκεῖος (*Herkeîos*) ou Hércio, era o epíteto de Zeus que significa "protetor da casa e cujo altar ficava no pátio", atributos já mencionados por Sófocles em sua peça *Antígona*, verso 487.

106 | Histórias

isso, que eram provenientes do templo[298] de um herói[299] erigido junto às portas da do pátio, o do chamado Astrábaco[300], e os adivinhos

---

298. Trata-se de um ἡρῷον (*hērōion*), no dialeto iônio, que significa "templo de um herói", que era uma edificação feita no local de enterramento do herói e que era paga com o erário, esta honraria tão especial na antiga Hélade devia-se ao fato de ser um Olimpiônico. Em algumas cidades, os nomes dos vencedores do estádio se tornaram epônimos. Os vitoriosos deram seu nome ao ano e alcançavam grande influência social. Temos o célebre exemplo de Quílon de Esparta: ele obteve sete vitórias nos Jogos Olímpicos no século VII a.C. e foi homenageado com estátuas em Olímpia e Esparta, além de outros monumentos no século V, sendo consagrado herói. Porém a grande marca simbólica dos Jogos Olímpicos era a coroa de louros que os vencedores das competições recebiam.

299. No livro anterior, Heródoto também registrou a edificação e um templo de herói em Esparta, demonstrando que nesta cidade, os guerreiros valorosos eram honrados com ritos funerários distintivos e às expensas da cidade, também enterrados dentro da cidade e erigidos epitáfios, estátuas e templos, onde eram cultuados, pois serviam de exemplo de virtude guerreira aos presentes e aos vindouros, por meio desse: "E quem acompanhou Dorieu e morreu com ele foi Filipe, filho de Butacides, um homem crotoniata que, após ter ficado noivo da filha do sibarita Télis, foi exilado de Crotona, e depois de ter falhado com seu casamento, foi navegando em direção a Cirene, e de lá saiu e acompanhou com trirreme particular e com despesa particular para seus homens, porque também era um Olimpiônico e o mais belo dentre os helenos de seu tempo. E por causa de sua beleza, recebeu dos egesteus honrarias como nenhum outro; pois sobre o seu túmulo, erigiram um templo de herói e o tornam propício com oferendas sacrificiais." (*Histórias*, V, 47). In: Heródoto. *Histórias. Livro V – Terpsícore. Op. cit.*

300. Herói lacedemônio, da quarta geração de Ágis, filho de Eurístenes, foi ele quem encontrou a estátua de Ártemis que Orestes e Ifigênia, filhos de Agamêmnon e de Clitemnestra, vestiram em Táurica, conforme nos conta o tragediógrafo Eurípides em sua peça Ifigênia na Táurica, versos 980 e seguintes. Sobre o templo desse herói espartano, temos o relato de Pausânias que nos mostra que o lendário legislador Licurgo também foi digno de um templo e que alcançou o patamar de divindade, conforme lemos no registro a seguir: "Os lacedemônios fizeram um templo para Licurgo, o legislador, como se fosse para um deus. E atrás o templo está o túmulo de Eucosmo, filho de Licurgo, e em frente do altar de Látria e Anaxandra. E estas eram gêmeas e por isso os filhos de Aristodemo que eram também gêmeos tomaram-nas como suas mulheres, e eram as filhas de Tersandro, filho de Agamedides, que reinava sobre Cleonas, da quarta geração de Ctesipo, filho de Héracles. E do outro lado do pequeno templo está a tumba de Teopompo, filho de Nicandro, e de Euribíades que lutou na guerra de naus com trirremes dos lacedemônios em Artemísio e Salamina contra os medos, próximo ao chamado templo do herói Astrábaco." (*Descrição da Hélade*, III, 16.6), tradução de Maria Aparecida de Oliveira Silva.

apontaram que esse espectro era mesmo o herói. Desse modo, filho, tens tudo sobre o que querias ser informado; pois ou nasceste desse herói e tens como pai o herói Astrábaco, ou Aríston; pois naquela noite eu te concebi. E pelo que os inimigos, sobretudo, te atacam ao dizer que o próprio Aríston, quando lhe foi anunciado que tu havias nascido, porque muitos ouviram, disse que tu não eras dele (pois ainda não haviam se passado os dez meses), e ele soltou aquela frase por ignorância de tais fatos. Pois algumas mulheres dão à luz tanto no nono como no sétimo mês, e não são todas que completam os dez meses; e eu, filho, dei à luz a ti no sétimo mês. E também o próprio Aríston compreendeu não muito tempo depois que havia tido uma conduta equivocada naquela frase e a rejeitou. Não aceites as outras histórias sobre a tua origem; pois já ouviste toda a verdade. Que as mulheres que têm esse Leotíquides deem à luz filhos de pastores de asnos, também as daqueles que dizem essas coisas.".

70. E, de fato, ela lhe disse tais palavras, e depois de ter sido informado sobre o que queria, pegou as provisões de viagem e marchou em direção à Élide[301]; em tese, disse que estava marchando em direção a Delfos a fim de consultar o oráculo. E porque os lacedemônios suspeitaram que Demarato havia planejado uma fuga, eles o perseguiram. E de algum modo Demarato se antecipou a eles e atravessou da Élide em direção a Zacinto[302]; e os lacedemônios atravessaram depois e capturaram a eles[303]. Depois disso, porque os zacíntios não o entregaram

---

301. Localidade situada na região costeira da península do Peloponeso, também conhecida como Élis, cuja cidade principal era Pirgos.

302. Ilha do Mar Iônio fundada por seu herói epônimo. Zacinto era filho de Dárdano, o célebre fundador lendário de Troia.

303. Esse não é o primeiro relato de Heródoto sobre a fuga de um rei espartano. O primeiro foi: "De fato, Cleômenes, conforme se conta, não era sensato e estava próximo da loucura, e Dorieu era o primeiro dentre todos os jovens da mesma idade, e bem sabia que, por sua coragem, ele teria a realeza. De modo que, também pensando desse modo, logo que Anaxândrides morreu, os lacedemônios utilizaram sua lei e estabeleceram como rei o seu filho o mais velho, Cleômenes, e Dorieu considerou isso algo terrível e que não era digno ele estar sob o reinado de Cleômenes; convocou alguns de seus companheiros e os levou para fundar uma colônia, não enviou emissários para consultar o Oráculo de Delfos sobre em qual lugar da terra

108 | HISTÓRIAS

para eles, de lá ele atravessou em direção à Ásia para junto da corte do rei Dario; e ele o recebeu em seu palácio com magnificência e deu-lhe terra e cidades[304]. Desse modo, Demarato chegou à Ásia, após ter passado por tal sorte, e depois de ter se tornado brilhante em outras subsequentes circunstâncias por seus feitos[305] e ideias, e além disso, proporcionou-lhe uma vitória nos Jogos Olímpicos[306], quando obteve a vitória na corrida de quadriga, e foi o único rei, de fato, dentre todos os que haviam nascido em Esparta, que fez isso.

---

ele iria construí-la, nem seguiu nenhuma das leis estabelecidas pelo costume; e porque estava suportando mal tais acontecimentos, partiu em direção à Líbia com suas naus; e os homens tereus foram os guias dele. Quando chegava a Cínips, habitou o território mais belo dos líbios, às margens do rio. E depois de ter sido expulso de lá no terceiro ano pelas macas, líbios e carquedônios, retornou ao Peloponeso." (*Histórias*, V, 42). In: Heródoto. *Histórias. Livro V – Terpsícore. Op. cit.*

304. Xenofonte relatou que Demarato havia recebido de Xerxes como presente as cidades de Pérgamo, Teutrânia e Halisarna por ter combatido ao lado dos persas contra os helenos (*Helênicas*, III, 1, 6).

305. De fato, a sociedade espartana era conhecida por sua educação centrada na formação militar dos cidadãos, regime que recebia elogios, como estes do ateniense Xenofonte em que destaca a sua singularidade: "Mas, que essas leis são as mais antigas, é claro; pois Licurgo afirma que nasceu no tempo dos Heráclidas; mas embora sejam tão antigas, ainda agora são como se fossem as mais novas entre eles; de fato, o que é mais admirável de tudo é que todos louvam tais costumes, mas nenhuma cidade deseja imitá-los. E esses costumes são bens comuns, tanto na época de paz quanto na de guerra; se alguém quiser conhecer em que é melhor que as demais, é o que se planejou com arte em suas expedições militares, também é possível informar-se sobre isso." (Xenofonte, *Constituição dos lacedemônios*, X, 8; XI, 1-2), tradução de Maria Aparecida de Oliveira Silva.

306. A principal competição dos Jogos Olímpicos era o στάδιον (*stádion*), uma corrida de aproximadamente 200 metros. Em algumas cidades, os nomes dos vencedores do estádio se tornaram epônimos. Os vitoriosos deram seu nome ao ano e alcançavam grande influência social. Porém a grande marca simbólica dos Jogos Olímpicos era a coroa de louros que os vencedores das competições recebiam, e muitos louros olímpicos foram levados para Esparta. Há ainda o registro de vencedores em outras competições, mas não com a mesma regularidade com que se manteve a lista dos nomes dos vencedores do estádio. Desde Hípias de Élis, os antigos helenos mantiveram a tradição de atualizar a lista dos vencedores, a ponto de os Jogos Olímpicos serem utilizados como referência cronológica para calendários e eventos históricos. E a tradição de atualização do catálogo se deu até 249 d.C. pelas mãos de Eusébio de Cesáreia em suas Crônicas, obra que foi preservada em grego e em armênio, em uma tradução que data de 450 d.C. e que se encontra no Codex Parisinus Graecus 2600.

LIVRO VI - ÉRATO | 109

71. Após Demarato ter sido derrubado, sucedeu-lhe no reino Leotíquides, filho de Menares; também nasceu-lhe um filho, Zeuxidamo[307], a que então alguns dos cidadãos espartanos o chamavam Cinisco[308]. Esse Zeuxidamo não reinou sobre os espartanos; pois morreu antes que Leotíquides, deixando um filho, Arquidamo[309]. E Leotíquides, depois de ter sido privado de Zeuxidamo, desposou a sua segunda mulher, Eurídame[310], que era irmã de Mênio[311] e filha de Diactórides[312]; dela não gerou nenhuma descendência masculina, mas uma filha, Lâmpito[313], com quem o filho de Zeuxidamo, Arquidamo, porque Leotíquides havia lhe dado como esposa.

72. E Leotíquides nem mesmo envelheceu em Esparta, mas teve de pagar a seguinte pena pelas coisas feitas a Demarato. Ele realizou uma expedição militar junto com os lacedemônios contra a Tessália[314]; quando lhe apresentou a oportunidade de colocá-la sob suas mãos, ele se deixou subornar por muito dinheiro[315]; e porque foi pego em

---

307. Descendente da Casa dos Euripôntidas, reinou de 600 a 575 a.C.

308. Avô materno de Cinisca, irmã de Agesilau. Convém anotar que as mulheres não participavam dos Jogos Olímpicos até a primeira metade do período clássico, quando temos o relato de Plutarco sobre Cinisca, filha do rei Arquidamo II de Esparta, que venceu na corrida de cavalos nos Jogos Olímpicos (*Vida de Agesilau*, I, 1).

309. Rei espartano da Casa dos Ágidas

310. Heródoto é a nossa única fonte para essa personagem.

311. Não dispomos de mais informações sobre essa personagem.

312. Nada além dessa informação nos restou sobre essa personagem.

313. Personagem desconhecida historicamente, mas há uma personagem da comédia *Lisístrata*, de Aristófanes, que é retratada como uma mulher forte e atlética.

314. O ataque contra a Tessália ocorreu em 476 a.C., quando partiu para punir os Alévadas, família aristocrática de Larissa que nela governavam e que se aliaram aos persas na Segunda Guerra Persa, então lutaram ao lado de Xerxes.

315. Sobre esse episódio temos dois testemunhos tardios e contrários; o primeiro, feito por Pausânias, reforça o ponto de vista de Heródoto: "Leotíquides, após ter se tornado rei no lugar de Demarato, participou com os atenienses e com Xantipo, filho de Arífron, estratego dos atenienses, na batalha de Mícale, e mais tarde realizou uma expedição militar contra os Alévadas da Tessália; e embora fosse possível submeter toda a Tessália, porque sempre vencia as batalhas, recebeu suborno dos Alévadas." (*Descrição da Hélade*, III, 7.9), tradução de Maria Aparecida de Oliveira

110 | Histórias

flagrante no acampamento militar, sentado, com uma manga longa cheia[316] de dinheiro, e depois de ter sido levado a julgamento pelo tribunal, foi condenado ao exílio de Esparta e a sua casa foi derrubada; e ele saiu em exílio para a Tégea[317] e morreu nesse lugar[318].

Silva. E o segundo relato é o de Plutarco, que tece uma crítica enfática ao que considera acusações contra os lacedemônios: "Todavia, naquele tempo, não conhecemos cidade mais honrada, assim como não mais odiosa à tirania como a dos lacedemônios. Por qual couraça ou alguma outra cratera expulsaram os Cipsélidas de Corinto e da Ambrácia, Lígdamis de Naxos, os filhos de Pisístrato de Atenas, Ésquines de Sícion, Símaco de Tasos, Áulis da Fócida e Aristógenes de Mileto, e puseram termo à dinastia na Tessália, quando destruíram Aristomedes e Agelau por ação do rei Leotíquides? Em outros autores, esses fatos são registrados com mais exatidão. Segundo Heródoto, nem as maldades nem as tolices em excesso abandonaram os lacedemônios; que recusaram o mais nobre e justo motivo para a expedição e concordaram, por rancor e mesquinhez, atacar homens desafortunados e que estavam em situação de miséria." (Plutarco. *Da malícia de Heródoto*, 859C-D). In: Plutarco. *Da malícia de Heródoto*. Estudo, tradução e notas de Maria Aparecida de Oliveira Silva. Edição Bilíngue. São Paulo: Edusp/Fapesp, 2013.

316. A χειρίς (*kheirís*) era uma manga longa típica das roupas dos persas, de onde podemos depreender que ele tinha "o braço cheio de dinheiro", ou somente "uma manga de roupa persa cheia de dinheiro". O substantivo ainda significa "luva", mas esta seria pequena para uma grande quantia de dinheiro.

317. Uma das cidades integrantes da região da Arcádia. Heródoto conta o grande revés que sofreram os lacedemônios em Tégea: "não mais se contentavam em permanecer sem conflito, mas, porque subestimavam os arcádios por serem superiores a eles, consultaram o Oráculo de Delfos a respeito de seu avanço em todo o território da Arcádia. E a Pítia proferiu-lhes o seguinte oráculo: 'Pedes-me a Arcádia? Pedes-me grande coisa; essa não te concederei. Há muitos homens na Arcádia que se nutrem de glandes, e eles te impedirão. Mas eu não me oponho a ti; e te concederei a Tégea, onde dançarás batendo com os pés e sua bela planície medirás com uma corda.' Quando os lacedemônios ouviram essas palavras que lhes foram trazidas, não se importaram com as outras regiões da Arcádia e fizeram uma expedição militar contra os tegeatas, levando grilhões com eles, confiantes no ambíguo oráculo de que então reduziriam os tegeatas à escravidão. Mas foram vencidos no combate e foram capturados pelos tegeatas como cativos, com os grilhões que eles mesmos tinham levado, e depois de terem feito a medição da planície dos tegeatas, trabalharam nela. E esses mesmos grilhões, nos quais eles foram presos, ainda, até o meu tempo, estão preservados na Tégea, pendurados no templo de Atena Álea." (*Histórias*, I, 66). In: Heródoto. *Histórias. Livro I – Clio. Op. cit.*

318. De acordo com Pausânias, havia em Tégea um templo de Atena Álea, para onde os fugitivos iam como suplicantes, porque ali estariam a salvo, conforme lemos neste relato: "Este templo era venerado desde antigamente por todos os peloponésios

LIVRO VI - ÉRATO | 111

73. De fato, isso aconteceu em um tempo mais tarde[319]. E nesse momento[320] em que a questão de Demarato havia acontecido conforme a intenção de Cleômenes, logo em seguida, Cleômenes pegou Leotíquides e foi contra os eginetas, porque tinha um terrível rancor contra eles por causa do insulto que havia recebido[321]. Desse modo, então, os eginetas, quando ambos os reis vieram contra eles, consideraram que não era conveniente ainda resistir, e os reis escolheram e levaram com eles dez homens eginetas que eram mais dignos por sua riqueza e linhagem, e outros, e além deles, Crio, filho de Polícrito e Casambo, filho de Aristócrates[322], os mesmos que tinham muitíssimo poder; e levaram-nos em direção ao território da Ática e os colocaram sob custódia dos piores inimigos que os eginetas tinham, os atenienses.

74. E depois disso, quando se tornou notório que Cleômenes havia urdido maus planos contra Demarato, o medo dos cidadãos espartanos tomou-o e se retirou secretamente para a Tessália. E de lá foi para a Arcádia[323] e gerou novas questões, ao tentar fazer uma revolta dos arcádios contra Esparta, e levou-os a fazer outros juramentos contra eles para que eles o seguissem para qualquer lugar que ele os guiasse; e, além disso, estava de boa vontade para conduzir os chefes dos arcádios para a cidade de Nonácris[324] para que os obrigasse a jurar

---

e que lhes propiciava sobretudo segurança aos que iam até ele como suplicantes. Os lacedemônios o demonstraram no caso de Pausânias, e antes no de Leotíquides, e os argivos no de Críside, que não quiseram de modo algum reclamá-los, quando se sentaram ali como suplicantes." (*Descrição da Hélade*, III, 5.6), tradução de Maria Aparecida de Oliveira Silva.

319. Em 469 a.C.

320. Heródoto retoma o relato iniciado no capítulo 61 deste *Livro VI – Érato*, e trata-se do ano de 491 a.C.

321. Consultar o capítulo 50 deste *Livro VI – Érato*.

322. Não dispomos de mais informações sobre essas quatro personagens citadas neste episódio.

323. Região situada na península do Peloponeso.

324. Situada na Arcádia, próxima a cidade de Fêneo.

112 | Histórias

pelas águas do Estige[325]. E nessa cidade, é contado pelos arcádios que a água do Estige[326], além dessa utilidade, também é de tal qualidade: uma pequena quantidade de água surge da rocha, que cai gota a gota[327] em uma cavidade, e essa cavidade tem uma forma circular que é rodeada de pedras soltas. E Nonácris, na qual por acaso está essa fonte, é uma cidade da Arcádia próxima a Fêneo[328].

75. E quando souberam que Cleômenes havia feito essas coisas, os lacedemônios ficaram inquietos e permitiram que ele viesse para Esparta e exercesse as mesmas funções de antes. E imediatamente após ele ter chegado, foi acometido por uma doença delirante, porque também antes já estava um pouco louco[329]; pois caso encon-

---

325. Pausânias lembra que Homero canta um episódio em que Hera fez um juramento nas águas do rio Estige (*Descrição da Hélade*, VIII, 18.2). Trata-se desses versos: "Hera, a magnífica, de olhos bovinos, de medo estremece;/ e, principiando a falar, lhe dirige as palavras aladas:/ 'Que tome a Terra ciência, bem como o Céu vasto de cima/ e a água do Estige que se precipita – esta é a máxima jura/ e a mais terrível de todos os deuses bem-aventurados – tua cabeça sagrada e, também, nosso leito de núpcias,/ que num perjúrio, jamais, poderia invocar falsamente [...]'." (Homero, *Ilíada*, XV, 35-40). In: Homero. *Ilíada*. Tradução de Carlos Alberto Nunes. São Paulo: Melhoramentos, 1960.

326. Rio da Arcádia. O rio Estige é um dos rios do Hades, filho de Oceano e Tétis, segundo Hesíodo, Teogonia, 758. As águas desse rio eram conhecidas por serem venenosas para homens e rebanhos, quebravam ferro e todos os metais que nelas, nem mesmo os utensílios ou roupas escapavam, somente o casco de um cavalo podia resistir a seus males. Alexandre, o Grande, teria se envenenado nessas águas. Curiosamente, as águas venenosas estão na nascente do rio, pois nessas mesmas águas, Tétis mergulhou seu filho Aquiles para torná-lo invulnerável. Em uma fala de Atena, Homero o traz como um rio do Hades, conforme lemos nestes versos: "Quando ele as mãos para o Céu levantava e implorava, chorando,/ para que viesse ajudá-lo, mandava-me Zeus do alto Olimpo./ Se, quanto agora se passa, tivesse previsto em minha alma,/ quando incumbido ele foi de baixar até as portas escuras,/ para que do Érebo à luz arrancasse o cão de Hades funesto,/ dificilmente escapara das águas revoltas do Estige." (Homero, *Ilíada*, XV, 35-40). In: Homero. *Ilíada*. Tradução de Carlos Alberto Nunes. *Op. cit.*

327. O rio Estige abriga uma catarata bastante famosa na Hélade, o que nos levar a crer que Heródoto esteve em visita na época da estiagem, ou no verão.

328. Cidade situada na região norte da Arcádia.

329. No livro anterior, Heródoto fez o seguinte comentário: "De fato, Cleômenes, conforme se conta, não era sensato e estava próximo da loucura." (*Histórias*, V, 42). In: Heródoto. *Histórias. Livro V – Terpsícore. Op. cit.*

LIVRO VI - ÉRATO | 113

trasse qualquer cidadão espartano, ele o atacava no rosto com seu cetro. E como ele fazia isso e agia insensatamente, os seus parentes o prenderam em uma madeira. E quando ele estava preso nela, viu o seu guarda em separado dos outros e lhe pediu uma faca; porque o guarda no início não quis dá-la para ele, ameaçou-o com o que faria quando ele estivesse solto, até que o guarda teve medo das suas ameaças (pois ele era um dos hilotas) e deu-lhe a faca. E depois de ter pegado a arma, Cleômenes começou a mutilar a si mesmo a partir das pernas; pois cortava de forma linear as carnes, passou das pernas para as coxas, e das coxas para as ancas e os flancos, até que chegou ao ventre, cortou suas entranhas e morreu desse modo[330], conforme a maior parte dos helenos diz, foi porque convenceu a Pítia a dizer o que disse sobre os acontecimentos a respeito de Demarato, e conforme dizem os atenienses, são os únicos, foi porque ele invadiu Elêusis e pilhou o território sagrado das deusas[331], e conforme os argivos, foi

---

330. Interessante notar que Heródoto parece manter a tradição dos trágicos da Atenas de sua época que não encenavam cenas violentas, nem apresentavam ferimentos ou personagens sangrando, nem morrendo, para não causar horror e repulsa em seu público. No teatro, as cenas eram apenas relatadas por meio de seus textos, sem muitos detalhes, sem que fossem encenadas. Portanto, se Heródoto descrevesse a cena da morte de Polícrates para uma cultura oral como a helena (lembrando que seu texto era lido em público), seria como se encenasse o horror deste episódio. Heródoto conhece a tradição poética da Hélade, demonstra conhecimento das tragédias e interpreta suas histórias por meio de um olhar trágico que interpreta os acontecimentos por meio da ancestralidade, dos sonhos ambíguos, dos oráculos mal interpretados, da constante presença de Delfos, da prosperidade, da arrogância e da calamidade. Tais formas de interpretação estão contidas na tradição poética helênica de Homero a Píndaro, o que demonstra a dependência da percepção de mundo trágica na visão herodotiana de causa e efeito dos fatos.

331. Heródoto grafa ἔκειρε τὸ τέμενος τῶν θεῶν (ékeire tò témenos tôn theôn), que optamos por traduzir como: "pilhou o território sagrado das deusas". O verbo κείρω (keírō) também significa "cortar", o que leva a alguns tradutores a optar pela seguinte versão: "cortou as árvores que cercavam o templo das deusas". A nossa opção se explica pelo fato de não haver indicação para "árvores" na oração, o que é inferido por τὸ τέμενος (tò témenos) que significa "parte do território (campo ou bosque) que abriga um altar ou um templo, consagrado a uma divindade". Contudo, na sequência desse acontecimento, Heródoto relata que Cleômenes incendiou o território sagrado de um herói; seria mais plausível se ele tivesse incendiado o templo das deusas (Deméter e Perséfone), não ter tido o penoso trabalho de cortar as árvores, o que ainda demandaria ferramentas

114 | HISTÓRIAS

porque, quando trouxe os argivos que estavam refugiados para fora do templo deles de Argo[332], e os massacrou e incendiou esse bosque sagrado em um estado de desprezo por ele[333].

76. Pois na ocasião em que Cleômenes foi consultar o Oráculo de Delfos foi-lhe respondido, por meio de palavras oraculares, que ele capturaria Argos. E logo em seguida, conduzindo os cidadãos espartanos, partiu pelas margens do rio Erasino[334], que corre do lago Estinfalo[335] (pois esse lago desemboca em uma abertura invisível para reaparecer em Argos, e de lá essa água já é chamada de Erasino pelos argivos), então, quando Cleômenes chegou às margens desse rio, degolou uma vítima sacrificial em sua honra. E, porque ele não obteve, de modo algum, sinais favoráveis no sacrifício para que o atravessasse, afirmou que estava encantado porque o Erasino não traía seus

---

específicas, como machados, não espadas, escudos ou lanças. A nosso ver, o rei espartano primeiro saqueou o templo e seus arredores e depois o incendiou, visto que o saque ao um templo também era uma demonstração de loucura por não respeitar o divino, não aceitar a sua condição de mortal e de submissão aos deuses.

332. Filho de Zeus e de Níobe, Argo foi o quarto rei de Argos, cidade localizada na região da Argólida, na península do Peloponeso.

333. Esse episódio relatado sobre Cleômenes nos faz lembrar o de Cambises: "De fato, ao terminar a festa que havia entre os egípcios, os sacerdotes receberam suas punições, e Ápis morreu porque havia sido ferido na coxa e estirado no templo; e depois de Ápis ter morrido por causa do seu ferimento, os sacerdotes o enterraram às ocultas de Cambises. E Cambises, conforme dizem os egípcios, por causa desse ato injusto, logo enlouqueceu, mas já não estava muito sensato antes. E o primeiro ato terrível que realizou foi contra o seu irmão Esmérdis, que era seu irmão por parte de pai e de mãe; ele o mandou embora do Egito para a Pérsia, por inveja, porque Esmérdis era o único dentre os persas que envergava com seus dois dedos o arco, o que os ictiófagos trouxeram da Etiópia; e nenhum dos outros persas foi capaz de fazer isso." (*Histórias*, III, 29-30). In: Heródoto. *Histórias. Livro III – Talia. Op. cit.* Portanto, em ambos os relatos vemos que insolência humana diante dos deuses levou Cambises e Cleômenes à loucura, à perda da razão, como um indicativo do castigo divino.

334. Localizado na península do Peloponeso, o rio Erasino separava a Lacônia da Argólida.

335. Situado na região da Arcádia, próximo a Corinto.

LIVRO VI - ÉRATO | 115

cidadãos; todavia, que os argivos não se alegrassem tanto[336]. E depois disso, retirou-se e conduziu seu exército em direção a Tírea[337], e depois de ter degolado um touro como vítima sacrificial em honra

---

336. O comportamento desdenhoso de Cleômenes para com os presságios divinos já havia se manifestado antes, como lemos neste episódio: "E porque Cleômenes enviou seu arauto para que lhes ordenasse a derrubada de Clístenes e dos Malditos, o próprio Clístenes retirou-se secretamente; e depois disso, não se sentindo inferior em nada, Cleômenes apresentou-se em Atenas; não tinha com ele uma grande tropa, e logo que chegou, expulsou como impuras setecentas famílias atenienses, as que lhe indicou Iságoras. E depois de ter feito isso, em segundo lugar, tentou dissolver o Conselho e colocar as magistraturas nas mãos de trezentos partidários de Iságoras. E porque o Conselho posicionou-se contra e não quis lhe obedecer, tanto Cleômenes como Iságoras e seus partidários tomaram a Acrópole. E os restantes dos atenienses, porque tiveram o mesmo entendimento, fizeram-lhe um cerco durante dois dias; e no terceiro dia, quantos estavam dentre os lacedemônios que haviam feito um acordo partiram do território. E o presságio que Cleômenes teve se cumpriu. Pois quando ele subiu para a Acrópole com a intenção de capturá-la, ele estava indo para o santuário da deusa como se fosse louvá-la; e a sacerdotisa levantou-se do trono antes que ele passasse pelas portas, virou-se em sua direção e lhe disse: 'Ó estrangeiro lacedemônio, para trás, vai! Não entres no templo! Pois não é permitido aos dórios pela lei dos deuses que estejam aqui em minha presença!' E ele lhe disse: 'Ó mulher, porém eu não sou um dório, mas um aqueu.'. De fato, porque de nada lhe valeu a profética fala, ele realizou o seu ataque, nesse momento, por sua vez, ele foi expulso em companhia dos lacedemônios. E quanto aos outros, os atenienses os aprisionaram para a pena de morte, e entre eles, estava Timesíteo, o delfo, por causa das obras de suas mãos e da sua coragem, eu poderia narrar obras notáveis dele. Portanto, esses que foram aprisionados tiveram o seu fim na prisão." (*Histórias*, V, 72). In: Heródoto. *Histórias. Livro V – Terpsícore. Op. cit.*

337. Território localizado na Argólida, na península do Peloponeso. Sobre essa região e a disputa entre lacedemônios e argivos, temos o seguinte relato de Heródoto: "porque Creso tinha sido sitiado. Então, ele enviou outros mensageiros para seus aliados militares também na Lacedemônia. E também sobreveio uma luta a esses cidadãos espartanos, nessa mesma época, que eram contra os argivos, por causa de um território chamado Tírea. Essas terras tíreas ficavam em uma parte da Argólida que os lacedemônios tinham desanexado. Além dela, tomaram até Málea, que ficava a oeste do território dos argivos, que era um território que ficava na planície, e ainda a ilha de Citera e o restante das ilhas. [...] No dia seguinte, ambos os lados se apresentaram para se informar sobre os fatos. Então, durante todo o tempo, ambos diziam que eles haviam vencido." (*Histórias*, I, 82). In: Heródoto. *Histórias. Livro I – Clio. Op. cit.*

116 | HISTÓRIAS

ao mar[338], conduziu-os em seus barcos em direção ao território de Tirinte[339] e Náuplia[340].

77. E os argivos, após terem sido informados sobre o ocorrido, correram em socorro de sua orla marítima; quando estavam perto de Tirinte, nesse território que recebe o nome de Sépia[341], não deixaram um espaço muito grande entre os dois exércitos; assentaram-se do lado oposto ao dos lacedemônios. Então, nesse momento, os argivos não temiam a batalha em um lugar descampado, mas para que não fossem capturados por meio de um ardil. De fato, então o oráculo havia lhes posto essa questão em comum: a Pítia proferiu o oráculo tanto para eles como para os milésios, dizendo assim:

> *Mas quando a fêmea vencedora o macho*
>
> *expulsar e a glória entre os argivos tiver,*
>
> *muitas argivas dilaceradas então porá.*
>
> *Como um dia se dirá também entre homens vindouros:*
>
> *"Terrível serpente[342] tri-helicoide morreu vencida pela lança."*

De fato, tudo isso que estava acontecendo trazia medo entre os argivos. E então, eles pensaram que seria bom se se servissem do arauto dos inimigos, e eles pensaram em fazer tal coisa: quando

---

338. Forma poética para se referir a Posídon, pois era comum entre os helenos sacrificar ao deus do mar para que a navegação fosse bem-sucedida, como vemos primeiro nestes versos homéricos: "(realizavam sacrifícios na orla do mar, touros negros, ao sacode terra de cabeleira escura." [τοὶ δ᾽ ἐπὶ θινὶ θαλάσσης ἱερὰ ῥέζον, ταύρους παμμέλανας, ἐνοσίχθονι κυανοχαίτῃ.] (Homero, *Odisseia*, III, 5-6), tradução de Maria Aparecida de Oliveira Silva.

339. Também conhecida como Tirinto, é uma cidade localizada na região da Argólida, onde hoje há um grande sítio arqueológico micênico que é considerado Patrimônio da Humanidade pela Unesco.

340. Cidade vizinha a Tirinte, cerca de 10 quilômetros de distância uma da outra, na península do Peloponeso, situada região do Golfo da Argólida.

341. Cidade do Peloponeso localizada entre Tirinte e Náuplia.

342. A serpente como símbolo de Argos também aparece em Sófocles, *Antígona*, 125 e Eurípides, *Fenícias*, 1137.

Livro VI - Érato | 117

o arauto, cidadão espartano, sinalizava algo aos lacedemônios, os argivos faziam exatamente o mesmo.

78. E quando Cleômenes percebeu que os argivos estavam fazendo exatamente como o arauto deles sinalizava, anunciou-lhes que quando o arauto sinalizasse para que almoçassem, nesse momento pegassem suas armas e marchassem contra os argivos[343]. E essas ordens foram cumpridas pelos lacedemônios; pois quando os argivos estavam almoçando, seguindo o sinal do arauto, mataram muitos deles, e em grande quantidade, a maioria deles fugiu para o bosque sagrado de Argo, então eles os cercaram[344] e os vigiaram.

79. A partir de então, Cleômenes fez o seguinte: com alguns homens desertores e informado por eles, convidou-os a sair, porque enviou um arauto para que chamasse por seus nomes os argivos que haviam se refugiado no templo e os convidasse a sair;

---

343. Mais tarde, Plutarco registrou que o rei Cleômenes foi expulso de Argos por não ter cumprido um pacto com eles, pois havia estabelecido uma trégua de sete dias, mas os atacou no terceiro. Consultar o tratado *Ditos da Lacônia*, 223B-C. E antes de Plutarco, o filósofo Aristóteles escreveu: "e em Argos, dentre os que foram mortos no sétimo dia por Cleômenes, o lacônio, quando eles foram forçados a aceitar alguns periecos." (*Política*, 1303a5-7). In: Aristóteles. *Política. Op. cit.* Rei de Esparta (520 a.C.-478 a.C.), Aristóteles refere-se ao rei como sendo oriundo da Lacônia, região que teria sido conquistada pelos espartanos bem antes da Messênia. Cleômenes organizou esta expedição militar contra Argos em 509 a.C., o sétimo dia da batalha era consagrado a Apolo, que, segundo Heródoto, era um deus muito honrado em Esparta, como vimos no capítulo 57 deste *Livro VI – Érato*.

344. Tucídides relata um embate entre atenienses e aliados contra os lacedemônios no qual destaca a habilidade deles em fazer um cerco, tal como lemos neste trecho: "Entretanto, os lacedemônios, como se arrastasse a guerra contra os de Itome, chamaram outros povos como aliados e, entre eles, os atenienses; estes vieram, sob o comando de Cimão, com uma tropa não pequena. Convocaramnos sobretudo porque tinham fama de hábeis no assédio a muros, como o cerco também para eles se prolongava, os atenienses pareciam estar aquém dessa fama pois, caso contrário, teriam tomado de assalto a região. E, por causa dessa campanha, pela primeira vez uma divergência entre lacedemônios e atenienses surgiu abertamente." (*História da Guerra do Peloponeso*, I, 102). In: Tucídides. *História da Guerra do Peloponeso – Livro I*. Tradução e apresentação de Anna Lia Amaral de Almeida Prado. Texto grego estabelecido por Jacqueline de Romilly. 2. ed. São Paulo: Martins Fontes, 2008.

118 | Histórias

disse-lhes que tinha recebido o resgate por eles; e os peloponésios têm um resgate estabelecido de duas minas[345] para pagar por cada homem aprisionado. Então, cerca de cinquenta dentre os argivos, conforme cada um saía pelo seu chamado, Cleômenes o matava. E isso que aconteceu de algum modo passou despercebido pelos restantes que estavam no recinto sagrado; pois, como o bosque sagrado era espesso e os de dentro não viam o que os de fora faziam, até o momento em que um deles então subiu em uma árvore e viu o que ele fazia. Portanto, eles não saíam mais quando ele os chamava.

80. Então, naquele momento, Cleômenes ordenou a alguns de seus hilotas que rodeassem o bosque sagrado com uma pilha de madeira; e depois de eles o terem obedecido, incendiou o bosque sagrado. E com o lugar já incendiado, perguntou a um dos desertores qual dentre os deuses era o do bosque sagrado; e ele lhe disse que era de Argo. E ele quando ouviu isso, levantou-se e disse alto: "Ó Apolo Oracular[346], quão grandemente me enganaste quando

---

345. O valor de duas minas parece mesmo ter sido o valor fixado para o resgate de prisioneiros, como lemos neste outro episódio relatado por Heródoto: "quando Cleômenes invadiu Elêusis lutando com os peloponésios; assim, durante a quarta vez, nesse momento os dórios invadiram Atenas. Portanto, logo que essa expedição foi dissolvida sem glória, nesse momento os atenienses quiseram se vingar e, em primeiro lugar, conduziram seu exército contra os calcidenses. [...] E por esse mesmo dia, os atenienses atravessaram a Eubeia e avançaram também contra os calcidenses, também os venceram, e ainda deixaram quatro mil clerucos no território dos Hipobotes; e os Hipobotes eram chamados de ricos dentre os calcidenses. E quantos deles foram aprisionados vivos, junto com os beócios que também foram aprisionados vivos, eles foram acorrentados em grilhões e os atenienses os tinham em vigilância; e com o tempo, eles os libertaram em troca de um resgate de duas minas. E os grilhões deles, com os quais eles foram acorrentados, foram pendurados na Acrópole, os que existem e ainda prevalecem em meu tempo, pendurados nas muralhas que queimaram com o fogo ateado pelo Medo, em frente do santuário do templo que está voltado para o poente." (*Histórias*, V, 76-77). In: Heródoto. *Histórias. Livro V – Terpsícore. Op. cit.*

346. Cleômenes exclamou, segundo Heródoto, "Ὦ Ἄπολλον χρηστήριε" (*Ô Ápollon krēstḗrie*), que também pode ser traduzido por "Ó Apolo Profético".

LIVRO VI - ÉRATO | 119

disseste que capturaria Argos[347]. E compreendo que o oráculo se cumpriu para mim.".

81. E depois disso, Cleômenes permitiu que a maior parte do exército retornasse a Esparta; com mil homens, os melhores, foi para o Heraion[348] oferecer um sacrifício. E quando ele mesmo quis realizar o sacrifício no altar, o sacerdote o proibiu, disse que não era permitido pela divina a um estrangeiro fazer um sacrifício ali. E Cleômenes ordenou aos hilotas que o levassem embora do altar e que o chicoteassem[349], e ele mesmo realizou o sacrifício. E depois de fazer isso, partiu em direção a Esparta.

---

347. Heródoto parece nos mostrar que a ambição e a soberba de Cleômenes o impediu de ver a ambiguidade do oráculo recebido, tal como aconteceu com o rei lídio. Sobre isso, Heródoto elaborou o seguinte diálogo entre o Grande Rei e Creso: "Ciro alegrou-se excessivamente, porque lhe pareceu que foi bem aconselhado; e agradeceu-o muito; depois, ordenou aos guarda-costas que cumprissem o que Creso havia aconselhado e disse a Creso as seguintes palavras: 'Creso, porque estou preparado para fazer-te um homem régio, pelas tuas palavras e ações úteis, pede-me qualquer presente que queiras, que tu o terás imediatamente'. E ele disse: 'Ó soberano, serias-me mais agradável se me permitisses enviar esses grilhões ao deus dos helenos, ao que eu mais honrei dentre os deuses, e perguntar se ele tem como costume enganar os que lhe fazem bem.'." (*Histórias*, I, 90). In: Heródoto. *Histórias. Livro I – Clio. Op. cit.*

348. Ou seja, o templo de Hera. Heraion era o nome dado ao templo dedicado a deusa Hera, que era filha de Crono e Reia, irmã e esposa de Zeus, e a principal deusa do Olimpo. A principal característica de Hera retratada na literatura é a sua indignação frente às infidelidades de seu companheiro, não poupando esforços para perseguir as amantes de Zeus e os frutos dessas uniões ilegítimas. A deusa era considerada a protetora da cidade de Argos; segundo Pausânias, Hera foi homenageada por Policleto de Argos, 460-410 a.C., com a construção de uma estátua colossal em que a deusa estava sentada em um trono e coberta de ouro e marfim, com uma coroa em que havia a representação das Cárites e das Horas, e ainda trazia na mão esquerda uma romã e o seu cetro na direita; sobre o cetro havia um cuco, que Pausânias afirma que era o símbolo do amor de Zeus e Hera. Tal obra tornou-se uma referência para as futuras representações da deusa. Consultar: Pausânias, *Descrição da Hélade*, II, 17.3-4.

349. O chicote parece ter sido um instrumento de punição muito comum entre os espartanos, como podemos depreender deste hábito registrado por Plutarco: "Os meninos, entre eles, são golpeados com chicote o dia inteiro no templo de Ártemis Órtia, muitas vezes até a morte, mas resistem alegres e exultantes até o fim, e competem pela vitória uns com os outros; vence quem dentre eles for mais

120 | HISTÓRIAS

82. E após ter retornado, os seus inimigos o conduziram para estar sob o domínio dos éforos[350], diziam que ele não capturou Argos por ter sido subornado, quando ele estava presente e poderia facilmente tê-la capturado. E ele lhes disse – nem se mentia nem se dizia a verdade, isso não posso afirmar com clareza, e disse então o que eu afirmo – de fato, visto que capturei o templo de Argo, pensei que o oráculo do deus havia se cumprido; em razão disso, não era justo que eu tentasse atacar a cidade, certamente antes de interpretar os sacrifícios e compreender se o deus me concederia a cidade ou se colocaria algum empecilho; e acrescentou que, enquanto oferecia sacrifícios propícios para buscar presságios no Heraion, uma chama de fogo brilhante reluziu do peito da estátua, e compreendeu por si mesmo assim a verdade precisa, que não deveria capturar Argos; pois se tivesse reluzido da cabeça da estátua, ele teria capturado a cidade de cima a baixo, e porque reluziu do peito, isso era tudo o que o deus queria que eu tivesse feito e que acontecesse. Ao dizer isso, os cidadãos espartanos julgaram que esses acontecimentos que ele contava eram dignos de confiança e verossímeis, e ele foi absolvido da maioria das acusações que lhe fizeram.

---

golpeado por mais tempo; e quem se sobressai tem uma reputação muito boa. E a competição é chamada de flagelação; e acontece a cada ano." (*Antigos hábitos dos lacedemônios*, 239C-D), tradução de Maria Aparecida de Oliveira Silva.

350. Plutarco, ao contestar uma informação de Xenofonte, conta-nos sobre o poder alcançado pelos éforos ao mesmo tempo em que nos esclarece o modo como o rei Agesilau obteve o apoio dos éforos, conforme lemos a seguir: "Quanto à afirmação de Xenofonte segundo a qual, embora obediente em tudo à pátria, Agesilau podia fazer o que bem entendesse devido ao alcance de sua autoridade, eis o que é preciso esclarecer. Na época, quem detinha o poder máximo no Estado eram os éforos e os senadores. Os primeiros mandavam apenas durante um ano, mas os senadores eram vitalícios e haviam sido instituídos para aparar os possíveis excessos dos reis [...] Disso resultava que os reis, desde o mais recuado passado, votavam-lhe uma ojeriza e uma hostilidade hereditárias. Agesilau enveredou pelo caminho contrário: evitou combatê-los e contrariá-los, tratando-os sempre com atenção. [...] Parecia assim acatar e incrementar a autoridade dessas magistraturas... e ninguém percebia que ia assim aumentando seu próprio poder e engrandecendo a realeza mercê da afeição que se tinha por ele!" (*Vida de Agesilau*, IV, 3-7). In: Plutarco. *Vidas Paralelas*. Tradução de Paulo Matos Peixoto. *Op. cit.*

LIVRO VI - ÉRATO | 121

83. E Argos se tornou tanto um deserto de homens[351] que os seus escravos[352] se apossaram de todos os assuntos públicos, exerceram os cargos de magistrados e passaram a administrá-los[353], até que os filhos dos que haviam sido mortos tornaram-se homens. Logo em seguida, eles vieram retomar o poder em Argos e expulsaram os escravos de lá; depois de terem sido expulsos, os escravos se apoderaram de Tirinte por meio de uma batalha. Por tão longo tempo, ambas tinham cordialidade uma com a outra, mas depois de Cleandro, um homem adivinho, que era do povo dos figaleus da Arcádia, foi até os escravos; esse persuadiu os escravos a se

---

351. No próximo livro, capítulo 148, Heródoto afirma que seis mil argivos morreram nessa batalha, mas esses números variam entre os autores; por exemplo, Pausânias afirma que foram cinco mil mortos. Consultar: *Descrição da Hélade*, III, 4.1. Ainda Plutarco, em seu tratado Virtudes das mulheres (245A), traz-nos a informação de que foram sete mil mortos.

352. Aristóteles faz referência a este episódio; no entanto, afirma que a perda de cidadãos fez com que Argos tivesse sido forçada a conceder cidadania aos periecos, consultar: *Política*, 1303a5. Em um registro posterior, Plutarco afirma que foram selecionados os melhores periecos para receber o título de cidadão (*Virtude das mulheres*, 248D).

353. A ausência de homens na cidade é vista como um motivo para a ascensão dos escravos, pois estes, além de tomarem as riquezas e o poder dos cidadãos, também se apossavam de suas mulheres e com elas geravam filhos. Heródoto já havia concluído isso com relação aos citas, como lemos neste relato: "E como os citas estavam fora de sua pátria por vinte e oito anos [...] as mulheres dos citas, porque seus maridos estavam fora por muito tempo, tinham relações sexuais com os escravos. [...] Desses escravos e mulheres dos citas, então, cresceu um grupo de jovens. Os que logo que souberam de sua origem resistiram aos citas que estavam retornando da Média. [...] E ocorreu um combate continuado e porque os citas não eram capazes de ter nenhuma potência maior em batalha, um deles disse o seguinte: 'O que estamos fazendo, homens citas? Ao combatermos com os nossos escravos, se eles nos matarem, nós mesmos ficaremos em menor número, e se nós os matarmos, comandaremos menos escravos no futuro. [...] se eles nos virem com chicotes em vez de armas, perceberão que eles são nossos escravos, e compreendendo isso, não farão resistência.'." (*Histórias*, IV, 1 e 3). In: Heródoto. *Histórias. Livro IV – Melpômene. Op. cit.* Porém, no caso dos argivos, não seria mais possível a retomada de suas riquezas e poder por parte dos cidadãos, mas o mais interessante é perceber que Heródoto distingue o senhor e o escravo por sua natureza, uma corajosa e a outra covarde.

122 | Histórias

revoltarem contra seus déspotas[354]. E, a partir de então, tiveram uma guerra durante um longo tempo[355], até que então, com dificuldade, os argivos os venceram[356].

---

354. δεσπόται (*déspotai*), nominativo plural de δεσπότης (*despotēs*), ou déspota, termo que não corresponde ao sentido que temos hoje; à época de Aristóteles, era o nome dado ao senhor de escravos. O relato de Heródoto lembra o dito pelo filósofo ateniense sobre o homem livre: "De modo que uns não sabem governar, mas ser governados por um poder semelhantes ao destinado aos escravos, e os outros não sabem ser governados por nenhum tipo de poder que ser governado por um poder despótico. Portanto, a cidade se torna um lugar de déspotas e de escravos, mas não um lugar de homens livres; uns homens são invejosos e outros são negligentes, o que se afasta muitíssimo da amizade e da comunidade política; pois a comunidade é um ato de amizade; pois os homens não querem compartilhar nem o caminho com os seus inimigos." (*Política*, 1295b20-25). E sua definição de escravo é: "pois é um escravo, por natureza, aquele que pode ser de outro (por esse motivo também é de outro), e aquele que participa da razão tanto quanto percebê-la, mas não a tem. Pois os demais seres vivos não a percebem pelo pensamento, mas estão submetidos aos seus instintos. E sua utilidade também faz pouca diferença: pois a sua ajuda para as coisas necessárias com o seu corpo é igual para ambos, tanto para os escravos como para os animais domésticos." (*Política*, 1254b20-26). In: Aristóteles. *Política. Op. cit.*

355. Por conta da longa duração dessa guerra que despendeu muito dinheiro e causou a morte de milhares de peloponésios, as cidades de Tirinte e de Micenas foram destruídas. Segundo o relato de Pausânias: "Os argivos destruíram Micenas por inveja, enquanto os argivos não ofereceram resistência ao ataque dos medos, os micênios enviaram oitenta homens a Termópilas, que participaram do feito com os lacedemônios. Esse desejo de glória irritou os argivos, que levaram a ruína para os micênios." (*Descrição da Hélade*, II, 16.5), tradução de Maria Aparecida de Oliveira Silva.

356. Pausânias conta que, ao passar por Tirinte, viu suas ruínas e as muralhas que foram construídas pelos Ciclopes (*Descrição da Hélade*, II, 25.8). Em outro livro, em sua descrição da Élide, Pausânias conta que dentre as cidades dessa região que haviam perdurado até o seu tempo, Micenas e Tirinte, não muito depois das Guerras Persas foram destruídas pelos argivos (*Descrição da Hélade*, V, 23.3). Em sua descrição da Acaia, Pausânias registra que: "De fato, a muralha de Micenas não pode ser tomada à força pelos argivos, pois havia sido construída, do mesmo modo que a de Tirinte, pelos chamados Ciclopes; mas os micênios foram obrigados a abandonar a cidade por falta de provisões, dentre eles, uns foram em direção a Cleonas, mas mais da metade se exilaram na Macedônia junto a Alexandre, de quem Mardônio, filho de Góbrias, confiou-lhe a mensagem para os atenienses. E o restante do povo foi para Cerineia e esta se tornou mais poderosa com o assentamento dos micênios." (*Descrição da Hélade*, XXV, 6), tradução de Maria Aparecida de Oliveira Silva.

LIVRO VI - ÉRATO | 123

84. Portanto, os argivos afirmam que Cleômenes enlouqueceu por causa disso e que morreu de modo terrível. E esses cidadãos espartanos afirmam que Cleômenes não enlouqueceu por causa de nenhuma divindade, mas porque teve contato com os citas e se tornou um bebedor[357] de vinho sem mistura[358], e por isso enlouqueceu. Pois os citas nômades[359], quando Dario invadiu o território deles[360], depois disso, tiveram o propósito de que eles pagassem

---

357. Aristóteles nos conta que os citas usavam a bebida para comemorar inimigos mortos, como lemos neste relato: "entre todos os povos capazes de dominar, honram tal capacidade; por exemplo, entre os citas, os persas e os celtas. Pois entre alguns também algumas leis são impulsionadoras por essa virtude, como em Cartago, onde dizem que recebem um adorno de argolas por tantas quantas expedições militares realizassem. E outrora havia na região da Macedônia uma lei que prescrevia que o homem que não assassinasse nenhum inimigo colocasse em torno de si um cabresto; e entre os citas não era permitido beber, em certa festividade, em uma taça que circulava se não houvesse matado um inimigo; e entre os ibérios, um povo belicoso, fincavam na terra em torno do túmulo de um guerreiro o número de tantos obeliscos quantos inimigos matasse. Também junto a outros povos existem muitos outros hábitos dessa natureza, uns estabelecidos pelas leis e outros pelos costumes." (*Política*, 1324b10-23). In: Aristóteles. *Política. Op. cit.*

358. Os helenos tinham o costume de misturar o vinho com água; dispunham de um recipiente adequado para esse fim que era chamado de cratera. Crateras são vasilhas grandes em que os helenos misturavam o seu vinho com água, visto que o vinho heleno era uma substância concentrada e densa. Em virtude disso, estima-se que o vinho era misturado na proporção de dois terços da bebida com um terço de água. A cratera era exposta em banquetes, no centro do recinto onde era realizado. Depois da realização da mistura dos líquidos, a bebida era retirada pelos convidados em pequenas taças, ou ainda pelo escanção, nome dado ao encarregado de servir a bebida aos convivas.

359. Sobre os citas nômades, Heródoto nos conta que: "Os citas nômades que habitavam na Ásia estavam pressionados pelos masságetas na guerra; depois da travessia do rio Araxes, avançaram sobre a terra ciméria; pois os citas a ocupam agora – contam que antigamente eram os cimérios." (*Histórias*, IV, 11). In: Heródoto. *Histórias. Livro IV – Melpômene. Op. cit.*

360. A expedição militar organizada por Dario que aconteceu mais ou menos em 512 a.C. teve o objetivo de se vingar da invasão da Média feita pelos citas, como lemos no trecho que se segue: "E depois da captura da Babilônia, ocorreu uma marcha do próprio Dario contra os citas. Quando a Ásia florescia com seus homens e reunia grandiosas riquezas, Dario desejou que os citas pagassem sua pena, porque antes eles cometeram a ofensa de invadir a Média e de vencer em batalha

124 | Histórias

a pena por isso, e enviaram mensageiros para Esparta a fim de fazer uma aliança militar e acordar que os próprios citas deveriam tentar invadir a Média junto às margens do rio Fásis[361]; e os cidadãos espartanos lhes pediam, movimentando-se a partir de Éfeso, para que adentrassem o território e em seguida se reunissem em um lugar em comum. E contam que Cleômenes foi até o território dos citas para conviver melhor com eles, e que conviveu tanto que o levou a aprender com eles[362] a ser um bebedor de vinho sem mistura[363]; e por isso, os cidadãos espartanos consideram que ele enlouqueceu. E desde então, como eles contam, quando querem beber vinho mais puro, dizem: "Sirva à moda cítia!". Assim então, os cidadãos espartanos contam os acontecimentos a respeito de

---

os seus oponentes. Pois os citas comandaram na parte alta da Ásia, como também já foi dito antes por mim, durante vinte e oito anos. Pois eles invadiram a Ásia em perseguição aos cimérios, e colocaram fim ao poder dos medos; estes, antes dos citas chegarem, comandavam a Ásia." (Heródoto, *Histórias*, IV, 1). In: Heródoto. *Histórias. Livro IV – Melpômene. Op. cit.*

361. Rio localizado em uma cidade homônima, que foi colonizada por habitantes da cidade de Mileto no século VII a.C. Apolônio de Rodes relata que o herói Jasão navegou por suas águas durante a sua aventura em busca do Velo de Ouro. Consultar: *Argonáutica*, II, 401.

362. Heródoto faz uma breve descrição de um dos usos que os citas faziam do vinho: "E uma única vez por ano, cada nomarca prepara uma cratera de vinho em sua própria província, da qual bebem os citas que retiraram a vida dos varões inimigos; os que não realizaram esse feito, não provam desse vinho, mas são colocados de lado como desonrados; e isso é o maior ultraje para eles; e quantos dentre eles também mataram um número muito grande de varões, esses recebem um par de taças unidas e bebem o vinho nelas ao mesmo tempo." (Heródoto, *Histórias*, IV, 66). In: Heródoto. *Histórias. Livro IV – Melpômene. Op. cit.*

363. Outro uso que os citas faziam do vinho é registrado assim por Heródoto: "E os citas fazem os seguintes juramentos com quem eles trocam um juramento. Em uma grande cílix de terracota, vertem o vinho e misturam com ele o sangue dos que fizeram o juramento, furando-os com uma sovela ou cortando-os um pouco dos seus corpos com uma faca, e em seguida mergulham na cílix um punhal persa, flechas, uma sagáris e um dardo; e depois de fazerem isso, eles lançam muitas imprecações e em seguida eles bebem o preparado, tanto os que fizeram o juramento como os nobres mais importantes que os acompanham." (Heródoto, *Histórias*, IV, 70). In: Heródoto. *Histórias. Livro IV – Melpômene. Op. cit.*

LIVRO VI - ÉRATO | 125

Cleômenes; e eu penso que Cleômenes expiou essas penas pelo que fez a Demarato.

85. E após Cleômenes ter morrido[364], quando os eginetas foram informados sobre isso, enviaram mensageiros para Esparta para acusar Leotíquides a respeito dos reféns que haviam detido em Atenas. E os lacedemônios reuniram um tribunal e reconheceram que os eginetas haviam recebido um tratamento ultrajante por parte de Leotíquides, e julgaram que ele deveria ser entregue para os eginetas em troca dos homens que haviam detido em Atenas. E quando os eginetas estavam indo levar Leotíquides, Teasidas, filho de Leoprepes, um homem que era de boa reputação em Esparta, disse-lhes: "O que tendes a intenção de fazer, homens eginetas? O seu rei dos cidadãos espartanos lhes seja entregue pelos seus concidadãos? Se agora, tomados pela cólera, os cidadãos espartanos assim reconheceram isso, cuida para que mais tarde vós não tenhais de, se fizerdes isso, jogar a terrível e completa destruição em seu território.". Após ouvirem isso, os eginetas suspenderam a sua condução até eles, e concordaram com tal ação, que acompanhariam Leotíquides até Atenas para devolver aos eginetas os seus homens.

86. E quando chegou a Atenas, Leotíquides reivindicou os homens que havia confiado aos cuidados dos atenienses que não queriam devolvê-los, e arrastaram-se com um pretexto; diziam que os haviam confiado aos dois reis e que não seria justo devolvê-los a um sem o outro presente. E porque os atenienses disseram que não os entregariam, Leotíquides lhes disse o seguinte: "Atenienses, fazei de dois modos diferentes o que vós mesmos quereis; de fato, fazei com que os devolva para nós, conforme a lei divina, e se não os devolver, fareis o contrário disso; todavia, de qualquer modo, é contado um fato em Esparta que aconteceu com relação aos homens deixados em confiança aos cuidados de alguém, eu o quero vos contar. Nós, cidadãos espartanos, dizemos que estava na Lacedemônia, na segunda

---

364. No ano de 488 a.C.

126 | HISTÓRIAS

geração[365] antes da minha, Glauco[366], filho de Epicides[367]. Esse homem tornara-se o primeiro em todos os mais variados assuntos, e além disso, era muito bem falado por seu senso de justiça a respeito de tudo dentre os que habitavam a Lacedemônia naquele tempo. Quando o que tinha de lhe acontecer veio no seu tempo, dizemos o seguinte: um homem milésio veio para Esparta porque queria ir aos diálogos, fez-lhe a seguinte proposição: 'Sou um milésio e venho a ti, Glauco, porque quero tirar proveito do seu senso de justiça. Pois de cima a baixo, todo o restante da Hélade, e também na Iônia, existe um longo discurso sobre o teu senso de justiça e eu raciocinava comigo mesmo também que a Iônia está sempre de algum modo em perigo, e por causa de nunca vermos os mesmos sendo os detentores das riquezas[368]. Portanto, refleti sobre esses assuntos, deliberei e eu decidi que a metade de todos os meus bens seja convertida em dinheiro e o coloco em tuas mãos, bem convencido de que

---

365. Heródoto explica sua contagem de gerações neste relato: "Até este ponto do meu relato, foram os egípcios e os seus sacerdotes que contaram, mostrando que, desde o primeiro rei até esse sacerdote de Hefesto, o último que reinou, foram geradas trezentas e quarenta gerações de homens, e que nelas existem chefes dos sacerdotes e cada um dos reis que nasceram. Todavia, trezentas gerações de homens preenchem mil anos; porque as três gerações de homens são cem anos; e dessas gerações restantes são ainda mil trezentos e quarenta anos, as quais completam trezentas gerações, que são onze mil e trezentos e quarenta anos. Desse modo, os sacerdotes dizem que, durante esses onze mil e trezentos e quarenta anos, não existiu nenhum deus que tivesse a forma de um homem." (*Histórias*, II, 142). In: Heródoto. *Histórias. Livro II – Euterpe. Op. cit.* De acordo com os números sugeridos por Heródoto, duas gerações demandavam sessenta anos.

366. Não dispomos de mais informações sobre essa personagem.

367. Heródoto é a nossa única fonte de informação sobre essa personagem.

368. Além da constante ameaça de invasão persa, os helenos da Ásia Menor viviam em dissensões internas, conforme lemos neste breve relato de Heródoto: "Depois disso, não por muito tempo, houve uma trégua dos males; mas depois, aconteceram males vindos de Naxos e de Mileto para os iônios. Por um lado, porque Naxos superava as ilhas em prosperidade, e por outro, porque nesse mesmo tempo, a própria Mileto era mais florescente que essa, e, além disso, era um ornamento da Iônia, e acima deles, em duas gerações de homens, ela adoeceu ao máximo por dissensão, até que os pários restaurassem a sua ordem. Pois eles restauraram sua ordem porque os milésios os escolheram dentre todos os helenos." (*Histórias*, V, 28). In: Heródoto. *Histórias. Livro V – Terpsícore. Op. cit.*

LIVRO VI - ÉRATO | 127

posto em suas mãos estará seguro para mim. Então, tu, aceita esta quantia e pega estes códigos secretos[369] e conserva-os; e quem tiver esses códigos e lhe reivindicar a quantia, a esse entregue-a.'. De fato, o estrangeiro que veio de Mileto disse tais coisas, e Glauco aceitou o que lhe foi dado em confiança por ele, na condição mencionada. E depois de transcorrido muito tempo, os filhos desse que havia lhe dado em confiança aquela quantia foram para Esparta; eles foram conversar com Glauco, mostraram-lhe os códigos secretos e reivindicaram o dinheiro. E enquanto os códigos secretos lhe eram mostrados, disfarçou com a seguinte resposta: 'Eu não me lembro desse assunto, nem me recordo, nem sei de nada disso que vós me dizes; e quando eu me lembrar, quero fazer toda justiça, de fato, se o recebi, eu o devolverei corretamente, mesmo se certamente não o recebi, eu utilizarei as leis dos helenos convosco. Então, postergo para decidir isso convosco para o quarto mês a partir deste.'. De fato, os milésios caíram em desgraça e foram embora como se tivessem sido privados do dinheiro, e Glauco marchou em direção a Delfos para consultar o oráculo. E após ele mesmo ter perguntado ao oráculo se poderia furtar o dinheiro por meio de um juramento, a Pítia se voltou para ele com os seguintes versos:

> *Glauco, filho de Epicides, de imediato, um ganho tamanho*
> *com um juramento ganharás e o dinheiro furtarás;*
> *jura, visto que a morte também espera um homem leal.*
> *Mas o filho de um juramento é inominável[370], não tem mãos*

---

369. τὰ σύμβολα (*tà sýmbola*) eram pedaços de objetos que os helenos partiam e entregavam um ao outro para que mais tarde pudessem se reconhecer, ao juntar as peças quebradas. O significado literal de τὰ σύμβολα é "as coisas que se aproximam", no sentido de ser as coisas que se encaixam.

370. O juramento era muito comum na antiga Hélade, Hesíodo já trata do tema nos seguintes versos: "aos homens deu Justiça que é de longe o bem maior;/ pois se alguém quiser as coisas justas proclamar/ sabiamente, prosperidade lhe dá o longevidente Zeus;/ mas quem deliberadamente jurar com perjúrios e,/ mentindo, ofender a Justiça, comete irreparável crime;/ deste, a estirpe no futuro se torna obscura,/ mas do fiel ao juramento a estirpe será melhor." (*Os trabalhos e os dias*, 279-285).

128 | HISTÓRIAS

nem pés; e velozmente persegue e até ponto em que o
agarra e destrói toda a estirpe e a casa inteira;
e do homem leal a estirpe seguinte será melhor[371].

Depois de ouvir esses versos, Glauco implorou ao deus que lhe desse o seu perdão pelas palavras ditas; e a Pítia lhe disse que o fato de colocar o deus à prova e o de fazê-lo têm o mesmo valor. Então, Glauco mandou buscar os estrangeiros milésios até a sua presença e lhes devolveu o dinheiro. E por causa disso, atenienses, esta história que foi começada a ser contada para vós será contada; agora não existe nenhum descendente de Glauco nem existe lar algum que seja considerado de Glauco, e foi aniquilado, extirpado até a raiz de Esparta. Desse modo, é bom não refletir em nada sobre a confiança de algo aos cuidados de alguém além de devolver o que lhe foi reivindicado.".

87. Leotíquides, depois de dizer isso, como os atenienses não prestaram tanta atenção nele, foi embora; enquanto os eginetas, antes de receberem a punição pelos erros cometidos primeiro, com os quais ultrajaram os atenienses e agradaram aos tebanos[372], fizeram o que se segue. Porque estavam insatisfeitos com os atenienses e consideravam

---

In: Hesíodo. *Os trabalhos e os dias*. Tradução de Mary Macedo de Camargo Neves Lafer. *Op. cit.*

371. Heródoto, neste último versos da fala da Pítia, reproduz o verso 285 de *Os trabalhos e os dias*, traduzido também na nota anterior como: "mas do fiel ao juramento a estirpe será melhor".

372. Heródoto relata a causa dessa inimizade entre eginetas e atenienses com este relato: "Quando os tebanos colocaram à prova a aliança militar dos Eácidas, foram rapidamente maltratados pelos atenienses; em seguida os tebanos enviaram mensageiros aos Eácidas, restituíram-lhes e lhes pediram homens. E os eginetas se vangloriavam por sua grande prosperidade e relembravam a antiga inimizade que existia com os atenienses; nesse momento, porque os tebanos haviam lhe pedido, atacaram os atenienses sem que um arauto tivesse anunciado a guerra. Pois enquanto os atenienses pressionavam os beócios, eles zarparam com suas naus longas em direção à Ática e fizeram um arrasto em Faleros, como também em muitos demos do restante do litoral; e enquanto faziam isso, causavam grandes danos aos atenienses." (*Histórias*, V, 81). In: Heródoto. *Histórias. Livro V – Terpsícore. Op. cit.*

Livro VI - Érato | 129

que tinham sido injustiçados[373], começaram a se preparar para se vingar dos atenienses; também, porque os atenienses tinham uma festa quadrienal em Súnio[374], armaram uma emboscada e capturaram a nau dos teoros[375] cheia dos principais homens atenienses; depois de apanhá-los, acorrentaram os homens.

88. E após os atenienses terem sofrido isso dos eginetas, não esperaram mais para planejar de tudo para avançar contra os eginetas. Também, porque um homem de reputação em Egina, chamado Nicódromo[376], filho de Cneto[377], ele estava insatisfeito com esses eginetas porque antes o haviam exilado dessa ilha, e nesse momento[378], ao saber que os atenienses estavam prontos para fazer mal aos eginetas, fez um acordo de entrega de Egina para os atenienses; afirmou que empreenderia no dia marcado e que ele deveria ir até a ilha para socorrê-los. Depois disso, conforme havia acordado com os atenienses, Nicódromo tomou a chamada cidade antiga, mas os atenienses não se apresentaram no tempo devido.

89. Porque eles não tinham naus dignas de combate para atacar os eginetas; nesse momento, então, pediram aos coríntios que lhes emprestassem suas naus, nisso o seu empreendimento foi arruinado. E os coríntios, porque, por essa época, eles tinham como amigos especialmente os atenienses, deram vinte naus que solicitaram, e lhe deram recebendo como restituição cinco dracmas por nau; pois de acordo com a lei, não lhes era permitido dá-las sem pagamento. Então, depois de os atenienses pegarem essas e as suas, completaram

---

373. Porque não houve a devolução dos eginetas que foram aprisionados.

374. Provavelmente uma festa em honra do deus Posídon, visto que Súnio é composto por uma península e um cabo localizados ao sul da Ática. Conhecido por abrigar os templos dedicados ao deus Posídon, o deus dos mares, para a proteção da cidade.

375. Heródoto grafa τὴν θεωρίδα νέα (*tền theōrída*), que significa literalmente "a nau teorida", que também pode ser traduzida como fizemos "a nau dos teoros". Os teoros eram "os observadores", homens que representavam as cidades nas festas religiosas.

376. Não dispomos de mais informações sobre essa personagem.

377. Heródoto é a nossa única fonte de informação sobre essa personagem.

378. Trata-se do ano de 487 a.C.

130 | Histórias

o total de todas as sessenta naus, navegaram contra Egina e chegaram um dia depois do que foi estabelecido.

90. E Nicódromo, como os atenienses não o encontraram na ocasião oportuna, entrou no barco e escapou de Egina; e com os outros que o acompanharam dentre os eginetas, os atenienses lhes deram a permissão para morar em Súnio. E de lá, eles se preparavam, saqueavam e pilhavam os eginetas na ilha.

91. De fato, isso aconteceu mais tarde[379]. E dentre os eginetas, os ricos se revoltaram contra o povo deles, ao mesmo tempo contra Nicódromo, e os venceram, e em seguida, colocaram-nos sob o seu poder, levaram-nos embora e os mataram. A partir de então, também eles cometeram uma profanação, que não eram capazes de expiar com sacrifícios, ainda que tivessem tentado vários artifícios, mas se anteciparam em expulsá-los da ilha[380] antes que a deusa[381] se tornasse favorável para eles. Pois setecentos do povo foram capturados ainda vivos e levados embora para serem mortos, e um único deles escapou das correntes e fugiu para o vestíbulo[382] de Deméter[383]

---

379. Em 481 a.C., teve fim a guerra entre eginetas e atenienses.

380. Tucídides faz o seguinte relato sobre este episódio ocorrido em 431 a.C.: "Ainda no curso daquele verão os atenienses também expulsaram os eginetas de Egina, juntamente com as mulheres e filhos, acusando-os principalmente de terem sido responsáveis pela guerra na qual estavam envolvidos; além disto, Egina fica perto do Peloponeso e seria evidentemente uma política mais prudente mandar seus próprios colonos ocupá-la. E de fato despacharam os colonos pouco tempo depois para lá. Quanto aos refugiados eginetas, os lacedemônios lhes deram Tireia para habitar e cultivar, movidos não somente pela hostilidade dos eginetas em relação a Atenas, mas também porque os mesmos lhes haviam prestado bons serviços por ocasião do terremoto e da revolta dos hilotas. O território da Tireia está situado na região fronteiriça entre a Argólida e a Lacônia, estendendo-se até o mar. Lá se estabeleceram alguns eginetas, enquanto outros se dispersaram pelo resto da Hélade." (*História da guerra do Peloponeso*, II, 27). In: Tucídides. *História da guerra do Peloponeso*. Tradução de Mário da Gama Kury. *Op. cit.*

381. Trata-se da deusa Deméter.

382. O πρόθυρον (*próthyron*), ou vestíbulo, era a passagem que dava acesso ao templo.

383. Deusa helena relacionada ao culto da terra cultivada; em particular, à cultura do trigo. Também pertence à segunda geração divina, filha de Crono e de Reia. Seu mito comumente aparece ligado ao de sua filha, Perséfone, por quem busca

LIVRO VI - ÉRATO | 131

Tesmófora[384], e agarrou-se às alças das portas e as segurou; e visto que os que o arrastavam não foram capazes de afastá-lo de lá, eles cortaram as suas mãos e os levaram assim mesmo, e aquelas mãos já estão enraizadas nessas alças das portas.

92. Portanto, os eginetas fizeram essas coisas com os seus próprios. E os atenienses chegaram e realizaram a batalha marítima com suas setenta naus, e depois de terem sido derrotados na batalha das naus, chamaram os mesmos de antes, os argivos[385]. Então, também não correram em socorro deles[386], estavam descontentes porque as naus eginetas foram tomadas à força por Cleômenes[387] e se mantiveram no território da Argólida[388] e desembarcaram juntos com os lacedemônios; e também homens desembarcaram vindos das naus dos siciônios[389] nessa mesma invasão[390]. E foi-lhes imposta pelos

---

fervorosamente após esta ter sido raptada por Hades, o deus do mundo ínfero. Para mais detalhes, consultar: *Hino a Deméter*, atribuído a Homero.

384. Θεσμοφόρος (*Thesmophóros*) significa "Legisladora", de onde interpretamos Deméter Legisladora.

385. Heródoto refere-se a este episódio: "Então, os atenienses, depois de ninguém ter se posicionado em batalha contra eles, desembarcaram das naus e voltaram-se em direção às estátuas; e como não foram capazes de arrancá-las dos pedestais, desse modo então as envolveram com cordas para arrastá-las, até que, enquanto as arrastavam, ambas as estátuas fizeram a mesma coisa; por mim, eles não dizem coisas confiáveis, é para outro qualquer; pois essas caíram de joelhos diante deles, e desde esse tempo transcorrido, elas estão assim. Os atenienses de fato fizeram isso, e os eginetas contam isso sobre eles: quando foram informados que os atenienses estavam prestes a realizar uma expedição militar contra eles, alertaram os argivos; e após os atenienses terem desembarcado em Egina, também os argivos se apresentaram para socorrê-los, porque vieram às escondidas de Epidauro e atravessaram em direção à ilha e avançaram contra os atenienses que não estavam prevenidos, que tiveram as cordas das suas naus cortadas, ao mesmo tempo em que aconteceu um trovão e um terremoto para eles." (*Histórias*, V, 86). In: Heródoto. *Histórias. Livro V – Terpsícore. Op. cit.*

386. Consultar os capítulos 78 e 83 deste *Livro VI – Érato*.

387. Consultar o capítulo 73 deste *Livro VI – Érato*.

388. Região localizada na península do Peloponeso.

389. Habitantes de Sícion, cidade localizada a oeste de Corinto, na península do Peloponeso.

390. Consultar o capítulo 76 deste *Livro VI – Érato*.

132 | Histórias

argivos uma multa de mil talentos, quinhentos por cada um. Então os siciônios reconheceram que haviam cometido uma injustiça e concordaram em pagar cem talentos para que ficassem sem multas, enquanto os eginetas estavam presunçosos e não reconheciam nada. De fato, por isso, quando lhes pediram, nenhum dos argivos membros do povo foi lhes socorrer, mas uns mil voluntários; e o estratego Euríbates[391] os comandava, um homem que treinava como atleta de pentatlo[392]. E a maioria deles não retornou para a sua pátria, mas foi morta pelos atenienses em Egina; e o próprio estratego Euribíades entrou em combate singular e matou três homens, mas foi morto pelo quarto, Sófanes[393] de Deceleia[394].

93. E os eginetas, enquanto os atenienses estavam desalinhados, avançaram contra as suas naus, venceram-nos e capturaram deles quatro naus com seus homens.

94. Então, os atenienses tinham uma guerra continuada contra os eginetas, enquanto o Persa[395] fazia o que lhe interessava[396], como seu servo sempre lhe fazia lembrar, os atenienses[397] e os Pisistrátidas

---

391. Estratego do demo ateniense de Deceleia. Em um relato tardio, Pausânias nos informa que Euríbates havia vencido a competição do pentatlon e foi morto pelo estratego Sófanes de Deceleia, quando estava socorrendo os eginetas. (*Descrição da Hélade*, I, 29.5).

392. O πένταθλον (*péntathlon*), ou pentatlo, era uma competição composta por cinco provas, a saber: a corrida, a luta, o pugilato, o salto e o arremesso de disco.

393. Além de ser um notável lutador, também desempenhou a função de estratego ateniense. Sófanes era proveniente do demo de Deceleia, participou da guerra de Atenas contra Egina, em 490 a.C., quando deu fim à vida de Euríbates, outro estratego ateniense do demo de Deceleia. Em 465 a.C., morreu ao tentar colonizar a cidade de Anfípolis, situada na região oriental da Macedônia.

394. Nome de um distrito ou demo de Atenas.

395. Nome dado ao rei Dario.

396. Heródoto retoma seu relato iniciado no capítulo 49 deste *Livro VI – Érato*.

397. Heródoto faz referência a este episódio: "Portanto, Onésilo fazia o cerco de Amatunte quando foi anunciado por um mensageiro a Dario que Sárdis foi capturada e incendiada por atenienses e iônios, e que quem se tornara o comandante dessa união, para que isso fosse tramado, fora o milésio Aristágoras; primeiro

LIVRO VI - ÉRATO | 133

posicionavam-se do seu lado e caluniavam os atenienses[398], e ao mesmo tempo Dario queria com esse pretexto[399] subjugar os habitantes da Hélade que não lhe deram terra e água[400]. Então, como Mardônio havia atuado sem sucesso na expedição[401], Dario o dispensou do posto de estratego e indicou outros estrategos, que enviou

---

conta-se que ele, quando foi informado sobre o ocorrido, não deu nenhum valor ao que foi feito pelos iônios; bem ciente que esses revoltosos não agiriam impunemente, perguntou-lhes quem eram os atenienses, e, depois de ter sido informado sobre eles, pediu o seu arco, pegou-o, colocou uma flecha nele e a lançou para o alto em direção ao céu, e, enquanto ele a lançava no ar, disse: 'Ó Zeus, permita-me que os atenienses paguem por isso', e, assim que disse isso, ordenou a um dos seus servidores, quando ele estivesse sentado no jantar, que a cada momento lhe dissesse três vezes: 'Déspota, lembra-te dos atenienses'." (*Histórias*, V, 105). In: Heródoto. *Histórias. Livro V – Terpsícore. Op. cit.*

398. Heródoto se refere a este episódio: "E depois que Hípias chegou à Ásia vindo da Lacedemônia, ele moveu todo tipo de expediente, caluniou os atenienses para Artafernes e fez de tudo para que os atenienses ficassem sob o domínio dele e de Dario. E, de fato, Hípias fez isso, e quando os atenienses foram informados sobre isso, eles enviaram um mensageiro a Sárdis para que os persas não fossem persuadidos por esses exilados de Atenas. E Artafernes ordenou que eles, se quisessem ser salvos, recebessem Hípias de volta. Então, de fato, os atenienses não aceitaram as ordens apresentadas. Mas, quando eles não receberam suas ordens, os persas formaram a opinião de que eram abertamente seus inimigos." (*Histórias*, V, 96). In: Heródoto. *Histórias. Livro V – Terpsícore. Op. cit.*

399. O pretexto foi a ajuda que atenienses e eritreus prestaram aos iônios revoltosos, conforme lemos neste relato: "E Aristágoras, depois que os atenienses chegaram com suas vinte naus, ao mesmo tempo em que conduziam cinco trirremes dos eritreus, que não realizaram uma expedição militar por um favor aos atenienses, mas pelos milésios, porque retribuíam os que lhes deviam (pois, de fato, os milésios primeiro deram suporte aos eritreus na guerra contra os calcidenses, quando também os sâmios correram em socorro aos calcidenses contra os eritreus), então, depois que os atenienses chegaram e os demais aliados militares se apresentaram, Aristágoras fez uma expedição militar contra Sárdis. Ele mesmo, de fato, não realizou a expedição militar, mas permaneceu em Mileto, e indicou outros como estrategos: o seu irmão Caropino e, dentre os demais cidadãos, Hermofanto." (*Histórias*, V, 99). In: Heródoto. *Histórias. Livro V – Terpsícore. Op. cit.*

400. Consultar o capítulo 49 deste *Livro VI – Érato*.

401. Consultar o capítulo 44 deste *Livro VI – Érato*.

134 | Histórias

a Erétria[402] e a Atenas; eram Dátis[403], que era de origem meda, e Artafernes, filho de Artafernes, que era seu sobrinho; e os enviou com a ordem de que escravizassem Atenas e Erétria, e que trouxessem para sua própria vista os escravizados.

95. E esses estrategos que foram indicados marcharam conforme a ordem do rei e partiram em direção à planície de Aleios[404], uma região da Cilícia; ao mesmo tempo, conduziam um numeroso e bem equipado exército terrestre, e, enquanto montaram seu acampamento militar, a todo o contingente náutico que havia sido designado, cada um deles, veio até eles, e também se apresentaram as naus que transportavam os cavalos, as que no ano anterior, Dario havia pedido antecipadamente aos seus povos tributários[405] que as preparassem. E depois de terem embarcado os cavalos nelas, e também embarcaram o seu contingente terrestre nas naus e navegaram com seiscentas trirremes em direção à Iônia. E

---

402. Cidade helena situada na ilha de Eubeia, local do segundo exílio de Pisístrato. Foi neste local que, segundo Heródoto, Pisístrato articulou seu retorno à tirania ateniense: "Quando soube das ações contrárias a ele, Pisístrato foi embora da região, partindo para Erétria, onde debateu a situação com os filhos. E Hípias venceu o debate, com a opinião de que sua tirania deveria ser reconquistada; nesse momento, levantaram doações das cidades as quais tinham algum débito de gratidão para com eles. E muitas delas proveram-lhes com grande soma de dinheiro, e os tebanos os superaram em doação. Depois disso, para não relatar uma longa história, o tempo passou e todas as coisas já estavam prontas para o retorno, pois também os mercenários argivos vieram do Peloponeso, e um homem náxio veio com eles como voluntário." (*Histórias*, I, 61). In: Heródoto. *Histórias. Livro I – Clio. Op. cit.*

403. Comandante medo que lutou na Batalha de Maratona em 490 a.C.

404. Sobre essa planície, temos o relato de Estrabão, no qual nos informa que, durante sua ida a Isso, local em que travou sua vitoriosa batalha contra Dario II, em 333 a.C., Alexandre, o Grande, havia passado com sua falange atrás da planície de Aleios, onde realizou sacrifícios em honra de Anfíloco, herói fundador de Argos, na região da Etólia, e também da Cilícia. (Estrabão, *Geografia*, XIV, 5, 17). O historiador romano Arriano também narra essa travessia de Alexandre, o Grande, na planície de Aleios, em *Anábase de Alexandre*, II, 5.

405. Consultar o capítulo 48 deste *Livro VI – Érato*.

LIVRO VI - ÉRATO | 135

de lá não seguiram com as naus direto ao longo do continente do Helesponto e da Trácia, mas de Samos, e fizeram sua navegação movimentando-se ao longo de Ícaro[406] e através das ilhas[407], como me parece, porque tinham especial medo de circunavegar o Atos, porque na tentativa anterior atravessaram esse lugar e sofreram um desastre de grandiosa proporção; além disso, porque Naxos[408] não foi capturada antes[409], houve a obrigação deles irem nessa direção.

---

406. Ilha localizada no Mar Egeu, próxima de Samos.

407. Trata-se das ilhas Cíclades que estavam localizadas no Mar Egeu, não muito distante de Atenas, cerca de 130 quilômetros do Pireu, o maior e mais importante porto ateniense do período clássico. Cíclades, que também recebem esse nome por estarem no centro do Mar Egeu e, juntas, mais de 200 ilhas, terem o formato de um círculo; não à toa, seu nome deriva do termo κύκλος (*kýklos*), que significa "círculo".

408. Ilha helena situada no Mar Egeu, compunha o complexo de ilhas chamado Cíclades. A ilha de Naxos estava sob o domínio dos atenienses, conforme Heródoto nos informa neste relato: "Porque os atenienses lhe obedeceram, assim Pisístrato dominou Atenas pela terceira vez e enraizou a tirania com muitos mercenários e com arrecadações de dinheiro, de uns que eram seus partidários de lá mesmo e de outros das imediações do Rio Estrímon; também capturou os filhos dos atenienses, os que não fugiram imediatamente, ele os manteve como reféns e os conduziu para colocá-los em Naxos (pois Pisístrato também havia subjugado a ilha pela guerra e a havia confiado a Lígdamis)." (*Histórias*, I, 64). In: Heródoto. *Histórias. Livro I – Clio. Op. cit.*

409. Heródoto refere-se ao desfecho do episódio em que Aristágoras promete a Artafernes que capturaria a ilha de Naxos: "Portanto, os náxios não esperavam absolutamente por nada disso, que essa expedição militar se movimentasse contra eles; todavia, depois de serem informados disso, imediatamente trouxeram seus pertences dos campos para dentro da muralha, e proveram-se de alimentos e bebidas para quando estivessem cercados; também protegeram sua muralha. E eles também se prepararam para a guerra que se estava próxima de acontecer, e depois eles atravessaram com suas naus de Quios até Naxos, porque os náxios a tinham fortificado, eles a atacaram e fizeram o seu cerco durante quatro meses. E quando os persas partiram após terem gasto o dinheiro que eles tinham, e o que o próprio Aristágoras havia gastado muito além desse valor, e o cerco necessitava de mais, lá construíram muralhas para os exilados náxios e partiram para a planície em más condições. E Aristágoras não pôde cumprir a promessa feita a Artafernes" (*Histórias*, V, 34-35). In: Heródoto. *Histórias. Livro V – Terpsícore. Op. cit.*

136 | Histórias

96. E logo que saíram do alto-mar do Icário, tomaram essa direção e desceram as âncoras em Naxos (pois os persas haviam antes tentado dominá-la por meio da realização de uma expedição militar). Após terem se recordado dos acontecimentos de antes, os náxios partiram em fuga para as montanhas, não ofereceram resistência; e os persas capturaram vários deles, reduziram-nos à escravidão e incendiaram seus templos e a cidade. E depois de terem feito isso, fizeram-se ao mar para avançar sobre as demais ilhas[410].

---

410. Sobre esse episódio, em um relato tardio, Plutarco critica esse registro de Heródoto, como lemos a seguir: "Não se deve admirar se envolve com mordacidade os desafortunados, como quando os que auxiliaram e desafiaram os perigos desloca para o lado dos inimigos e traidores. 'Pois os náxios enviaram três trirremes como aliadas aos bárbaros, e um dos trierarcas, Demócrito, persuadiu outros a escolherem as alas dos gregos'. Dessa maneira, não sabe elogiar sem caluniar, mas, para que um homem seja louvado, precisa-se ouvir mal de uma cidade inteira e de um povo. E testemunha por eles, dentre os mais velhos, Helânico, e, dentre os mais jovens, Éforo; aquele registrou que seis e este que cinco naus vieram socorrer os gregos. E o próprio Heródoto refuta completamente que ele mesmo tenha manipulado isso. Os analistas municipais dos náxios afirmam que primeiro repeliram Megabizo e suas duzentas naus, quando atacou a ilha, e que, por sua vez, expulsaram o estratego Dátis após ele ter incendiado os templos, e que não fizeram mal aos náxios, quando atacaram. E se, como Heródoto afirmou alhures, destruíram sua própria cidade ao incendiá-la e os homens que fugiram para as montanhas foram salvos, sem dúvida, tinham um belo motivo para enviar socorro aos que destruíram sua pátria, mas não para proteger os que defendiam a liberdade comum. Não porque quisesse elogiar Demócrito, mas para envergonhar os náxios que teceu a mentira, e é evidente que tudo omitiu e silenciou sobre o sucesso e a ação virtuosa de Demócrito, que Simônides mostrou com este epigrama: *Demócrito, terceiro que comandou a batalha,/ quando, junto a Salamina, os gregos atacaram os medos no mar./ Cinco naus inimigas capturaram, e uma sexta, dórica,/ em mãos bárbaras, foi salva."* (*Da malícia de Heródoto*, 868F-869C). In: Plutarco. *Da malícia de Heródoto*. Estudo, tradução, introdução e notas de Maria Aparecida de Oliveira Silva. São Paulo: Edusp/Fapesp, 2013.

LIVRO VI - ÉRATO | 137

97. E enquanto eles faziam isso, os próprios délios também estavam abandonando Delos[411]; partiam em fuga para Tenos[412]. E quando a frota estava navegando para a costa, Dátis navegou avançando contra eles e não permitiu que as naus ancorassem em Delos, mas bem longe, em Reneia; e depois de ele ter sido informado onde os délios estavam, enviou-lhe um arauto que lhes anunciou estas palavras: "Homens sagrados[413], por que partistes em fuga, não observaram as conveniências do meu propósito? Pois eu mesmo também sou sensato nisso e foi-me ordenado assim pelo rei: nesse território,

---

411. Uma das menores ilhas helenas que compõem as Cíclades. Tenos servia de passagem para oferendas dos hiperbóreos destinadas a Delos, onde havia o santuário de Apolo, episódio assim narrado por Heródoto: "os délios contam muitas coisas a respeito dos hiperbóreos, afirmando que algumas oferendas sagradas são envolvidas em palha de trigo para serem levadas para a Cítia, e da Cítia já as recebem continuamente dos povos vizinhos, passam por cada um deles, vão com elas até o mar Adriático em direção ao poente, e de lá são levadas em direção ao sul e os primeiros dentre os helenos que as recebem são os dodoneus, e depois deles, descem até o golfo Maleia e atravessam a Eubeia, e vão de cidade em cidade até Caristo, e de lá, deixam Andros para trás; pois os carístios são os que as acompanham até Tenos, e de Tenos para Delos. Então, eles contam que essas oferendas sagradas chegam assim a Delos, e primeiro os hiperbóreos enviam as duas virgens que carregam as oferendas sagradas, as quais os délios chamam Hipéroque e Laódice; e ao mesmo tempo, por motivo de segurança delas, os hiperbóreos enviam cinco varões dentre os cidadãos como sua escolta, esses são os que agora são chamados Perferes, que recebem grandes honras em Delos; e visto que homens que haviam sido enviados não retornavam para a sua terra natal, os hiperbóreos olhavam como circunstâncias ruins e os que eles sempre enviavam não retornavam, assim então os hiperbóreos traziam as oferendas sagradas envolvidas em palha de trigo até as suas fronteiras, e tendo isso em grande conta, pedem aos vizinhos que eles as levem até o outro povo. E eles contam que assim são levadas essas oferendas para Delos." (*Histórias*, IV, 33). In: Heródoto. *Histórias. Livro IV – Melpômene. Op. cit.*

412. Ilha que compõe as Cíclades, localizada no Mar Egeu, próxima ao litoral da região da Tessália.

413. A ilha de Delos era considerada sagrada por ter sido a terra natal do deus Apolo, assim os cidadãos délios também eram considerados sagrados, por serem os guardiões do santuário de Apolo.

138 | Histórias

nasceram os dois[414] deuses[415], para que não a prejudicasse em nada, nem o seu próprio território nem os seus habitantes. Portanto, retornai agora para as vossas casas e ocupai a ilha.". E essas foram as palavras pronunciadas aos délios pelo arauto; e depois disso, amontoou trezentos talentos de incenso sobre o altar e os queimou.

98. Dátis, após fazer isso, navegou junto com seu exército contra Erétria primeiro, ao mesmo tempo em que conduzia iônios e eólios. E, depois disso, zarpou de lá porque Delos havia sofrido um abalo, como diziam os délios, que até os meus dias havia sido o primeiro e último abalo sísmico ocorrido ali[416]. E o deus disse, com

---

414. Trata-se dos deuses gêmeos Apolo e Ártemis; este foi o primeiro a nascer, em uma situação delicada, pois Leto sofria a implacável perseguição da deusa Hera, como lemos no *Hino homérico a Apolo:* "Acaso cantar-te-ei dizendo primeiro como Leto te pariu, para alegria/ dos mortais, ao deitar-se na montanha Cíntia da ilha rochosa,/ em Delos banhada ao redor – onde de cada lado uma onda negra/ lançava-se para a terra aos sopros harmoniosos dos ventos – [...] em todas, Leto, parturejando o Arqueiro, suplicou/ se alguém, dentre os da terra, queria aceitar em casa seu filho./ Elas tremiam e receavam muito, nenhuma se comprometia em/ receber Febo Apolo, por mais opulenta que fosse,/ até que a soberana Leto chegasse a Delos,/ e, interrogando-a, dissesse estas palavras aladas:/ Delos, acaso, queres ser a sede de meu filho,/ Febo Apolo, e instituir-lhe um opulento templo? [...] se tiveres um templo do arqueiro Apolo,/ todos os homens, aqui se reunindo, trarão hecatombes,/ e a fumaça imensa sempre irá se levantar da gordura,/ e tu alimentarás teus habitantes pela mão do outro,/ já que não há fertilidade em teu solo." (*H.Hom. 3: A Apolo,* 25-59), tradução de Maria Lúcia G. Massi. In: *Hinos homéricos.* Edição bilíngue. Tradução, notas e estudo de vários tradutores. Edição e organização de Wilson Alves Ribeiro Jr. São Paulo: Editora da Unesp, 2010.

415. Filha de Zeus e de Leto, além de ser a deusa do parto e da caça, Ártemis estava relacionada à Lua por oposição ao seu irmão gêmeo Apolo, que estava associado ao Sol. Assim, ela portava arco e flecha prateado; e ele, dourado. Embora no *Hino homérico a Ártemis,* tenhamos a descrição de suas flechas como sendo douradas, logo no primeiro verso.

416. Afirmação de Heródoto não encontra paralelo em Tucídides, pois este também registra um abalo sísmico ocorrido em Delos antes da Guerra do Peloponeso, e também afirma que este teria sido o primeiro acontecido na ilha, conforme lemos neste relato: "O resto da Hélade estava na expectativa, em vésperas desse choque de cidades mais poderosas. Nas cidades rivais e nas outras só havia presságios e adivinhos cantando seus oráculos. Além disso, ocorrera em Delos pouco antes um terremoto – fato inédito na memória dos helenos – e se via naquele fenômeno um prognóstico dos acontecimentos iminentes. Todos os detalhes desse gênero eram

LIVRO VI - ÉRATO | 139

esse prodígio, os males que iriam acontecer aos homens; pois nas épocas de Dario, filho de Histaspes[417], de Xerxes[418], filho de Dario, e de Artaxerxes[419], filho de Xerxes, por estas três gerações[420] seguidas, mais males aconteceram na Hélade que durante as outras vinte gerações que vieram antes de Dario; uns lhes aconteceram por causa dos persas, enquanto outros por causa de seus próprios chefes que guerreiam pelo poder[421]. Desse modo, não foi nada estranho que

---

registrados com avidez." (*História da guerra do Peloponeso*, II, 8). In: Tucídides. *História da guerra do Peloponeso*. Tradução de Mário da Gama Kury. *Op. cit.*

417. Segundo Heródoto, I, 209: "Histaspes era filho de Arsames, um homem de ascendência aquemênida; Dario era o seu filho mais velho". Consultar: Heródoto. *Histórias. Livro I – Clio. Op. cit.*

418. Filho de Dario I, neto de Ciro, o Grande, 518-465 a.C.

419. Sobre Artaxerxes, dispomos do relato de Xenofonte que, em sua obra *Anábase*, narra a guerra travada entre Ciro e seu irmão Artaxerxes pelo reinado da Pérsia; em que o exército de Ciro formou-se depois da contratação de dez mil mercenários helenos que lutaram com ele na guerra para destituir seu irmão Artaxerxes do trono persa, conflito datado de 401 a 399 a.C., quando Ciro é morto na batalha travada na Babilônia.

420. Sobre as contas feitas por Heródoto sobre a duração temporal das gerações, temos o seguinte raciocínio: "Até este ponto do meu relato, foram os egípcios e os seus sacerdotes que contaram, mostrando que, desde o primeiro rei até esse sacerdote de Hefesto, o último que reinou, foram geradas trezentas e quarenta gerações de homens, e que nelas existem chefes dos sacerdotes e cada um dos reis que nasceram. Todavia, trezentas gerações de homens preenchem mil anos; porque as três gerações de homens são cem anos; e dessas gerações restantes são ainda mil trezentos e quarenta anos, as quais completam trezentas gerações, que são onze mil e trezentos e quarenta anos. Desse modo, os sacerdotes dizem que, durante esses onze mil e trezentos e quarenta anos, não existiu nenhum deus que tivesse a forma de um homem." (*Histórias*, II, 142). In: Heródoto. *Histórias. Livro II – Euterpe. Op. cit.*

421. Heródoto se refere ao embate que houve entre atenienses e espartanos em 561 a.C., fato assim narrado por Tucídides: "Entretanto, os lacedemônios, como se arrastasse a guerra contra os de Itome, chamaram outros povos como aliados e, entre eles, os atenienses; estes vieram, sob o comando de Cimão, em uma tropa não pequena. Convocaram-nos sobretudo porque tinham fama de hábeis no assédio a muros, mas, como o cerco também para eles se prolongava, os atenienses pareciam estar aquém dessa fama pois, caso contrário, teriam tomado de assalto a região. E, por causa dessa campanha, pela primeira vez uma divergência entre lacedemônios e atenienses surgiu abertamente." (*História da Guerra do Peloponeso*, I, CII). In:

140 | Histórias

Delos tivesse sofrido um abalo, mesmo sendo antes inabalável. E no oráculo estava escrito o seguinte a respeito disso:

Abalarei também Delos, mesmo sendo inabalável.

E esses nomes na língua da Hélade significam: Dario, "Realizador"[422], Xerxes, "Guerreiro"[423], Artaxerxes, "Grande guerreiro". Então esses reis, desse modo, conforme a sua língua, os helenos estariam corretamente nomeando-os.

99. E os bárbaros, quando partiram de Delos, foram ancorar nas ilhas, e reuniram de lá um exército e capturaram os filhos dos ilhéus como reféns. E quando navegaram em torno das ilhas[424], desceram as âncoras em Caristo[425] (pois os carístios não se entregavam como

---

Tucídides, *História da Guerra do Peloponeso. Livro I.* Tradução de Anna Lia Amaral de Almeida Prado. *Op. cit.*

422. O termo ἐρξίης (*erksíes*) também significa "Ativo" ou "Poderoso".

423. E ἀρήιος (*aréios*) também poder ser "Belicoso" ou "Inspirado por Ares".

424. Trata-se das ilhas Cícladas.

425. Um vilarejo situado ao sul da ilha da Eubeia, que servia de passagem para as oferendas destinadas ao santuário de Delos, rota que Heródoto assim descreveu: "E os délios contam muitas coisas a respeito dos hiperbóreos, afirmando que algumas oferendas sagradas são envolvidas em palha de trigo para serem levadas para a Cítia, e da Cítia já as recebem continuamente dos povos vizinhos, passam por cada um deles, vão com elas até o mar Adriático em direção ao poente, e de lá são levadas em direção ao sul e os primeiros dentre os helenos que as recebem são os dodoneus, e depois deles, descem até o golfo Maleia e atravessam a Eubeia, e vão de cidade em cidade até Caristo, e de lá, deixam Andros para trás; pois os carístios são os que as acompanham até Tenos, e de Tenos para Delos. Então, eles contam que essas oferendas sagradas chegam assim a Delos, e primeiro os hiperbóreos enviam as duas virgens que carregam as oferendas sagradas, as quais os délios chamam Hipéroque e Laódice; e ao mesmo tempo, por motivo de segurança delas, os hiperbóreos enviam cinco varões dentre os cidadãos como sua escolta, esses são os que agora são chamados Perferes, que recebem grandes honras em Delos; e visto que homens que haviam sido enviados não retornavam para a sua terra natal, os hiperbóreos olhavam como circunstancias ruins e os que eles sempre enviavam não retornavam, assim então os hiperbóreos traziam as oferendas sagradas envolvidas em palha de trigo até as suas fronteiras, e tendo isso em grande conta, pedem aos vizinhos que eles as levem até o outro povo. E

LIVRO VI - ÉRATO | 141

reféns e diziam que não iriam realizar uma expedição militar contra as cidades vizinhas, falavam de Erétria e Atenas); nesse momento, os persas os cercaram e saquearam o território deles, até o ponto em que os carístios se posicionaram alinhados ao pensamento dos persas.

100. E os erétrios, após terem sido informados que a frota persa navegava contra eles, pediram aos atenienses que viessem em seu socorro. E os atenienses não lhes recusaram a ajuda, ao contrário; para defendê-los, deram-lhes quatro mil clerucos[426] que ocupavam o território dos Hipobotes[427] de Cálcis[428]. E a decisão dos erétrios

---

eles contam que assim são levadas essas oferendas para Delos." (*Histórias*, IV, 33). In: Heródoto. *Histórias. Livro IV – Melpômene. Op. cit.*

426. O κλήρουχος (*klēroukhos*) era um possuidor de um lote de terra destinada por sorteio em uma colônia. Desse modo, ao afirmar que os atenienses deixaram clerucos, Heródoto demonstra o tratamento de colônia que receberam os beócios, o que explica ainda a batalha ter sido tão devastadora, pois havia por trás dela a intenção de ocupar seu território. Então, notamos também que o exército dos atenienses era composto por despossuídos ou mercenários, dado que houve claramente a distribuição de terras como recompensa pela vitória, o que configura uma negociação entre os estrategos e o seu contingente militar.

427. Heródoto grafa οἱ ἱπποβόται (*hoi hyppobótai*) ou os Criadores de Cavalos, que pode ser ainda os Hipobotes, a nossa opção de tradução. Aristóteles tece as seguintes reflexões sobre os ricos e, dentre elas, encontramos a criação de cavalos como uma atividade que os distinguia dos demais: "E as diferenças dentre os notáveis estão na riqueza e grandiosidade das suas propriedades, por exemplo, a criação de cavalos. (Pois isso não é fácil de fazer quando não se é rico; por isso, nos tempos antigos, as cidades tinham seu poder nos cavalos, as oligarquias os tinham com elas; e utilizavam os cavalos nas guerras contra os vizinhos da cidade, como os eritreus, os calcidenses e os magnetes, os da região do Meandro e muitos dentre outros povos da região da Ásia.) Além dessas diferenças conforme a riqueza, existem também as conforme a origem e conforme a virtude, ainda que algo diferente desse tipo tenha sido dito sobre que a aristocracia é uma parte da cidade entre outras; pois, naquele ponto, distinguimos quantas partes eram necessárias ter toda cidade; pois dentre as suas partes, ora todas participam da sua forma de governo, ora uns menos, ora uns mais." (*Política*, 1289b35-1290a5). In: Aristóteles. *Política. Op. cit.*

428. Principal cidade da Eubeia. A iniciativa ateniense é a mesma de quando derrotaram os beócios, conforme lemos neste relato de Heródoto: "Portanto, logo que essa expedição foi dissolvida sem glória, nesse momento os atenienses quiseram se vingar e, em primeiro lugar, conduziram seu exército contra os calcidenses. E os beócios correram em socorro aos calcidenses no Euripo. E os atenienses, no

142 | Histórias

então não foi nada sensata: de um lado, eles mandavam vir os atenienses, e de outro lado, eles refletiam sobre opiniões distintas; pois, dentre eles, uns queriam abandonar a cidade e ir em direção aos cumes[429] da Eubeia[430], mas outros esperavam receber ganhos para si mesmos do Persa e pensavam em preparar uma traição. E ciente dessas duas ideias, Ésquines, filho de Nóton[431], que era um dos primeiros dentre os erétrios, contou aos atenienses que chegaram todos os acontecimentos presentes deles, pediu que eles fossem embora para a sua pátria, a fim de que não perecessem juntos. E os atenienses obedeceram aos conselhos que Ésquines havia lhes dado.

101. E assim eles atravessaram em direção ao Oropo[432] e salvaram a si mesmos; enquanto os persas estavam navegando, e desceram as âncoras nas costas da Erétria, na região de Têmeno, Quéreas e Egília[433], e, depois de ancorados, imediatamente desembarcaram os cavalos nesses territórios e se prepararam para atacar seus inimigos. E os erétrios não tinham vontade de partir contra eles e combatê-los, e na esperança de que, de algum modo, protegeriam as muralhas, eles tinham essa preocupação, visto que venceu a opinião de

---

momento em que viram os socorros, pensaram se colocariam em suas mãos primeiro os beócios ou os calcidenses; e então, os atenienses avançaram contra os beócios e em muito os dominaram, assassinaram a grande maioria e prenderam setecentos vivos. E por esse mesmo dia, os atenienses atravessaram a Eubeia e avançaram também contra os calcidenses, também os venceram, e ainda deixaram quatro mil clerucos no território dos Hipobotes; e os Hipobotes eram chamados de os ricos dentre os calcidenses. E quantos deles foram aprisionados vivos, junto com os beócios que também foram aprisionados vivos, eles foram acorrentados em grilhões e os atenienses os tinham em vigilância; e com o tempo, eles os libertaram em troca de um resgate de duas minas." (*Histórias*, V, 77). In: Heródoto. *Histórias. Livro V – Terpsícore. Op. cit.*

429. Monte Olimpo e Monte Dírfis.

430. Ilha helena situada no Mar Egeu, cuja cidade principal é Cálcis.

431. Não dispomos de mais informações sobre essas personagens.

432. Cidade da Eubeia, fundada pelos eritreus em 672 a.C.

433. Nomes de distritos ou povoados da Eritreia. Para mais detalhes, consultar o relato de Estrabão: *Geografia*, X, I, 10.

LIVRO VI - ÉRATO | 143

não abandonar a cidade. E aconteceu um forte ataque à muralha e por seis dias, muitos de ambos os lados tombaram; e no sétimo dia, Euforbo, filho de Alcímaco, e Fílagro, filho de Cíneas[434], homens notáveis dentre os cidadãos, entregaram-na aos persas. E eles entraram na cidade e depois disso, saquearam e incendiaram seus templos por vingança pelos incêndios que provocaram nos templos de Sárdis[435], e em seguida, escravizaram os homens, conforme as ordens de Dario[436].

102. E, depois de eles terem Erétria em suas mãos, descansaram durante uns poucos dias e navegaram em direção à terra ática, e estavam muito ávidos e pensavam que os atenienses fariam o mesmo que os erétrios fizeram. E, porque Maratona[437] era o território da

---

434. Não dispomos de mais informações sobre essas personagens.

435. Heródoto menciona esse acontecimento no livro anterior, afirmando que: "E Sárdis foi incendiada, e nela também havia um templo a Cíbebe, uma deusa local, fato que os persas usaram como pretexto para mais tarde incendiar os templos que havia na Hélade." (*Histórias*, V, 102). In: Heródoto. *Histórias. Livro V – Terpsícore. Op. cit.*

436. Note-se uma contradição com o seguinte relato: "Sei que os persas praticam os costumes que se seguem, não consideram em seu hábito erigir estátuas, templos e altares, mas sustentam que é uma tolice para quem o faz, como me parece, porque não acreditam que os deuses tenham uma natureza humana, conforme os helenos. Eles acreditam em Zeus, sobem nos pontos mais altos das montanhas para fazer seus sacrifícios, e chamam de Zeus toda a abóboda celeste. Também sacrificam ao Sol, à Lua, à terra, ao fogo, à água e aos ventos. Então, fazem sacrifícios somente para esses desde o princípio e sabem também realizar sacrifícios à Urânia, o que aprenderam com os assírios e os árabes; mas os assírios a chamam Afrodite Milita." (*Histórias*, I, 131). In: Heródoto. *Histórias. Livro I – Clio. Op. cit.* Diante disso, ou Heródoto caiu em contradição, ou se trata de persas descendentes de outras tribos que tinham práticas religiosas distintas, como Heródoto demonstrara no caso dos citas, no *Livro IV – Melpômene.*

437. Cidade da Ática conhecida pela famosa batalha travada entre helenos e persas, vencida pelos primeiros, em 490 a.C., e narrada nos *Livros VI* e *VII* destas *Histórias* de Heródoto.

144 | HISTÓRIAS

Ática mais favorável para se cavalgar e o mais próximo da Erétria, Hípias[438], o filho de Pisístrato[439], conduziu-os para esse local.

103. E os atenienses, depois de terem sido informados sobre esses acontecimentos, eles também partiram em socorro para Maratona. E dez estrategos os conduziam; dentre os dez estava Milcíades[440], de quem o pai, Címon[441], filho de Esteságoras, foi obrigado a partir de Atenas para fugir de Pisístrato, filho de Hipócrates. E enquanto estava fugindo, e aconteceu de triunfar na corrida de quadriga nos Jogos Olímpicos, e essa vitória o fez triunfar do mesmo modo de quando o seu irmão de mesma mãe havia vencido nessa competição[442]. E depois disso, nos Jogos Olímpicos seguintes, ele obteve a vitória com as mesmas éguas, mas ele permitiu que proclamassem a vitória a Pisístrato, porque havia lhe cedido a vitória, fez um acordo para que retornasse a sua pátria. No entanto, por ter triunfado com as mesmas éguas dos Jogos Olímpicos anteriores, foi morto pelos filhos de Pisístrato, quando Pisístrato

---

438. Filho mais velho de Pisístrato, Hípias sucedeu seu pai na tirania. Em 514 a.C., depois do assassinato de seu irmão Hiparco, Hípias tornou-se mais intransigente em suas ações políticas, oprimindo o povo, o que causou a revolta dos cidadãos atenienses. Alguns cidadãos simpatizantes e até mesmo descendentes dos lacedemônios solicitaram a ajuda dos espartanos para depor o tirano. Então, em 510 a.C., eles depuseram Hípias, que se exilou em Sigeu, um promontório localizado na Tróade.

439. Tirano de Atenas, 560-527 a.C. Alcançou a tirania depois de simular uma tentativa de assassinato contra si mesmo, obtendo, assim, uma guarda pessoal com a qual tomou a Acrópole. Em seguida, foi expulso e retornou depois de estabelecer um acordo com Mégacles, sendo novamente expulso. Então, armou-se e venceu Mégacles na Batalha de Palene, reassumindo a tirania e ocupando o poder até morrer. Para mais detalhes sobre a história da tirania de Pisístrato, com suas idas e vindas, ler os capítulos 59 a 64 do *Livro I – Clio*, desta Coleção *Histórias* de Heródoto.

440. Filho de Címon, 550-489 a.C., descendente da aristocracia ateniense. Em 524 a.C., foi enviado ao Quersoneso Trácio pelo tirano ateniense Hípias para demonstrar o poder de Atenas sobre a região, principalmente pelo seu interesse no abastecimento do trigo procedente do Ponto; e em 513 a.C. participou da expedição militar de Dario contra os citas.

441. Pai de Milcíades, comandou a vitória ateniense em Maratona, em 490 a.C. Também era meio-irmão de Milcíades, ver capítulo 38 deste *Livro VI – Érato*.

442. Consultar o capítulo 36 deste *Livro VI – Érato*.

LIVRO VI - ÉRATO | 145

não estava mais vivo[443]; e eles o mataram à noite no Pritaneu por meio de homens que estavam em tocaia. E Címon está enterrado na entrada da cidade, do outro lado do caminho chamado Cele[444]; e diante dele as suas éguas estão enterradas, essas são as que triunfaram três vezes nos Jogos Olímpicos. E também outras éguas já haviam realizado o mesmo feito, as do lacônio Evágoras[445], e excetuando essas, nenhuma outra. Então, o mais velho dos filhos de Címon, Esteságoras, que era criado no Quersoneso, na casa do seu tio paterno Milcíades, enquanto o mais novo morava na casa de Címon em Atenas, que tinha o nome de "o colonizador do Quersoneso"[446], por causa de Milcíades, era Milcíades.

104. Portanto, esse Milcíades chegou do Quersoneso depois de haver escapado duas vezes da morte, e nessa época ocupou o posto de estratego dos atenienses; pois, ao mesmo tempo em que os fenícios o perseguiram até Imbros[447] e se esforçaram muito para capturá-lo e reconduzi-lo ao reino, então ele pensou que já estava salvo porque havia chegado a sua pátria, mas nesse momento os seus inimigos o interceptaram, conduziram-no ao tribunal e o acusaram de exercer a tirania no Quersoneso. E depois de ter fugido também desses, foi recebido pelos atenienses e eleito estratego pelo povo.

105. E, em primeiro lugar, como ainda estavam na cidade, os estrategos enviaram, como arauto, Filípides[448], um homem ateniense e,

---

443. Pisístrato morreu em 527 a.C.

444. Demo situado ao logo do caminho do porto Pireu, que era cercado por muralhas de ambos os lados.

445. Em sua *Descrição da Hélade*, VI, 10.8, Pausânias conta que Evágoras tinha um monumento em sua homenagem em Olímpia.

446. Consultar os capítulos 34 a 40 deste *Livro VI – Érato*.

447. Consultar o capítulo 41 deste *Livro VI – Érato*.

448. Arauto ateniense, século V a.C., citado por Plutarco, *Da malícia de Heródoto*, 862A, Pausânias, *Descrição da Hélade*, I, 28.4 e VIII, 54-56. O nome de Filípides é citado por Aristófanes, mas sofre uma pequena alteração para Fidípides, assim o poeta cômico elabora um trocadilho com o verbo φείδω (*pheídō*) que *significa* "poupar", como uma troça ao fato de ele correr a pé e economizar o cavalo. (Aristófanes, *Nuvens*, 67).

146 | Histórias

além disso, era um hemeródromo[449] e também dedicado a isso. E então, como o próprio Filípides dizia e anunciava aos atenienses, em volta do monte Partênio[450] acima de Tégea, que Pan[451] o encontrou por acaso; e que Pan chamou em voz alta o seu nome, Filípides, e ordenou-lhe que perguntasse aos atenienses por qual motivo não se preocupavam em nada com ele, porque ele era propício aos atenienses e que muitas vezes já havia lhes sido útil, e que ainda o seria no futuro. E quanto a essas palavras, eles, os atenienses, reconheceram o bem que já tinham obtido em seus acontecimentos, e se convenceram de que era verdade e erigiram um templo em honra a Pan na Acrópole[452], e depois de vinda essa mensagem, eles anualmente, com sacrifícios e tochas, tornavam-no propício.

106. E, nesse momento, esse Filípides foi enviado pelos estrategos, quando ele contou que Pan havia aparecido para ele; no segundo dia depois de ter saído da cidade alta dos atenienses, ele estava em Esparta, apresentou-se diante dos magistrados[453] e lhes disse:

---

449. ἡμεροδρόμος (*hēmerodrómos*), ou hemeródromo, era quem recebia as mensagens diárias e tinha a capacidade de percorrer muitos quilômetros por dia.

450. Situado na Argólida, próxima à Arcádia, era o monte que abrigava o templo do deus Pan, conforme nos informa Pausânias, *Descrição da Hélade*, VIII, 54.6, o geógrafo também menciona o episódio sobre o deus ter aparecido a Filípides, mas o detalha no Livro I, 28.

451. Filho de Hermes e de Dríope, Pan é considerado o deus dos pastores e dos rebanhos. Os helenos contam que ele é originário da Arcádia, e representado como uma divindade semi-humana, tem um rosto barbudo, o queixo saliente e a testa com dois chifres; seu corpo é peludo e os membros inferiores são de bode. Os seus atributos mais frequentes são uma siringe (flauta de Pan), um cajado de pastor e uma coroa de pinheiro.

452. Parte mais alta da cidade de Atenas, onde se localizava a ágora, com suas construções públicas e edifícios religiosos, um local de reunião dos cidadãos.

453. Trata-se dos éforos e dos gerontes, pois deliberavam se o rei deveria ou não realizar uma expedição militar, conforme lemos neste relato de Plutarco: "E o que diz Xenofonte que, por ter sido obediente em tudo pela pátria, fortaleceu-se muitíssimo, de modo a fazer o que quisesse, foi do modo que se segue. Naquela época, o principal poder da cidade era dos éforos e dos gerontes, estes mandavam por um ano e os gerontes tinham esse cargo por toda vida, pois foram instituídos no posto para que os reis não pudessem fazer de tudo, como

LIVRO VI - ÉRATO | 147

"Lacedemônios, os atenienses vos pedem que os socorram e que não olhem com indiferença se a cidade mais antiga[454] entre esses helenos cair na escravidão por causa de homens bárbaros; de fato, agora Erétria está escravizada e a Hélade está bastante enfraquecida com a perda dessa notável cidade.". E ele então anunciou-lhes o que lhe havia sido ordenado, e decidiram que socorreriam esses atenienses, mas lhes era impossível fazer isso imediatamente, porque não queriam infringir a lei; pois era o nono dia do mês, e disseram que não realizariam uma expedição militar nesse nono dia[455] porque a Lua ainda não estava cheia[456].

107. Portanto, eles aguardavam a lua cheia, enquanto Hípias, filho de Pisístrato, guiava os bárbaros até Maratona, durante a noite anterior, teve uma visão em sonho que foi a seguinte: Hípias acreditava que havia tido relações sexuais com sua própria mãe. Então, ocorreu-lhe a partir desse sonho que retornaria a Atenas, retomaria o poder e morreria de velhice em sua própria terra. E assim a partir dessa visão, ocorreu-lhe isso, e nesse momento, guiava os escravos

---

já foi escrito nos relatos sobre Licurgo. Por isso também, desde antigamente, os reis logo iniciaram uma disputa por seus direitos hereditários, com rivalidade e cisão. E Agesilau foi pelo caminho contrário, evitava o conflito e o embate com eles, respeitava-os e iniciava qualquer ação depois do apreço deles, e se fosse convocado, dirigia-se até eles o mais rápido possível, em passo acelerado, e quantas vezes ocorreu de estar sentado no trono real e em audiência e se levantava quando os éforos entravam, e dentre os que eram apontados para a Gerusia sempre enviava uma claina e um boi como recompensa para cada um deles. E parecia honrar e exaltar o valor do cargo deles, mas passava despercebido que ele aumentava o seu próprio poder e acrescentava grandeza à realeza por causa da afeição que se tinha por ele." (Plutarco, *Vida de Agesilau*, IV, 1-4), tradução de Maria Aparecida de Oliveira Silva.

454. Os atenienses acreditavam que eram autóctones, conforme lemos neste relato de Tucídides: "A Ática, em todo caso, desde a mais remota Antiguidade, por causa da aridez do solo, não era perturbada por disputas e habitaram-na sempre os mesmos homens." (*História da Guerra do Peloponeso*, I, II, 5). In: Tucídides, *História da Guerra do Peloponeso. Livro I*. Tradução de Anna Lia Amaral de Almeida Prado. *Op. cit.*

455. Entre os dias 7 e 15 do mês cárneo, nesse período os espartanos estavam proibidos de realizar qualquer tipo de expedição militar.

456. Este relato de Heródoto recebe duras críticas de Plutarco em *Da malícia de Heródoto*, 861F-862B.

148 | Histórias

de guerra de Erétria e os desembarcou na ilha dos estireus[457], chamada Egília[458], e depois disso, enquanto as naus desciam guiadas em direção à Maratona, ele as ancorava e quando os bárbaros desembarcavam na terra, ele os alinhava para a batalha. E enquanto ele se ocupava dessas manobras, ocorreu-lhe de espirrar e tossir mais do que estava acostumado; e como ele estava em idade avançada[459], a maioria dos seus dentes balançava; então, um dos seus dentes caiu por ter tossido com força. E esse caiu na areia e ele rapidamente se pôs a procurá-lo muito; mas como ele não encontrou o seu dente, levantou-se e disse aos que estavam ao seu redor: "Esta terra já não é nossa e não podemos colocá-la em nossas mãos; o tanto da parte que compartilho é o meu dente que detém.".

108. De fato, Hípias conclui que essa visão havia se cumprido[460]. E enquanto os atenienses estavam posicionados em um espaço consagrado a Héracles[461], os plateenses chegaram em grande número para socorrê-los; pois os plateenses haviam entregado a si mesmos aos

---

457. Habitantes de Estira, cidade localizada no litoral da Eubeia.

458. Pequena ilha da Eubeia.

459. Em 490 a.C., Hípias tinha por volta de setenta anos. Hípias já protagonizara este episódio há uns cinquenta anos: "Depois de ter retomado a tirania, do modo como relatei, Pisístrato, conforme o acordo feito com Mégacles, desposou a filha de Mégacles. Como ele tinha filhos adolescentes, e diziam que os Alcmeônidas estavam sob o peso de uma maldição, não queria ter filhos da mulher de seu recém-casamento e mantinha relações sexuais fora dos costumes com ela. No início, a mulher escondia isso, depois, quer tenha sido investigada, quer não, contou à mãe, e esta ao marido. E ele sentiu algo terrível por ter sido desonrado por Pisístrato. Pela cólera que tinha, reconsiderou sua inimizade com as facções. Quando soube das ações contrárias a ele, Pisístrato foi embora da região, partindo para Erétria, onde debateu a situação com os filhos. E Hípias venceu o debate, com a opinião de que sua tirania deveria ser reconquistada." (*Histórias*, I, 61). In: Heródoto. *Histórias. Livro I – Clio. Op. cit.*

460. Em um relato tardio, Cícero nos informa que Hípias morreu durante a batalha e que assim sua visão se havia se cumprido (*Cartas a Atico*, IX, 10, 3); outro autor que seguiu o dito por Cícero foi Justino (*Apologias*, II, 9).

461. Estava localizado no caminho em que se partia de Atenas em direção a Maratona, que passava pelo monte Pentélico, conhecido pelo seu mármore, pois com eles os atenienses erigiram o Pártenon, além de outros monumentos e esculturas.

LIVRO VI - ÉRATO | 149

cuidados dos atenienses, pois os atenienses já suportavam frequentes fadigas de combate por eles. E eles se entregaram do modo que se segue. Porque foram pressionados pelos tebanos, os plateenses entregaram a si mesmos primeiro aos cuidados de Cleômenes, filho de Anaxândrides, e dos lacedemônios que estavam lá por acaso[462]. Mas eles não os acolheram e lhes disseram o seguinte: "Nós habitamos muito longe e o tipo de ajuda que vós teríeis seria insignificante; pois vós muitas vezes estaríeis escravizados antes que nós fossemos informados de algo. E nós vos aconselhamos que entreguem a vós mesmos aos cuidados dos atenienses, porque esses homens estão mais próximos de vós e não são covardes para defendê-los.". Os lacedemônios aconselharam-nos essas ações não tanto por benevolência aos plateenses[463], mas porque queriam que os atenienses tivessem fa-

---

462. Em 519 a.C., a crer no relato de Tucídides, *História da Guerra do Peloponeso*, III, 68.

463. Em um relato posterior, os lacedemônios também são defendidos por Plutarco no evento em que, segundo Heródoto (*Histórias*, VI, 108), os plateenses procuraram seu auxílio, o qual lhes foi negado: No sexto livro, narrando os acontecimentos dos plateenses, quando se entregaram aos cidadãos espartanos, estes somente lhes ordenaram reportarem-se aos atenienses, "que estavam na vizinhança e capacitados para socorrê-los", e isso acrescenta não como hipótese nem opinião, mas como se soubesse com exatidão que "os lacedemônios isso aconselharam aos plateenses não por benevolência tencionavam que os atenienses penassem por estarem engajados com os beócios" (*Da Malícia de Heródoto*, 861D-E). In: Plutarco. *Da malícia de Heródoto*. Tradução de Maria Aparecida de Oliveira Silva. *Op. cit.* Então, vemos que o relato de Heródoto volta-se para explicar os motivos que levaram os plateenses a se posicionarem ao lado dos atenienses. Tucídides igualmente registra o fato narrado por Heródoto neste discurso dos plateenses de defesa aos espartanos: "Quanto aos grandes feitos de antigamente, fomos valorosos para vós, e recentemente nos tornamos inimigos, mas vós sois os responsáveis, pois pedimos uma aliança convosco quando os tebanos nos oprimiam, e vós nos expulsastes e ordenastes que nos voltássemos para os atenienses porque estavam próximos e vós habitáveis muito longe. Nesta guerra, em nada fostes importunados por nós, nem algo sofrestes nem vos preocupastes por nós. Se não queremos nos rebelar contra os atenienses, não cometemos injustiça, pois eles nos socorreram, ao contrário de vós." (*História da Guerra do Peloponeso*, III, 55), tradução de Maria Aparecida de Oliveira Silva. O relato de Tucídides corrobora a afirmação herodotiana de que o rei espartano e os lacedemônios, ou cidadãos espartanos – segundo Plutarco – negaram auxílio aos plateenses e ainda recomendaram que procurassem os atenienses.

150 | Histórias

digas de guerra extenuantes com os beócios[464]. Portanto, os lacedemônios aconselharam essas ações aos plateenses, e eles acreditaram, mas quando os atenienses estavam realizando sacrifícios aos Doze Deuses[465], sentaram-se como suplicantes sobre o seu altar[466] e ofereceram a si mesmo aos seus cuidados. E após terem sido informados sobre esses acontecimentos, os tebanos realizaram uma expedição militar contra os plateenses; e os atenienses correram em seu socorro. E quando eles iam se engajar na batalha, os coríntios não descuidaram; eles estavam presentes por acaso e os contiveram, então foram escolhidos como árbitros por ambas as partes e fizeram um acordo sobre os limites de seu território em que os tebanos permitiam aos beócios que não quisessem pertencer ao grupo dos beócios[467]. Então, depois de terem compreendido a situação, os coríntios foram embora, e enquanto os atenienses estavam partindo, os beócios os atacaram, mas durante esse ataque, foram derrotados na batalha.

---

464. Já no *Livro V – Terpsícore*, Heródoto registra o temor dos lacedemônios diante do crescimento do poderio de Atenas, por isso fomentaram o retorno dos Pisistrátidas, conforme lemos a seguir: "Nesse momento, porque os lacedemônios se apossaram dos oráculos, também viram que os atenienses estavam crescendo e que de modo algum estavam dispostos a obedecê-los; compreenderam que, se o povo ático ficasse livre, se tornaria um povo igual ao deles, mas que, se suportasse a tirania, seria fraco e teria disposição para obedecer suas ordens; e, depois de terem compreendido isso, a totalidade deles mandou buscar Hípias, filho de Pisístrato, de Sigeu, no Helesponto, para onde os Pisistrátidas haviam se refugiado. E visto que Hípias havia sido chamado por eles, ele veio; depois de o terem mandado buscar, eles enviaram mensageiros para os demais aliados de guerra e os cidadãos espartanos lhes disseram as seguintes palavras: 'Homens, aliados de guerra, reconhecemos, em nós mesmos, que não agimos de modo correto; [...] E visto que erramos ao fazer aquelas coisas, agora tentaremos repará-las junto convosco. Pois mandamos buscar este Hípias e vós de suas cidades, por causa disso, a fim de, em comum acordo e em comum expedição, trazê-lo para Atenas e devolvermos o que também lhe tiramos'." (*Histórias*, V, 91). In: Heródoto. *Histórias. Livro V – Terpsícore. Op. cit.*

465. Trata-se de Zeus, Hera, Posídon, Deméter, Apolo, Ártemis, Hefesto, Atena, Ares, Afrodite, Hermes e Héstia.

466. De acordo com Tucídides, o templo foi erigido por um neto de Pisístrato (*História da Guerra do Peloponeso*, VI, 54).

467. Trata-se da Liga Beócia, criada em 387 a.C. por Tebas, que também era a sua líder.

LIVRO VI - ÉRATO | 151

E os atenienses ultrapassaram os limites que os coríntios haviam estabelecido como sendo dos plateenses, depois de ultrapassá-los, e delimitaram essa fronteira do Asopo[468] aos tebanos que estavam em Plateias[469] e Hísias[470]. Então, os plateenses se ofereceram aos cuidados dos atenienses do modo como foi dito, e nesse momento, chegaram em Maratona para socorrê-los.

109. E entre os estrategos dos atenienses, surgiram dois pensamentos diversos: uns não estavam dispostos a atacar (pois eram poucos para atacar o exército dos medos)[471], enquanto outros e também Milcíades propunham atacar. E como estavam divididos em sua decisão e o pior desses pensamentos venceu naquele momento, porque havia o undécimo com direito a voto, o que exercia o cargo de polemarco porque foi escolhido pelos atenienses por meio de sorteio (pois antigamente os atenienses deram o mesmo direito de voto do polemarco para os estrategos), e nesse momento, Calímaco[472] de Afidnas[473] exercia a função de polemarco, foi em sua direção e lhe disse o seguinte: "Em tuas mãos, agora, Calímaco, está ou escravizar Atenas ou mantê-la livre, para deixar sua memória até quando houver a vida humana, do tipo que nem Harmódio nem Aristogíton deixaram[474]. Pois agora chegaram ao seu maior perigo, desde que os atenienses surgiram, se eles se submetessem aos medos, a decisão estava tomada sobre o que sofreriam se se entregassem a Hípias; e se

---

468. Rio que também é um deus de origem incerta, ora é apresentado como sendo filho de Posídon e de Pero, ora como de Zeus e de Eurínome, ora como de Oceano e Tétis. O deus é a personificação do rio Asopo que corre no Peloponeso e na Beócia, por isso também conhecido como deus-rio Asopo.

469. Cidade localizada ao sul da Beócia, a única a lutar.

470. Um demo de Plateias.

471. Note-se que com este episódio Heródoto demonstra que nem sempre era por estratégia militar ou por qualificação de seu exército que o Império Persa alcançava suas conquistas territoriais, mas também que a quantidade de homens que levava para o campo de batalha era determinante para a vitória dos persas.

472. Personagem desse episódio relatado por Heródoto, sendo a nossa única fonte.

473. Um demo ou distrito de Atenas.

474. Ver nota 176 sobre os Pisistrátidas, no capítulo 39.

152 | Histórias

essa cidade se sobressair, poderá se tornar a primeira dentre as cidades helênicas. Portanto, como isso pode se tornar factível, também como a ti incorrerá ter o poder de decidir sobre esses acontecimentos, agora vou dizer. Dentre nós que somos estrategos, em dez, as opiniões estão divididas: uns pedem para que nos juntemos à batalha, outros que não. Então, se não nos juntarmos à batalha, temo que uma importante revolta possa se realizar e derrubar o espírito dos atenienses, de modo que passem a medizar[475]; mas se nos juntarmos à batalha antes que algum dano aconteça entre alguns atenienses, se os deuses nos derem condições iguais, somos capazes de nos sobressair no ataque. Portanto, isso tudo agora tende para ti e de ti depende; pois se tu fores favorável à minha opinião, a tua pátria terá a liberdade e tua cidade será a primeira dentre as que existem na Hélade; mas se escolheres a opinião dos que o desaconselham, será o início do contrário dos bens que enumerei para ti.".

110. Ao dizer essas palavras, Milcíades conciliou-se com Calímaco; e porque a opinião do polemarco reforçava a dele, foi determinado que se juntassem a eles na batalha. E depois disso, os estrategos, dentre os que a opinião sustentava que se juntassem a eles, à medida que cada um deles que ia exercer a pritania[476] no seu dia a cedia a Milcíades; e ele a recebia, mas ainda não se juntou à batalha antes de acontecer a sua pritania.

111. E quando chegou a vez daquele, nesse momento, os atenienses assim se posicionaram para se juntarem a eles: o polemarco Calímaco era quem conduzia a fileira direita; pois o costume que havia então entre os atenienses era assim, o polemarco ficava na fileira da direita. E após esse comandante, estavam em seguida as tribos, que se sucediam umas às outras, conforme sua numeração; e os últimos que se posicionaram, que estavam na fileira esquerda,

---

475. Isto é, tornar-se partidário dos medos.

476. Era realizado um sorteio para determinar a ordem em que os dez prítanes exerceriam suas funções. A pritania tinha a duração de 35 dias para os seis primeiros e de 36 dias para os demais; e quem a recebia exercia o poder máximo em Atenas, controlava o tesouro público, o selo da cidade e os acessos aos arquivos públicos.

LIVRO VI - ÉRATO | 153

foram os plateenses. Pois desde essa batalha entre eles que, quando os atenienses oferecem sacrifícios nas festas nacionais que acontecem a cada quatro anos, o arauto ateniense profere que coisas boas aconteçam, coisas boas ao mesmo tempo para atenienses e plateenses. E, nesse momento, os atenienses posicionados em Maratona estavam de tal modo: a infantaria deles estava na mesma distância que a infantaria dos medos, o seu centro tinha poucas alas, nisso a infantaria tinha o seu ponto mais fraco, enquanto cada uma das fileiras era reforçada com um numeroso contingente.

112. E como eles já estavam alinhados e os presságios lhes eram belos, nesse momento, os atenienses avançaram, foram em corrida contra os bárbaros; o espaço entre as duas forças militares não era menor que oito estádios de distância. E os persas, quando viram que eles avançavam em corrida, prepararam-se para esperar o ataque deles, como se um estado de loucura ou de completa destruição caísse sobre os atenienses, porque viram que eles eram poucos, e que eles atacavam em corrida, sem que tivessem um cavalo nem arqueiros. Então, os bárbaros suspeitavam disso; e os atenienses em seguida foram destemidos e se encontraram em batalha contra os bárbaros, e os combateram de modo digno de relato. Pois foram os primeiros dentre todos os helenos que nós conhecemos que utilizaram a corrida[477] contra os inimigos, e os primeiros que se mantiveram firmes ao ver as vestimentas dos medos e os homens que trajavam essas vestimentas; e até aquele dia, o medo tomava os helenos quando ouviam o nome dos medos.

113. E o combate entre eles em Maratona durou muito tempo. E os bárbaros venceram a parte central da infantaria, com os próprios persas e os sacas[478] alinhados; os bárbaros venceram nesse ponto, romperam a formação e os perseguiram em direção ao interior, mas os atenienses e os plateenses venceram cada uma das fileiras. Depois de os vencerem, permitiram que o grupo derrotado dos bárbaros fugisse, e combateram contra aqueles que romperam o centro de ambas as

---

477. Em contraposição à habitual marcha.

478. Povo de origem cita. Sobre os citas e os seus povos, consultar o *Livro IV – Melpômene*, desta Coleção *Histórias* de Heródoto.

154 | HISTÓRIAS

suas fileiras, e os atenienses venceram. Os persas fugiram e eles seguiram no encalço dos persas e os dizimaram, até que eles chegaram na costa do mar, pediram fogo e tentaram se apossar das naus.

114. E enquanto isso, nessa penosa tarefa, o polemarco Calímaco pereceu, embora tenha sido um homem valente, que matou um dos estrategos, Estesilau[479], filho de Trasilau[480]; e lá mesmo tombou Cinegiro[481], filho de Eufórion[482], que teve sua mão cortada com um machado quando se segurava na ornada popa curvada da nau, e ali também muitos outros atenienses renomados.

115. Então, os atenienses desse modo capturaram sete de suas naus, e com o restante delas, os bárbaros se retiraram do lugar com a ajuda das águas e foram se atracar na ilha em que haviam deixado os escravos capturados na batalha de Erétria e navegaram em torno do Súnio, com a intenção de se anteciparem aos atenienses em sua chegada à cidade alta. E entre os atenienses havia a acusação de que eles tinham decidido isso por conta de um ardil dos Alcmeônidas; pois eles tinham feito um acordo com os persas de que ergueriam um escudo para dar um sinal quando eles já estivessem lá em suas naus.

116. De fato, eles navegaram em torno do Súnio; enquanto os atenienses foram o mais rápido possível a pé para socorrer a cidade alta, e se anteciparam aos bárbaros e chegaram antes que eles viessem, e ergueram um acampamento militar quando vieram do Heracleion[483] de Maratona para o Heracleion de Cinosarges[484]. E

---

479. Não dispomos de mais informações sobre essa personagem.

480. Citado apenas por Heródoto.

481. Sobrinho do tragediógrafo Ésquilo, séc. V a.C.

482. Conhecido por ser irmão de Ésquilo, poeta e guerreiro ateniense.

483. Templo dedicado ao herói Héracles.

484. Cinosarges era um recinto sagrado onde Héracles, em cumprimento aos Doze Trabalhos impostos por Euristeu, teria matado Cérbero, que era o cão de três cabeças do Hades, um dos dois que vigiavam a sua entrada, tanto para controlar quem lá entrava quanto para que ninguém de lá saísse.

LIVRO VI - ÉRATO | 155

os bárbaros passaram ao lado de Faleros[485] (pois esse era naquela época o porto dos atenienses), atracaram suas naus ali e zarparam de volta para a Ásia.

117. Nessa batalha de Maratona, morreram cerca de seis mil e quatrocentos homens bárbaros, e cento e noventa e dois dos atenienses; tantos foram os que tombaram de ambos os lados. E ali aconteceu um fato maravilhoso que foi o seguinte: Epizelo[486], um homem ateniense, filho de Cufágoras[487], quando combatia em meio aos outros e se tornava um homem valoroso, foi privado de seus olhos; não foi ferido em nenhuma parte do seu corpo, nem mesmo atingido, mas, desde essa época, o resto de sua vida ele continuou cego. Eu ouvi dizer que, sobre esse seu sofrimento, ele contava a seguinte história: pareceu-lhe que um homem, um grande hoplita, ergueu-se diante dele, cuja barba cobria todo o escudo, e essa aparição veio para o seu lado, mas matou o que estava posicionado ao seu lado. Então, eu fui informado de que essa era a história que Epizelo contava.

118. E Dátis, enquanto atravessava junto com seu exército em direção a Ásia, quando estava em Míconos[488], ele teve uma visão em sonho. E que tipo de visão foi essa, não se conta; tão logo brilhou o dia, ele fez uma busca nas naus, e encontrou uma imagem dourada de Apolo em uma nau fenícia, e logo buscou saber de onde ela tinha sido pilhada; e depois ter sido informado de qual templo ela era, navegou em sua própria nau em direção a Delos; também (pois os délios retornavam naquele momento para a ilha) e ele depositou a estátua no templo de Délion[489] no território dos tebanos; e este estava situada no mar em frente a Cálcis. Dátis, então, após ter-lhes dados essas ordens, zarpou. Mas os délios não levaram a estátua para

---

485. Importante porto de Atenas que perdeu sua importância para o porto do Pireu, já no período clássico.

486. Heródoto é a nossa única fonte direta sobre essa personagem.

487. Não dispomos de mais informações sobre essa personagem.

488. Uma das ilhas situadas no Mar Egeu, no complexo de ilhas chamadas Cíclades.

489. Templo de Apolo Délio, datado de VIII a.C., também foi o primeiro local onde foi depositado o tesouro da Liga de Delos.

156 | Histórias

lá, mas, passados vinte anos, os próprios tebanos, por conta de um oráculo, trouxeram-na para Délion.

119. Quanto aos erétrios escravizados na guerra, Dátis e Artafernes, assim que atracaram na Ásia, conduziram-nos para Susos. E o rei Dario, antes mesmo de os erétrios terem se tornado prisioneiros de guerra, tinha por eles um terrível ressentimento, porque os erétrios foram os primeiros que começaram a ofensa; quando ele os viu sendo levados a sua presença e que estavam sob suas mãos, ele não lhes fez qualquer tipo de mal, mas os instalou no território de Císsia[490], em uma propriedade dele cujo nome é Arderica, que tem a distância de duzentos e dez estádios de Susos, e a quarenta do poço que tinha três substâncias, o asfalto, sal e azeite, que obtinham do seguinte modo: extrai-se o seu conteúdo com uma bomba d'água, e que está presa a metade de um odre, em vez de um balde; com este retira-se o material e o extrai para, em seguida, derramá-lo em um reservatório; e dele é derramado em outro reservatório, de onde saem três produtos: o asfalto e o sal, que se solidificam imediatamente, e o óleo...[491] os persas chamam *radinace*[492]; que é negro e possui um odor forte[493]. O rei Dario os estabeleceu naquele lugar, e até a minha época, eles habitavam nesse território e preservavam a sua língua antiga.

120. E assim foram os acontecimentos sobre os erétrios. E dois mil lacedemônios chegaram a Atenas depois da lua cheia, que tinham muita pressa em assim chegar, de modo que vieram de Esparta e apareceram no terceiro dia na Ática. E chegaram mais tarde para a batalha, e do mesmo modo desejaram ver os medos; e foram para

---

490. Localizada na região do Golfo Pérsico, sobre esse território, Heródoto nos conta o seguinte: "a terra situada na Císsia, na qual, junto às margens deste rio Coaspes, está situada essa Susos, e lá o Grande Rei vivia, também estavam lá as câmaras subterrâneas dos tesouros das suas riquezas." (*Histórias*, V, 49). In: Heródoto. *Histórias. Livro V – Terpsícore. Op. cit.*

491. Lacuna do manuscrito.

492. Nome persa para petróleo.

493. Este é primeiro registro que dispomos sobre o produto que conhecemos hoje como petróleo, aqui denominado asfalto (ἄσφαλτος/*lásphaltos*).

LIVRO VI - ÉRATO | 157

Maratona e os observaram. Depois disso, eles elogiaram os atenienses e o feito deles, depois retornaram a sua pátria.

121. Tanto fico surpreso como não aceito o relato de que os Alcmeônidas, em concordância com os persas, tenham sinalizado com um escudo, com a intenção de que os atenienses fossem colocados sob o domínio dos bárbaros e de Hípias; os quais, mais que Cálias[494], filho de Fenipo[495] e pai de Hipônico[496], mostravam que odiavam os tiranos. Pois Cálias foi o único dentre todos os atenienses que ousou, quando Pisístrato foi expulso pelos atenienses, comprar seus bens que foram postos a público pelo povo; também tramou intensamente contra ele os planos mais odiosos.

122. [[497] E, por muitas razões, essa recordação que é digna de Cálias cada um deve tê-la. Pois ele, como já foi dito antes, quando foi um homem hábil ao manter a liberdade de sua pátria. E o que ele fez em Olímpia: venceu a prova hípica[498] e foi o segundo na corrida de quadrigas, e antes triunfou nos Jogos Píticos, e se tornou famoso entre todos os helenos por suas grandiosas despesas. E isso mostrou

---

494. Membro de família aristocrática conhecida como Cálias-Hipônico, lutou na Batalha de Maratona, em 490 a.C., com o particular de que ele se vestia como um sacerdote.

495. Não dispomos de mais dados sobre essa personagem.

496. Estratego ateniense da família aristocrata dos Cálias-Hipônico conhecido por sua riqueza.

497. O capítulo 122 é considerado uma interpolação, isto é, um capítulo que foi posto depois na obra herodotiana. É reconhecido pelos estudiosos como um elogio a Cálias, cujo estilo e vocabulário não condizem com a época de sua escrita. Sobre este capítulo, Plutarco afirma: "Registras calúnias contra homens ilustres, as que outra vez refutas; claramente duvidas de ti mesmo. Pois ouviste dizeres a ti mesmo que os Alcmeônidas levantaram um escudo para os bárbaros vencidos em fuga. Na verdade, quando defendes nisso os Alcmeônidas, mostras a ti mesmo um sicofanta. Pois se os Alcmeônidas 'mais ou quanto Cálias, filho de Fenipo e pai de Hipônico, mostram-se contra os tiranos', como lá registras, onde colocarás aquela conspiração deles que registras nos primeiros livros?" (*Da malícia de Heródoto*, 863A-B). In: Plutarco. *Da malícia de Heródoto*. Tradução de Maria Aparecida de Oliveira Silva. *Op. cit.*

498. Em 564 a.C., no 54º Jogos Olímpicos.

158 | Histórias

o tipo de homem que era com suas três filhas; pois quando chegou a idade certa do casamento, deu-lhes o mais esplêndido e conseguiu agradá-las; pois cada uma delas quis escolher o seu marido dentre todos os atenienses, e ele lhes dava em casamento a esse homem.]

123. E os Alcmeônidas, do mesmo modo que ele, ou não menos que ele, odiavam os tiranos. Portanto, espanta-me e não aceito a calúnia de que certamente eles ergueram o escudo, ficaram todo esse tempo exilados pelos tiranos, e por causa do ardil deles, os Pisistrátidas abandonaram a tirania. E, desse modo, eles foram os libertadores de Atenas em muito mais que Harmódio e Aristogíton, como eu avalio; pois eles irritaram o restante dos Pisistrátidas e eles foram os assassinos de Hiparco, mas de modo algum eles pararam esses últimos tiranos, enquanto os Alcmeônidas brilhantemente foram seus libertadores, se de fato eles não fossem verdadeiramente persuadir a Pítia para que sinalizasse aos lacedemônios que deveriam libertar Atenas, como eu já indiquei antes.

124. Mas talvez alguém suporia que eles traíram sua pátria porque se queixavam contra o povo ateniense. Portanto, não havia outros homens mais honrados que eles entre os atenienses, nem mais estimados; desse modo, não é lógico aceitar que foram eles, entre esses homens, que ergueram o escudo por tal argumento. Pois o escudo foi erguido, e não é possível dizer isso de outro modo; isso aconteceu; todavia, quem foi que o ergueu, não posso dizer muito além disso.

125. E os Alcmeônidas eram ilustres entre os atenienses desde a sua origem, e se tornaram mais ilustres a partir de Alcméon[499] e, novamente, depois de Mégacles[500]. Pois o fato é que Alcméon, filho de Mégacles, tornou-se um ajudante dos lídios que, enviados por Creso, tinham chegado de Sárdis para consultar o Oráculo de

---

499. Século VI a.C., o chefe da família das Alcmeônidas, conhecido por seu combate na primeira Guerra Sagrada, em 590 a.C., quando recebeu uma grande quantia de ouro e prata como gratificação do rei lídio.

500. Século V a.C., filho de Hipócrates, chefe dos Alcmeônidas; sua vitória na corrida de quadrigas foi cantada por Píndaro, *Píticas*, VIII. Foi alvo de ostracismo em 487 a.C., durante a Batalha de Maratona, acusado de ser partidário do tirano Hípias.

LIVRO VI - ÉRATO | 159

Delfos, e ele os ajudou com boa vontade; e depois de Creso ter sido informado pelos lídios que os atenienses visitavam os oráculos, ele o mandou vir a sua presença em Sárdis, e quando chegou, ele o presenteou com o ouro que podia carregar em seu corpo de uma vez só. E Alcméon, diante de tamanho presente, inventou e se engajou em tal plano: vestiu um quíton largo e deixou que se formasse uma prega longa, também calçou os coturnos[501] mais largos que encontrou e foi ao lugar do tesouro ao qual lhe conduziram. E ele se lançou em cima de um monte de ouro em pó e primeiro abarrotou as pernas de ouro, o quanto nos coturnos podia caber, depois encheu toda a prega de ouro e espalhou o pó nos cabelos, pela cabeça, e colocou outro tanto na boca e saiu do lugar do tesouro, e arrastava os coturnos com dificuldade, semelhante mais a qualquer coisa que a um homem; a sua boca estava estufada e ele todo túrgido. E após tê-lo visto, Creso veio sorrindo, deu-lhe tudo aquilo e ainda lhe concedeu outros presentes que não eram inferiores àqueles. Desse modo, essa família se enriqueceu enormemente, e esse Alcméon assim pôde criar quatro cavalos e vencer os Jogos Olímpicos.

126. E depois dele, mais tarde, na segunda geração, Clístenes[502], o tirano de Sícion[503], acrescentou importância à família, que se tornou mais renomada entre os helenos que antes. Pois Clístenes, filho de Aristônimo, neto de Míron e bisneto de Andreas[504], tinha uma filha,

---

501. κοθόρνους (*kothórnous*), como grafa Heródoto, está no acusativo masculino plural de κόθορνος (*kóthornos*), que significa literalmente "bota de cano longo", ou "coturno".

502. Avô de Clístenes, conhecido pelas reformas que instituiu em Atenas.

503. Cidade localizada na península do Peloponeso.

504. A genealogia de Heródoto não se assemelha à registrada por Aristóteles, conforme lemos a seguir: "Pois a tirania que mais durou foi a de Sícion, a dos filhos de Ortágoras e a do próprio Ortágoras; que se manteve por cem anos. E a causa disso é que tratavam seus governados com moderação e em muitas coisas estavam submetidos às leis; Clístenes também, por causa de sua característica guerreira, não era desprezível e na maioria das vezes atuava como demagogo em seus cuidados. Portanto, diz-se que Clístenes coroou o juiz que excluiu a sua vitória;" (*Política*, 1315b17-21). In: Aristóteles. *Política. Op. cit.*

160 | Histórias

cujo nome era Agariste[505], e quis encontrar o melhor dentre todos os helenos para dar-lhe em casamento. Então, enquanto aconteciam os Jogos Olímpicos, depois de vencer a corrida de quadrigas, ele anunciou por meio de um arauto que qualquer heleno que se considerava digno de ser seu genro, que viesse no sexagésimo dia, ou também antes, a Sícion, porque ele queria confirmar o casamento deles em um ano, a começar do sexagésimo dia. Naquela ocasião, todos os helenos que estavam orgulhosos de si mesmos e de sua pátria, vinham como pretendentes; Clístenes fez para eles tanto um estádio como uma palestra, esse foi o ponto a que ele chegou.

127. Da Itália[506] veio Esmindírides, um sibarita, filho de Hipócrates, que era um homem que havia alcançado o mais alto grau do luxo[507] (Síbaris estava no seu auge por essa época), e também Damaso de Síris[508], filho de Amírio[509], que era chamado o Sábio; então esses são os que vieram da Itália. E do golfo iônio veio Anfímnesto, filho de Epístrofo[510], um epidâmnio; de fato, esse foi quem chegou do golfo iônio. E um etólio veio, Males[511], que era irmão de Tirtomo[512], esse ilustre Tirtomo ultrapassava os helenos em força e exilou-se dos homens, indo para o extremo do território da Etólia[513]. E do Peloponeso, Fídon[514],

---

505. Não dispomos de mais informações sobre essa personagem.

506. Especificamente da região de Tarento, local em que houve uma intensa colonização dos helenos, especialmente dos espartanos.

507. Ateneu faz referências aos mil cozinheiros que Esmindírides tinha. Consultar: *Deipnosofistas*, 273b e 541b.

508. Cidade localizada na região de Tarento.

509. Conhecido por ter interpretado o oráculo vindo de Delfos que vaticinava o fim de Síbaris, fato que ocorreu em 510 a.C., após dois anos de guerra contra os crotoniatas.

510. Heródoto é a nossa única fonte de informação sobre essa personagem.

511. Não dispomos de mais informações sobre essa personagem.

512. Heródoto é a nossa única fonte de informação sobre essa personagem.

513. Região localizada na Hélade Central, próxima ao Golfo de Corinto.

514. Tirano de Argos de 675 a 655 a.C. Plutarco registra o seguinte episódio sobre este peloponésio: "Um certo Fídon, que aspirava ao poder sobre os

LIVRO VI - ÉRATO | 161

tirano de Argos, e foi esse Fídon quem elaborou os sistemas de pesos e medidas dos peloponésios[515] e que foi o mais insolente de todos os helenos, porque ele retirou os eleus que presidiam os Jogos Olímpicos e ele mesmo passou a comandar em Olímpia, e o filho desse, Amianto,

---

peloponésios, desejava que a cidade dos argivos, a sua pátria, tivesse a hegemonia sobre as restantes; primeiro conspirou contra os coríntios: com o envio de mensageiro, exigiu-lhes mil jovens que se distinguissem em vigor e coragem, e eles lhe enviaram os mil jovens e indicaram Dexandro como seu estratego. E Fídon tinha em mente atacá-los, a fim de que tivesse Corinto mais fraca e tirasse proveito da cidade, pois essa era a fortificação avançada mais conveniente de todo o Peloponeso, e confiou a ação a alguns de seus companheiros. E entre eles estava também Hábron; e porque era hóspede de Dexandro, contou-lhe sobre a conspiração. E assim os fliásios retornaram a salvo a Corinto antes do ataque, e Fídon tentava descobrir quem era o traidor e continuava interrogando com diligência. Por temor, Hábron fugiu para Corinto, pegou sua mulher e servos e ficou em Melisso, uma aldeia do território coríntio; onde também gerou um filho que chamou Melisso, colocou-lhe o nome do lugar. Desse Melisso nasceu um filho chamado Actéon, o mais belo e mais sensato dos de sua idade, do qual muitos se tornaram amantes, de modo especial Árquias, que era da linhagem dos Heráclidas, por ser rico e com destacado poder, era o mais ilustre dos coríntios. Porque não foi capaz de persuadir o jovem, decidiu usar a violência e raptar o rapaz; então, avançou alegremente para a casa de Melisso com um grande número de amigos e servos e tentou levar o jovem. E quando ele colocou contra seu pai e seus amigos, os vizinhos correram para ajudar e puxaram Actéon para o seu lado; porque foi puxado em sentido contrário, o jovem morreu; e assim eles se afastaram. Melisso levou o cadáver do seu filho até a ágora de Corinto e o exibiu em público, pedindo justiça contra os que praticaram tais coisas; e eles não fizeram outra coisa que sentir pena do homem. Malsucedido, retirou-se e aguardou o festival dos Jogos Ístmicos, e após subir até o templo de Posídon, gritou com força contra os Baquíadas e lembrou a beneficência de seu pai, evocou os deuses e se jogou do rochedo. Não muito depois disso, a seca e a peste tomaram a cidade; e quando os coríntios consultaram o oráculo para que se libertassem dessa situação, o deus respondeu que essa era a ira de Posídon e que não seria abrandada até o momento em que punissem alguém pela morte de Actéon. Após ter sido informado sobre isso, Árquias, pois ele próprio era o embaixador, não retornou para Corinto, navegou até a Sicília e fundou Siracusa. E lá se tornou pai de duas filhas, Ortígia e Siracusa, e foi traiçoeiramente assassinado por Télefo, que era o seu favorito, o que navegou um dia com ele para a Sicília comandando uma nau." (*Contos de amor*, 772C-773B). In: Plutarco. *Contos de amor*. Tradução de Maria Aparecida de Oliveira Silva. *Revista Hélade*, v. 4, p. 206-223, 2018.

515. O sistema de pesos e medidas, chamado eginético, criado por Fídon seguiu sendo o utilizado pelos helenos até a época de Sólon, quando este implementou algumas mudanças no sistema anterior.

162 | Histórias

filho de Licurgo[516], um arcádio de Trapezunte[517], e Láfanes, um azânio da cidade de Peu[518], filho de Eufórion[519], que, conforme se conta na Arcádia, recebeu os Dióscoros[520] em sua casa e que, desde então, acolheu todos os homens como hóspedes; também o eleu Onomasto, filho de Ageu[521]; esses vieram desse território do Peloponeso. E de Atenas, vieram Mégacles, filho de Alcméon, que chegou da corte de Creso, e outro, Hipóclides, filho de Tisandro[522], que superava os helenos em riqueza e beleza. E de Erétria, que florescia naquela época, Lisânias; e esse era o único vindo da Eubeia. E da Tessália veio, dos Escopadas[523], Diactóridas de Crânon[524]. E dos molossos, Álcon[525].

128. Tantos foram os pretendentes que surgiram. E quando chegou o dia estabelecido, Clístenes primeiro foi se informar sobre suas pátrias

---

516. Não dispomos de mais informações sobre essas personagens.

517. Localizada no território da Arcádia, na península do Peloponeso.

518. Também situada na Arcádia, na península do Peloponeso.

519. Não dispomos de mais informações sobre essas personagens.

520. Dióscoros, que são os irmãos gêmeos Castor e Polideuces (conhecido também pelo nome latino de Pólux), filhos de Leda, irmãos de Helena e de Clitemnestra. Conforme o mito, os irmãos eram filhos de pais diferentes; Polideuces e Helena eram filhos de Zeus, enquanto Castor e Clitemnestra eram filhos de Tíndaro, o marido mortal de Leda; por essa razão, eram também conhecidos como Tindáridas. No entanto, ambos teriam nascido cada um de um ovo posto por Leda, porque Zeus havia se metamorfoseado em cisne para ter relações sexuais com ela. Os irmãos teriam nascido na mais alta montanha de Esparta, conhecida por Taígeto. Todos eram de origem peloponésia, tal como se acredita que seja a origem de Héracles, herói muito cultuado na região. Segundo o mito, Héracles pertence à linhagem de Perseu e Andrômeda, originários da Argólida, e esta e tida como a verdadeira pátria do herói.

521. Não dispomos de mais informações sobre essas personagens.

522. Heródoto é a nossa única fonte de informação sobre essas duas últimas personagens.

523. Família aristocrata mais importante de Crânon.

524. Cidade da Tessália ocupada pelos pelasgos, considerados povos ancestrais dos helenos.

525. Heródoto é a nossa única fonte de informação sobre essa personagem.

LIVRO VI - ÉRATO | 163

e a linhagem de cada um, e depois disso, ele os reteve ao seu lado durante um ano e colocou à prova o mérito, o humor, a educação e o comportamento deles, e nesse ano foi conversar com cada um deles e também com todos juntos; e dentre eles, os mais jovens foram levados para os exercícios gímnicos, e, o mais importante, colocou-os à prova na refeição comum; pois, durante o tempo em que os reteve com ele, ele fez tudo por eles e ao mesmo tempo hospedou-os[526] magnificamente. E então, provavelmente, dentre os pretendentes, os que lhe agradavam mais eram o que vieram de Atenas, e dentre esses, mais ainda Hipóclides, filho de Tisandro, porque o julgava por seu mérito e porque, por seus antepassados, tinha parentesco com os Cipsélidas[527] de Corinto[528].

---

526. Mais uma vez, percebemos que Heródoto traz um conceito considerado essencialmente da Hélade, como o de hospedagem, grafado em iônio ξεινίη (*xeiníē*). Havia entre os helenos as chamadas regras de hospedagem que compreendiam o máximo de respeito ao homem que o recebesse em sua morada. E Alexandre ou Páris quebrou tais regras, o que era considerado uma ofensa não somente ao humano, mas também a Zeus Xênio, o deus que regia as normas de hospedagem. Tal costume já aparece em Homero, quando Odisseu chega à ilha dos Feácios e é recebido pelo rei Alcínoo. Consultar: *Odisseia*, Cantos VI e VII.

527. Nome da família cujo fundador foi Cípselo, tirano de Corinto, 657-627 a.C. Sobre a gravidez de Labda e a derrocada dos Baquíadas, Heródoto conta: "Pois os coríntios tinham estabelecido na cidade a seguinte: a oligarquia, e esses, que eram chamados Baquíadas, governavam a cidade, e davam suas filhas em casamento e desposavam as mulheres dentre eles mesmos. E naquele momento Anfíon, que era um desses homens, gerou uma filha coxa cujo nome era Labda. Porque nenhum dos Baquíadas queria se casar com ela, teve-a como mulher Etíon, o filho de Equécrates, que era do demo de Petra, mas desde a sua origem era lápita e também era um Cenida. Mas ele não conseguia ter filhos gerados dessa mulher nem de outra; então, foi a Delfos para consultar o oráculo sobre sua descendência. E logo que ele entrou, imediatamente a Pítia proferiu-lhe palavras oraculares com os seguintes versos: 'Etíon, ninguém te honra, embora sejas muito honrado,/ Labda está grávida, mas dará a luz a um bloco de pedra;/ e que cairá nos homens monarcas, e fará justiça a Corinto.' Esse oráculo que foi proferido a Etíon, de algum modo, também foi anunciado aos Baquíadas." (*Histórias*, V, 92). In: Heródoto. *Histórias. Livro V – Terpsícore. Op. cit.*

528. Cidade da Hélade situada na península do Peloponeso, nas proximidades do Golfo de Corinto, que separa a península do Peloponeso da península Ática.

164 | HISTÓRIAS

129. E quando chegou o dia marcado para o banquete de casamento e também a declaração do próprio Clístenes sobre quem seria o escolhido dentre todos, então Clístenes realizou o sacrifício de cem bois[529] e ofereceu um festim aos pretendentes e a todos os siciônios. E assim que saíram do banquete, os pretendentes travaram uma disputa em torno da música e realizaram um debate entre eles em público. E a bebida seguia; Hipóclides, que em muito superava os demais, pediu ao aulista que tocasse uma emelia[530] em seu aulo[531]; logo que o aulista o obedeceu, ele executou sua dança. E como parecia que dançava agradavelmente para si mesmo, Clístenes, enquanto via toda a apresentação, suspeitava dele[532]. Depois disso, fez uma

---

529. Os helenos nomeavam esse ritual de ἑκατόμβη (*hekatómbē*) ou hecatombe, que era o nome dado à oferenda de cem bois.

530. A ἐμμέλεια (*emméleia*), ou emeleia era uma peça de dança grave e cadenciada.

531. O αὐλός (*aulós*), isto é, o aulo, era um instrumento de sopro; segundo os antigos, teria sido Mársias quem o inventou. Mársias é um sileno da Frígia considerado o inventor da flauta de dois tubos, também conhecida como aulo; mas os atenienses contam outra versão, a de que a flauta foi inventada por Atena que, ao ver seu rosto deformado quando a tocava, arremessou o instrumento para longe. Outra versão do mito conta que Hera e Afrodite, ao ver Atena tocando o instrumento, ridicularizaram a deusa por seu aspecto deformado; ciente da situação constrangedora, Atena atira o instrumento do Olimpo com a promessa de que quem o pegasse seria punido. Então, um dia Mársias o encontrou e nesse momento começou a punição de Apolo, deus regente da música, por ter criado a lira. O frígio ficou orgulhoso e pôs-se a tocá-lo com maestria, a ponto de desafiar Apolo para uma competição musical. Após ter sido derrotado, Apolo o desafiou para outra modalidade instrumental, a lira, e Mársias foi então derrotado e pendurado em uma árvore e esfolado. De seu sangue nasceu o rio Mársias. Portanto, tal ação é resultante da nêmesis (νέμεσις/*némesis*), ou "vingança divina". É válido lembrar que entre os helenos há uma deusa homônima, Nêmesis, que é a personificação dessa vingança divina, e se apresenta como deusa do pudor e da justiça distributiva, encarregada de castigar o orgulho ou o excesso de felicidade.

532. A dança era praticada por dançarinos profissionais, que em sua maioria era de origem escrava; a dança também era uma prática recorrente entre as cortesãs. Igualmente é preciso considerar o seguinte registro de Aristóteles: "Pois não deverão ser guiados por nenhum outro instrumento técnico, como a cítara, ainda que seja qualquer outro instrumento desse tipo, mas quantos façam desses bons ouvintes ou da educação musical, ou de qualquer outra parte da educação; além disso, a flauta não é instrumento de caráter ético, mas mais orgiástico, de modo que se deve utilizar nas circunstâncias propícias, do tipo em que nelas o espetáculo é mais capaz de uma

LIVRO VI - ÉRATO | 165

pausa durante um tempo e ordenou que lhe trouxessem uma mesa; e quando a mesa entrou na sala, primeiro ele dançou em cima dela à moda lacônica[533], depois disso, a outra foi à moda ática, e em terceiro lugar, apoiou a cabeça na mesa e realizou movimentos cadenciados com as pernas[534]. Durante a sua primeira e segunda apresentação de dança, Clístenes o odiou violentamente como genro, visto que Hipóclides havia sido despudorado por sua dança, mas conteve a si mesmo, não quis gritar em altos brados com ele; mas quando o viu realizando movimentos cadenciados com as pernas, não pode mais se conter e disse: "Filho de Tisandro, dançando, perdeste as núpcias.". E Hipóclides tomou-lhe a palavra e disse: "Hipóclides não está preocupado."[535].

---

catarse que de uma lição. E observamos antes que acontece o contrário a isso com relação à educação e impedir de utilizar a palavra durante a execução da flauta. Por isso, os antigos bem rejeitaram sua utilidade para os jovens e os homens livres, embora a tivessem utilizado antes." (*Política*, 1341a15-25). In: Aristóteles. *Política. Op. cit*. A flauta é um instrumento associado aos cultos mais antigos, como o de Dioniso, deus do vinho, e o de Cibele, a deusa mãe. Lembremos ainda das iconografias de Pan, uma divindade considerada selvagem, que traz a flauta dupla como atributo.

533. A referência à moda lacônica está no fato de os espartanos serem famosos por seu treinamento e sua força física no pancrácio, uma competição que envolvia luta e pugilato, e ainda mostram sua influência nos Jogos Olímpicos ao introduzir em 632 a.C. o pancrácio entre as modalidades competitivas. Esparta destacou-se sobremaneira nas competições atléticas dos Jogos Olímpicos até o período clássico, como pode ser visto no Catálogo dos Olimpiônicos, recebendo muitos louros. Sobre isso temos ainda o testemunho de Aristóteles: "E, além disso, sabemos que os próprios lacônios, enquanto eles se mantiveram afeitos a atividades penosas, superaram os demais, e agora foram deixados para trás nas competições gímnicas e nas guerras pelos outros; pois não se distinguiam por exercitar seus filhos desse modo, mas por eles somente se exercitarem diante dos que não se exercitam." (*Política*, 1338b25). In: Aristóteles. *Política. Op. cit*. A dança realizada à moda lacônia é mais cadenciada e relacionada ao ritmo militar, daí a sua relação com o pugilato, que é um esporte e ao mesmo tempo um esporte que permite a autodefesa; não por acaso o verbo para as duas ações é o mesmo: χειρονομέω (*kheironoméō*).

534. O verbo χειρονομέω (*kheironoméō*) que utilizamos na acepção de "realizar movimentos cadenciados com os braços", também tem o sentido de "mover os braços para aparar golpes" usado no pugilato; tal movimento é conhecido como quironomia (χειρονομία/*kheironomía*).

535. Literalmente: "Não há preocupação para Hipóclides", também pode ser lida como "Hipóclides não tem preocupação alguma." (Οὐ φροντὶς Ἱπποκλείδῃ.).

166 | HISTÓRIAS

130. A partir de então, essa fala passou a ser usada. E Clístenes mandou fazer silêncio e disse em público estas palavras: "Homens, pretendentes de minha filha, eu teço elogios a todos vós e, se fosse possível, agradaria a todos vós, sem que eu deva escolher um de vós, nem que rejeite os restantes. Mas, como não é possível, porque estou decidindo a sorte de uma única virgem[536], que eu aja conforme vossos propósitos, aos que dentre vós forem excluídos deste casamento dou a cada um, como uma recompensa, a quantia de um talento de prata[537] por ter vindo com a intenção de casar com minha filha e terem se ausentado de sua casa. E dou minha filha Agariste em casamento ao filho de Alcméon, a Mégacles, de acordo com as leis dos atenienses.".[538] E depois de ter dito que se casaria com ela, Mégacles cumpriu o casamento determinado por Clístenes.

---

536. A preocupação de Clístenes não se justifica apenas pelo fato de o marido de sua filha ser seu provável sucessor, mas também se dá pela dependência obrigatória da mulher em relação ao homem, conforme sintetiza tardiamente Plutarco neste registro: "Pois se elas recebem as sementes dos discursos úteis nem partilham sua educação com os seus maridos, elas próprias, conforme elas mesmas, concebem muitas coisas estranhas, vontades e sentimentos insignificantes. E tu, Eurídice, tente especialmente ser íntima dos preceitos dos sábios e dos bons, e sempre saber de cor as suas falas; também quando eras virgem as aprendia conosco, para que sejas prudente com o teu marido, não fique assustada por causa das outras mulheres, do mesmo modo adorna-te com refinamento e notabilidade, sem que nada te falte. Pois as pérolas das mulheres ricas e as vestes de seda da mulher estrangeira não são capazes de tomar nem de os manter sem que comprem por uma grande quantia de dinheiro, mas os adornos de Teano, de Cleobulina, Gorgo, mulher de Leônidas, Timocleia, irmã de Teagenes, Cláudia, a antiga, e Cornélia, filha de Cipião, e quantas se tornaram admiráveis e famosas, e esses dotes são permitidos que ela os use, ficar adornada com eles, viver com boa reputação e feliz." (*Preceitos conjugais*, 145D-F). In: Plutarco. *Preceitos conjugais*. Tradução, introdução e notas de Maria Aparecida de Oliveira Silva. São Paulo: Edipro, 2019.

537. Aproximadamente 26 quilos de prata.

538. O discurso de Clístenes nos remete a um período anterior ao arcontado de Péricles, pois este havia instituído que somente seria considerado cidadão ou cidadã quem fosse filho de pai e mãe cidadãos, conforme lemos neste registro de Aristóteles: "E eles definem o cidadão pela sua origem familiar, que é o nascido de ambos os pais cidadãos, não um apenas de um deles, como o pai ou a mãe; outros também investigam mais gerações, por exemplo dois, três ou mais ancestrais. Assim, porque o definem politicamente e grosso modo, alguns não sabem como será um cidadão esse da terceira ou quarta geração." (*Política*, 1275b20-25). In: Aristóteles. *Política. Op. cit.* Em registro tardio, Plutarco nos conta que: "anos antes Péricles, então no auge do poder e pai, conforme referi, de filhos legítimos, fizera passar uma lei que só

LIVRO VI - ÉRATO | 167

131. Tantos foram os acontecimentos em torno da seleção dos pretendentes, e assim os Alcmeônidas foram celebrados ao longo da Hélade. E desse casamento nasceu Clístenes[539], o que instituiu as tribos e a democracia[540] entre os atenienses[541], com o nome do seu avô materno[542],

---

reconhecia como tais os nascidos de pai e mãe atenienses." (*Vida de Péricles*, XXXVII, 4). In: Plutarco. *Vidas Paralelas. Primeiro Volume. Op. cit.*

539. Político ateniense (565 a.C.-500 a.C.) que efetuou mudanças significativas na organização citadina, de modo a torná-la mais democrática, iniciativas que Aristóteles assim critica: "as disposições que Clístenes implementou entre os atenienses, depois da expulsão dos tiranos; pois protegeu-se muitos estrangeiros e escravos metecos" (*Política*, 1275b35) e que "Clístenes também, por causa de sua característica guerreira, não era desprezível e na maioria das vezes atuava como demagogo em seus cuidados." (*Política*, 1315b15). In: Aristóteles. *Política. Op. cit.*

540. Heródoto traça um panorama social e político da Atenas dessa época no *Livro V – Terpsícore*, capítulos 66 a 69, que assim se inicia: "Atenas, que era grande antes, nesse momento tornou-se ainda maior por ter se livrado dos tiranos. E nela dois homens eram poderosos: Clístenes, um homem alcmeônida, que tem uma notícia que se propaga sobre ele ter subornado a Pítia, e Iságoras, filho de Tisandro, que era de uma família de boa reputação, mas, se desde a sua origem, eu não sei dizer; e os seus descendentes realizavam sacrifícios a Zeus Cário. Esses homens provocaram revoltas pelo poder, e quando estava em desvantagem, Clístenes tomou o povo como seu aliado. Depois disso, porque estavam divididos em quatro tribos, fez a divisão dos atenienses em dez tribos, e retirou os nomes dos filhos de Íon, os de Geleontes, Egicoreus, Argadeus e Hopletes, inventando outros nomes de heróis de habitantes dos territórios vizinhos, exceto Ájax; e isso, porque era vizinho e aliado militar, mesmo sendo um estrangeiro, acrescentou." (*Histórias*, V, 66). In: Heródoto. *Histórias. Livro V – Terpsícore. Op. cit.*

541. E sobre o demagogo, como Aristóteles denomina Clístenes, e a democracia, o filósofo nos explica: "Outro tipo de democracia é aquela em que qualquer um participa das magistraturas somente se for um cidadão, mas a lei é quem governa; mas existe outro tipo de democracia que em outras coisas são iguais a essas, mas em que o povo é soberano, não a lei. E isso acontece quando os decretos são soberanos e não a lei; mas isso ocorre por causa dos demagogos. Pois não existem demagogos nas cidades em que são governadas democraticamente conforme a lei, mas os melhores cidadãos estão nos postos de maior prestígio; mas onde as leis não são soberanas; lá existem os demagogos. Pois o povo se torna o monarca, uma única parte de muitos; pois a maioria é soberana, não cada um em separado, mas todos juntos." (*Política*, 1292a5-10). In: Aristóteles. *Política. Op. cit.*

542. No *Livro V – Terspícore*, Heródoto compara Clístenes ao avô, mostrando com isso a afinidade que havia entre eles, conforme lemos neste relato: "E isso, parece-me, esse Clístenes imitava o seu avô materno Clístenes, o tirano de Sícion. Pois Clístenes, porque estava em guerra contra os argivos, proibiu os rapsodos de participarem de competições poéticas em Sícion por causa dos versos de Homero, porque os argivos e

168 | Histórias

tirano de Sícion; além dele, Mégacles também teve, Hipócrates, que teve outro Mégacles e outra Agariste[543], que tinha o nome de Agariste, a filha de Clístenes, que se casou com Xantipo, filho de Arífron, que enquanto estava grávida, viu um sinal em sonho, parecia-lhe que dava à luz a um leão[544]; e pouco dias depois, ela deu à luz a Péricles[545] para Xantipo[546].

Argos são na maioria das vezes louvados; e isso, porque também existia, e existe, nessa ágora de Sícion, um templo de herói para Adrasto, filho de Tálao, e Clístenes desejou expulsá-lo do território por ser argivo." (*Histórias*, V, 67). In: Heródoto. *Histórias. Livro V – Terpsícore. Op. cit.*

543. Sobre Agariste e sua descendência, Plutarco nos conta que: "Péricles era da tribo acamântida, do demo de Colages, de uma casa e de uma família ilustre tanto pelo lado paterno quanto materno. Xantipo, que vencera em Mícale os generais do Grande Rei, desposara Agariste, neta daquele Clístenes que expulsara os Psistrátidas, abatera corajosamente a tirania e estabelecera uma constituição admiravelmente equilibrada para assegurar a concórdia e a proteção do Estado. Agariste sonhou que paria um leão e alguns dias depois pôs no mundo Péricles, o qual, ainda que bem feito de corpo, tinha a cabeça alongada e inteiramente fora de proporções." (*Vida de Péricles*, III, 1-3). In: Plutarco. *Vidas paralelas*. Tradução de Gilson César Cardoso. *Op. cit.*

544. Em outro episódio, Heródoto mostra que o leão, além de estar associado ao poder, também possuía poder apotropaico, conforme lemos neste relato: "E Sárdis foi capturada da seguinte maneira: depois do décimo quarto dia que Creso havia sido sitiado, Ciro anunciou aos cavaleiros enviados ao seu exército que concederia presentes ao primeiro que subisse a muralha. Depois disso, seu exército fez uma tentativa, que não prosperou; nesse momento, quando os demais pararam de tentar, um homem mardo, cujo nome era Hireades, tentou escalar por um lugar da acrópole no qual nenhum guardião estava posicionado; pois não inspirava temor que por esse lugar seria de algum modo capturado; pois era um precipício e por esse lugar a acrópole era intransponível. Não houve um único lugar por onde Meles, o antigo rei de Sárdis, não tivesse feito passar o seu leão, o que a sua concubina deu à luz, os telmesses predisseram que, se o leão percorresse a muralha, Sárdis seria inexpugnável; e Meles percorreu o restante da muralha, por onde o território da acrópole poderia ser facilmente atacado, mas negligenciou esse lugar, porque era intransponível e também um precipício. [...] subiram e, ininterruptamente, escalaram o lugar, e assim capturaram Sárdis e toda a cidade foi saqueada." (*Histórias*, I, 84). In: Heródoto. *Histórias. Livro I – Clio. Op. cit.*

545. Filho de Xantipo e de Agariste, atingiu o ápice de seu poder entre 440 a.C. e 430 a.C., período em que empreendeu a construção do Pártenon e a reformulação do Conselho do Areópago ao lado de Efialtes, em 457 a.C., quando permitiu aos hoplitas ascenderem aos cargos mais importantes da cidade, o de magistrado inclusive. Péricles também foi um político ateniense conhecido por sua oposição a Címon, morto em 461 a.C., quando ele ocupou o seu lugar.

546. Filho de Árifron, foi arconte em Atenas e lutou contra os persas na batalha de Mícale, 479 a.C.

LIVRO VI - ÉRATO | 169

132. Depois de os ter derrotado em Maratona[547], Milcíades, que era o primeiro em boa reputação junto aos atenienses, nesse momento se engrandecia mais. E pediu setenta naus, um exército e dinheiro aos atenienses, embora não lhes tenha dito contra qual território realizaria a sua expedição militar, contudo lhes disse que se enriqueceriam se o seguissem; pois iriam contra um território que era digno tal ação, de onde trariam com facilidade uma enorme quantidade de ouro; e enquanto dizia tais coisas, pedia as naus. Exaltados com tais palavras, os atenienses entregaram isso para ele.

133. Após receber o contingente militar, Milcíades navegou em direção a Paros[548], com o pretexto de que os pários foram os primeiros que empreenderam realizar uma expedição militar com três trirremes, juntos com o Persa, contra Maratona. Isso era, de fato, um pretexto simulado em seu discurso, mas também tinha um ressentimento profundo pelos pários por causa de Liságoras, filho de Tísias, que era de origem pária, que o caluniou diante do persa Hidarnes[549]. Quando ele chegou navegando lá, Milcíades fez um

---

547. Batalha ocorrida em 490 a.C., quando os atenienses derrotaram os persas em uma disputada batalha das naus atenienses contra as persas.

548. Ilha helena localizada no Mar Egeu, uma das maiores que compõem as chamadas Cíclades. Ilha famosa por ser a terra natal de Arquíloco, poeta heleno do século VII a.C., que, segundo a tradição, era filho de uma escrava e, por limitação econômica, migrou para Tasos, onde foi soldado mercenário e apaixonado por Neobule, filha de Licambes. A poesia iâmbica e seus hinos tornaram Arquíloco famoso, mas deles nos restaram apenas fragmentos. O iambo é uma unidade rítmica do poema, formado por uma sílaba breve e uma longa. O trímetro iâmbico era composto por três tempos formados por uma sílaba longa seguida de uma breve e depois de outra longa. O poeta que mais se destacou na composição de versos iâmbicos foi Arquíloco de Paros, no século VII a.C., no gênero conhecido por poesia iâmbica, que estava associada à origem do culto de Deméter, cuja característica principal estava em seu tom satírico ou sarcástico. Por ter uma sonoridade muito próxima da linguagem cotidiana, o verso iâmbico era utilizado nos diálogos dramáticos.

549. Filho de Hidarnes, que foi um dos que auxiliaram Dario a ascender ao trono, conforme lemos neste relato: "E Otanes recebeu Aspatines e Góbrias, que eram homens importantes dentre os persas e os mais merecedores de sua confiança, e contou-lhes toda a questão. E eles mesmos ainda suspeitavam do modo como Esmérdis tinha morrido, e receberam as palavras que Otanes proferira. E pareceu-lhes que seria bom se cada um deles se associasse a um homem persa, no qual confiasse

170 | HISTÓRIAS

cerco com seu contingente militar aos pários que estavam encurralados dentro da muralha, e enviou um arauto para pedir cem talentos para cada um[550]; disse-lhes que, se não lhes dessem essa quantia, não retiraria seu exército antes de destruí-los. E os pários porque não tinham a intenção de dar prata alguma a Milcíades, maquinaram para que protegessem sua cidade, e tanto inventaram outros expedientes como equiparam para a batalha cada lugar sobretudo da muralha, à noite elevou-a duas vezes mais que a antiga.

134. Até esse ponto do discurso, todos os atenienses contam, e a partir desse ponto, os próprios pários contam que aconteceu deste modo: Milcíades não sabia o que fazer quando uma mulher cativa veio conversar com ele, ela era de origem pária, o seu nome era Timo[551], e que era uma auxiliar da sacerdotisa das Deusas Ctônias. Ela veio até a presença de Milcíades e o aconselhou, se dava muita importância para capturar Paros, que fizesse o que ela

---

mais. Portanto, Otanes trouxe Intafernes, Góbrias trouxe Megabizo e Aspatines trouxe Hidarnes. Quando eles se tornaram seis, chegou em Susos Dario, filho de Histaspes, vindo da Pérsia; pois o seu pai era, de fato, o governador dos persas. Portanto, quando ele chegou, os seis persas julgaram que seria bom se eles se associassem a Dario. E esses sete reuniram-se e deram uns aos outros suas palavras e sua confiança. Quando chegou a vez de Dario revelar seu plano, ele lhes disse as seguintes palavras: '– Eu pensava que era o único que sabia desses acontecimentos, que o mago é quem está reinando e que Esmérdis, filho de Ciro, já está morto; e por causa desse mesmo homem, eu vim aqui com rapidez para que combinemos a morte deste mago. Visto que essa reunião me fez saber que eu não sou o único, mas também vós sabeis do ocorrido, parece-me que vós deveis agir rapidamente e que não reflitais sobre o assunto, pois isso não é o melhor.'." (*Histórias*, III, 70-71). In: Heródoto. *Histórias. Livro III – Talia. Op. cit.* Hidarnes, como Megabizo, tornou-se comandante militar do rei Dario I. No entanto, de uma força militar mais importante: a célebre infantaria conhecida como os *Imortais*.

550. A ilha de Paros obtinha sua riqueza, em grande parte, do seu λίθου Παρίου (*líthou Paríou*), que significa literalmente "pedra pária", como era chamado o mármore pário. Como o próprio nome diz, trata-se de uma pedra retirada da ilha de Paros, que produzia o mármore considerado o melhor de todos, por ser o mais branco, de uma aparência extremamente polida e com um certo grau de transparência. Por sua qualidade, o mármore de Paros era o preferido dos grandes escultores e estava presente nas grandes edificações das cidades da Hélade, em especial no período clássico.

551. Não dispomos de mais informações sobre essa personagem.

LIVRO VI - ÉRATO | 171

lhe aconselhasse. Depois dela ter lhe dado alguns conselhos, ele atravessou...[552] indo para a colina à frente da que estava localizada a cidade, saltou o muro do templo de Deméter[553] Tesmófora[554], como não foi capaz de abrir suas portas, depois de saltar, foi em direção ao mégaron[555] para fazer algo ali dentro, quer mexer em algum objeto dentre os imexíveis quer fazer algo desse tipo; quando se aproximou das portas, de repente, um calafrio sobreveio-lhe e ele retornou pelo mesmo caminho, mas, ao saltar do muro feito de pedras, fraturou sua coxa; outros contam que deslocou o joelho[556].

135. Portanto, Milcíades, porque estava em mau estado de saúde, zarpou de volta, não levava nem o dinheiro para os atenienses nem

---

552. Pequena lacuna do manuscrito.

553. Filha de Crono e de Reia, pertence à geração dos Olímpicos, os episódios míticos que tratam da deusa estão todos relacionados ao plantio e à colheita de cereais. O episódio mítico que mais predomina nos textos é do rapto de Perséfone por Hades, o deus do Hades, ou da Morada dos Mortos.

554. O epíteto Tesmófora (Θεσμοφόρος/ *Thesmophóros*) significa "legisladora" ou "a que carrega a lei", em razão disso, as duas deusas ctônias também são conhecidas como as "legisladoras".

555. O mégaron (μέγαρον/*mégaron*) era a "grande sala" dos templos. Os templos eram construções consideradas as moradas dos deuses, daí abrigarem suas imagens em forma de estátuas. O mégaron era uma construção de origem micênica composta por três partes: a primeira era o pórtico, (πρόδομος/*pródomos*), uma antessala aberta em frente a principal; a segunda era o vestíbulo, (πρόναος/*prónaos*), uma espécie de átrio; a terceira era a sala principal, que recebia o mesmo nome da construção, mégaron, ou naos (habitação de um deus), onde estava localizada a imagem do deus ou da deusa, colocada em um pedestal e com um altar a sua frente. Hexâmetro (ἑξαμέτρος/*examétros*), que significa "seis medidas", era atribuído à Pítia e o dactílico, formado por seis sílabas, leia-se ˘ para uma sílaba breve e - para uma sílaba longa, no seguinte ritmo: - ˘ ˘ - ˘ ˘. Sobre o uso dos versos hexâmetros dactílicos, no tratado *Do oráculo da Pítia*, de Plutarco, séculos I e II d.C., o autor constrói seu diálogo em torno do debate sobre a imperfeição linguística e a métrica de muitos oráculos, permeado pela questão central posta na correlação que se estabelece entre o fim dos vates versificados e a decadência da arte divinatória helena – em particular, do Oráculo de Delfos.

556. O biógrafo romano Cornélio Nepos escreveu uma biografia sobre Milcíades e nela nos informa que ele sofreu vários ferimentos durante a batalha contra os pários e que foi condenado e preso, assim morreu na prisão, provavelmente em consequência de seus ferimentos (*Milcíades*, 7).

172 | Histórias

havia conquistado Paros, mas somente havia feito um cerco de vinte e seis dias e saqueado a ilha. E após os pários terem sido informados de que Timo, a auxiliar de sacerdotisa das deusas, havia instruído Milcíades, eles quiseram se vingar dela em razão de seus atos e enviaram para Delfos mensageiros para consultar o oráculo, porque eles tinham obtido a tranquilidade no cerco; e os enviaram para que perguntassem ao oráculo se deveriam matar a auxiliar de sacerdotisa das Deusas[557], porque havia instruído os inimigos da pátria sobre como eles a capturariam e revelado a Milcíades ritos sagrados que são interditos ao gênero masculino. Mas a Pítia não lhes permitiu; disse-lhes que ela não era a responsável por esses acontecimentos, mas (pois Milcíades não deveria ter um bom fim)[558] ela se revelou para ele como uma guia dos seus males[559].

136. Então, a Pítia proferiu essas palavras oraculares aos pários. E, quando Milcíades retornou de Paros, os atenienses o tinham em suas bocas, também outros, mas sobretudo Xantipo, o filho de Arífron, que o acusou diante do povo e pediu sua condenação à

---

557. A grafia em maiúscula segue o original grego. Como vimos antes, trata-se das deusas Deméter e Perséfone.

558. Segundo Pausânias, a nêmesis divina era fruto da insolência de Milcíades quando matou o arauto de Dario em Atenas, aproximadamente em 491 a.C. (*Descrição da Hélade*, III, 12.7).

559. Neste episódio, notamos que a aparição de Timo é um artifício do próprio deus Apolo para que a sorte de uma personagem seja cumprida. Este é o segundo episódio em que Apolo se manifesta na forma de um humano para cumprir seus desígnios, conforme lemos neste relato: "Pois os metapontinos contam que o próprio Arísteas lhes apareceu no território para ordenar que fosse erigido um altar em honra do deus Apolo e uma estátua colocada ao lado do altar com o nome de Arísteas, o proconésio; pois ele lhes disse que eram os únicos italiotas a cujo território Apolo chegou, e que ele mesmo o seguiu, que agora ele era Arísteas; mas que na ocasião, quando ele seguia o deus, ele era um corvo. Também depois de ter dito isso, ele desapareceu, e os metapontinos contam que eles enviaram um mensageiro a Delfos para perguntar ao deus sobre qual era o sentido da aparição daquele homem. E a Pítia ordenou-lhes que obedecessem à aparição, e eles ficaram convencidos de que isso lhes seria mais proveitoso; e eles receberam este oráculo e cumpriram com suas tarefas. E agora está colocada uma imagem com o nome de Arísteas junto à estátua de Apolo que foi erigida na ágora." (Heródoto, *Histórias*, IV, 15). In: Heródoto. *Histórias. Livro IV – Melpômene. Op. cit.*

LIVRO VI - ÉRATO | 173

pena de morte, porque ele foi a causa do engano dos atenienses. E
o próprio Milcíades, embora presente, não se defendeu (pois era
impossível porque sua coxa estava gangrenando), e ele estava es-
tendido em um leito enquanto seus amigos o defendiam, eles relembravam muitos eventos da ocorrida batalha de Maratona e que
eles capturaram Lemnos[560], quando capturou Lemnos e puniu os
pelasgos, ele a entregou aos atenienses. E o povo tomou o partido
dele e o absolveu da pena de morte, e ele foi multado por seu dano
em cinquenta talentos[561]; depois disso, porque sua coxa infeccionou
e gangrenou, Milcíades morreu[562], e seu filho Címon[563] pagou sua
pena de cinquenta talentos.

137. E Milcíades, filho de Címon, apoderou-se de Lemnos do
modo que se segue. Os pelasgos[564] então foram expulsos da Ática

---

560. Ilha do Mar Egeu. Também é a ilha de *Filoctetes*, de Eurípides, peça em
que o tragediógrafo coloca Filoctetes, um companheiro de Odisseu na Guerra de
Troia, abandonado por ele em razão de uma ferida putrefata que tinha na perna.
Mas Filoctetes havia ficado com as flechas de Héracles e um oráculo havia sido
proferido aos aqueus, nome dado aos helenos, cuja obrigação dos helenos era de
voltar à ilha e recuperar as suas flechas; sem esse feito, os aqueus não tomariam
a cidade de Troia.

561. Cerca de 1,3 kg de prata.

562. Dispomos de três relatos tardios sobre a morte de Milcíades, o primeiro é
de Cornélio Nepos, século II a.C., em que nos conta que Milcíades foi absolvido
da pena de morte, mas que recebeu uma multa em dinheiro de cinquenta talentos,
valor calculado de acordo com as perdas causadas por sua expedição contra Paros,
mas que por não ter tido condições de pagá-la, morreu na prisão (Cornélio
Nepos, *Milcíades*, 7, 6). O segundo relato é de Diodoro Sículo, século I a.C.,
no qual afirma que Címon, filho de Milcíades, quando seu pai morreu na prisão
pública, não pôde pagar toda a multa imposta ao seu pai e teve que assumir
a dívida para que pudesse pegar o seu cadáver e enterrá-lo (Diodoro Sículo,
História da Sicília, 30, 1). Por último, temos o de Plutarco, séculos I e II d.C.,
que nos conta que Milcíades foi condenado a uma multa de cinquenta talentos
e mantido na prisão, com liberdade condicionada ao pagamento da multa, mas
acabou morrendo na prisão (Plutarco, *Vida de Címon*, IV, 2).

563. Filho de Milcíades, 511-449 a.C., importante estratego ateniense, destacou-se
na liderança da Liga de Delos.

564. Πελασγός (*Pelasgos*), ou pelasgo, deu origem aos lacedemônios, conforme lemos neste relato de Heródoto: "Depois disso, preocupou-se com investigar

174 | HISTÓRIAS

pelos atenienses, quer tenha sido justo, quer injusto; pois não posso afirmar isso[565], exceto o que é dito, porque Hecateu[566], filho de Hegesandro[567], em suas *Histórias* afirmou que injustamente. Pois, quando os atenienses viram o território, que estava localizado no sopé do Himesso[568], que lhes deram como recompensa pela

---

sobre quem seriam os mais poderosos dentre os helenos e quais poderiam ser seus amigos. Após investigar, descobriu que os lacedemônios e os atenienses eram os mais proeminentes, aqueles eram da raça dórica e estes da iônica. Pois essas eram as raças mais eminentes, sendo antigamente os lacedemônios da raça pelásgica e os atenienses da helênica." (*Histórias*, I, 56). In: Heródoto. *Histórias. Livro I – Clio. Op. cit.*

565. Convém lembrar que Heródoto afirma no *Livro V – Terpsícore* que: "Portanto, esse Otanes, o que tinha seu assento nesse trono, nesse momento havia se tornado um sucessor de Megabizo no comando militar do exército e capturou os bizantinos e os calcedônios; também capturou Antandro a que fica na terra Tróade, e ainda Lampônio, e depois de ter recebido naus dos lésbios, capturou Lemnos e Imbros, ambas ainda naquele tempo eram habitadas pelos pelasgos." (*Histórias*, V, 26), ou seja, os pelasgos já habitavam a ilha de Lemnos antes do ocorrido, pois Otanes realizou sua expedição militar em 512 a.C.

566. Natural de Mileto, 546-480 a.C., influenciado pelo seu conterrâneo, o filósofo pré-socrático Tales; dedicou-se a fazer viagens pelo mundo antigo a fim de amealhar conhecimentos. Pela natureza variada da temática desenvolvida em seus escritos, Hecateu de Mileto é conhecido como historiador, geógrafo e logógrafo. Heródoto também faz menção a Hecateu no seu segundo livro, contando que: "Anteriormente, quando Hecateu, o logógrafo, esteve em Tebas, e estabeleceu a sua própria genealogia remontando a sua ascendência a um deus até a décima geração, os sacerdotes de Zeus fizeram o mesmo para ele e para mim, porque não havia estabelecido a minha própria genealogia. Depois de terem me levado para o interior do santuário do templo, que era grande, enumeravam e mostravam estátuas colossais de madeira em número equivalente ao dos sacerdotes que me disseram isso; pois cada um dos chefes dos sacerdotes coloca neste mesmo lugar uma estátua sua à época em que ainda está vivo; então, enquanto os sacerdotes estavam enumerando-as e mostrando-as para mim, eles apontavam de quem cada um deles era filho [...] E, quando Hecateu estabeleceu sua própria genealogia e a remeteu até o décimo sexto antepassado a um deus, os sacerdotes não aceitaram a de ele ser de um homem de origem divina e estabeleceram uma genealogia contrária aos seus números." (*Histórias*, II, 143). In: Heródoto. *Histórias. Livro II – Euterpe. Op. cit.*

567. Não dispomos de mais informações sobre essa personagem.

568. Trata-se do monte Himeto, que estava situado a Oeste de Atenas e distante cerca de 7 quilômetros da Acrópole.

Livro VI - Érato | 175

muralha[569] em torno da Acrópole, quando, estou repetindo, os atenienses viram o território bem cultivado, o que antes era ruim e não tinha nenhuma utilidade, tiveram inveja e desejo pela terra, e desse modo, esses atenienses os expulsaram sem que apresentassem qualquer outro pretexto. E, como os próprios atenienses contam, eles os expulsaram justamente; pois os pelasgos estavam estabelecidos ao sopé do Himesso[570] porque dali movimentavam-se para lhes causar os danos que se seguem. Pois suas filhas sempre iam e vinham para buscar água em Eneacruno[571]; pois durante aquela época eles não tinham escravos domésticos, nem os demais helenos; e sempre que elas iam lá, os pelasgos as constrangiam por sua violência e desprezo. Todavia, isso que eles fizeram não foi o suficiente; mas, por fim, também tiveram a inciativa de tramar contra os atenienses, porém foram surpreendidos em flagrante. E tanto os próprios atenienses se mostraram naquelas circunstâncias homens melhores que aqueles, quando na ocasião propícia lhes apareceu para matar os pelasgos, visto que eles tramavam contra eles, não quiseram isso, mas lhes

---

569. Conhecida como Muralha Pelásgica, com cerca de 4 a 6 metros de altura, século XIII a.C., que foi construída com pedras para a proteção de Atenas.

570. Segundo Estrabão, os beócios expulsaram os pelasgos (*Geografia*, IX, 2), calcula-se, em aproximadamente 1.100 a.C.

571. Ἐννεάκρουνος (*Enneákrounos*), ou Eneacruno, significa "A nascente de nove fontes". Tucídides registra que: "De início a cidade era constituída somente da atual Acrópole e, em baixo, a parte que lhe fica ao sul. A prova disto é que na Acrópole e em seu sopé estão os templos da maior parte das divindades (por exemplo, de Zeus Olímpico, de Apolo Pítio, da Terra, de Diônisos Limneus (em cuja honra são celebradas as Dionísias mais antigas no décimo segundo dia do mês Antestérion, costume mantido pelos iônios originários de Atenas). Existem naquela parte da cidade outros templos antigos. Lá se encontra também a fonte atualmente chamada *Das Nove Bocas*, por causa da remodelação feita pelos tiranos, mas antes, quando as fontes eram abertas, chamada *Córrego Belo*; por ser próxima, ela servia para os usos mais importantes, e ainda hoje subsiste o costume de usar a sua água para as cerimônias nupciais e outras finalidades religiosas. Aliás, até hoje a Acrópole é chamada a Cidade pelos atenienses, justamente porque era a única parte habitada de início." (Tucídides, *História da Guerra do Peloponeso*, XV, 2). In: Tucídides. *História da guerra do Peloponeso*. Tradução de Mário da Gama Kury. *Op. cit.* Convém ressaltar que a grafia dos nomes foi mantida conforme o original citado, e que ela não se assemelha à utilizada neste livro por nos pautarmos na obra de Maria Helena Prieto que pode ser consultada nas referências bibliográficas deste *Livro VI – Érato*.

176 | HISTÓRIAS

impuseram sair da sua terra. E desse modo os pelasgos foram embora de seu território, mas se apossaram de outros territórios[572], e dentre eles, de Lemnos. Aqueles primeiros relatos foi Hecateu quem os contou, enquanto os atenienses contam esses últimos.

138. E os próprios pelasgos que naquele momento habitavam em Lemnos, também quiseram se vingar dos atenienses e sabiam bem a respeito das festividades dos atenienses, então conseguiram uns penteconteros[573] e armaram uma emboscada para as mulheres atenienses que celebravam a festa em honra a Ártemis[574] em Bráuron[575], e lá mesmo eles raptaram muitas delas, levaram-nas até Lemnos e

---

572. Em alguns livros anteriores, Heródoto tratou da presença dos pelasgos em outros territórios, como neste registro do *Livro I – Clio*: "Qual a língua que os pelasgos falavam, não posso dizer com exatidão; se é conveniente formar um juízo para afirmar com as que ainda hoje existem dentre os pelasgos, daqueles que habitam acima dos tirrenos, a cidade de Crotona, um dia foram vizinhos aos que hoje chamamos dórios (e nessa época habitavam a região que hoje chamamos Tessaliótide), e dentre os pelasgos que habitam a Plácia e a Cílace no Helesponto, eles foram viver no mesmo território com os atenienses, e as outras pequenas cidades, que eram pelásgicas, depois mudaram de nome, se por essas for conveniente, deve-se dizer que os pelasgos eram falantes de uma língua bárbara. Se então toda essa raça era pelásgica, o povo ático, sendo pelásgico, juntamente com sua mudança para a Hélade também aprendeu a língua." (*Histórias*, I, 57). No *Livro II – Euterpe*: "Pois, à época em que os pelasgos se tornaram habitantes do mesmo território, eles reconheciam os atenienses como helenos, por isso também esses helenos começaram a ser nomeados assim. Quem quer que fosse iniciado nos mistérios dos secretos ritos orgiásticos dos cabeiros, os quais os samotrácios praticam por terem aprendido com os pelasgos, esse homem sabe o que estou dizendo; pois esses pelasgos que primeiro habitaram a Samotrácia, estes, que se tornaram habitantes do mesmo território que os atenienses, e os samotrácios aprenderam os secretos rituais orgiásticos com eles." (*Histórias*, II, 51). E no *Livro V – Terpsícore*: "Lemnos e Imbros, ambas ainda naquele tempo eram habitadas pelos pelasgos." (*Histórias*, V, 26).

573. O πεντηκόντερος (*pentēkónteros*), ou pentecontero, era uma nau de guerra, com cinquenta remos, por isso ligeira e apta a fazer diversas manobras no mar.

574. Filha de Zeus e de Leto; além de ser a deusa do parto e da caça, Ártemis era relacionada à Lua em oposição ao seu irmão gêmeo Apolo, associado ao Sol; assim, ela portava arco e flecha prateado; e ele, dourado.

575. Terreno sagrado localizado na costa leste da Ática. Neste local, também teria passado Orestes quando deixou uma estátua roubada de Ártemis em Táuris. Consultar: Eurípides, *Ifigénia em Táuris*, 1435ss.

LIVRO VI - ÉRATO | 177

as tiveram como concubinas[576]. E como essas mulheres se tornaram mães de muitos filhos, elas ensinavam a língua da Ática e os costumes dos atenienses aos seus filhos[577]. E elas não queriam que seus filhos se misturassem com os filhos das mulheres pelasgas; se um dos seus fosse agredido por um daqueles, todos corriam para socorrê-lo e encorajar uns aos outros; e além disso, os seus filhos se julgavam dignos de comandar as crianças e eram em muito superiores a eles. E os pelasgos compreenderam isso e debateram sobre isso entre eles; e enquanto estavam deliberando, uma sensação terrível tomou conta deles; de fato, se os meninos se distinguiam se ajudando entre si contra os filhos das mulheres legítimas e se tentavam comandá-los logo, o que fariam se então se tornassem adultos. Desde então, eles pensaram em matar as crianças nascidas das mulheres áticas. De fato, eles fizeram isso, e fizeram perecer além deles, as suas mães. E a partir dessa ação e de um

---

576. Ao narrar este fato, Heródoto aproxima os pelasgos dos chamados bárbaros, como vimos no *Livro IV – Melpômene* em que os citas retratam esse imaginário, pois entre eles, as concubinas tinham um lugar de destaque, especialmente as dos reis, conforme lemos neste relato: "E depois, quando colocam o cadáver em uma câmara funerária sobre um leito de folhagem, fincam lanças de um lado e do outro do cadáver, e as prendem com madeiras e em seguida as recobrem com caniços; e no amplo espaço restante da câmara funerária, enterram uma das suas concubinas, o escanção, o cozinheiro, um palafreneiro, um servo, um mensageiro, cavalos, primícias de todos os demais bens e fíales de ouro; e não utilizam nem prata nem ouro; e depois de terem feito isso, todos o cobriam com grandes amontoados de terra, disputavam com empenho fazer o maior monte possível." (Heródoto, *Histórias*, IV, 71). In: Heródoto. *Histórias. Livro IV – Melpômene. Op. cit.* Não por acaso, Heródoto, na sequência desse relato, conta-nos que essas mulheres ensinaram aos seus filhos os costumes áticos; com isso percebemos que nosso autor inclui assim a mulher no processo civilizatório dos bárbaros, por meio de uniões sexuais advindas de raptos, ou de casamentos legítimos.

577. É interessante perceber o papel civilizatório que a mulher grega desempenha entre os povos bárbaros. Antes desse relato, temos o exemplo de uma mulher de origem coríntia que habitava a Ístria, uma colônia de Corinto às margens do rio Istro, que se casou com o rei dos citas, conforme lemos neste relato: "Ariapites reinava sobre os citas e tinha muitos filhos com ele, um deles cita; ele era filho de uma mulher da Ístria, não de uma habitante local; a sua própria mãe lhe ensinou a língua e a escrita da Hélade." (Heródoto, *Histórias*, IV, 78). In: Heródoto. *Histórias. Livro IV – Melpômene. Op. cit.*

costume mais antigo, o que as mulheres fizeram à época de Toante[578], assassinaram os seus maridos[579], passou-se a ter o costume na Hélade de chamar todas as ações cruéis de "lêmnias".

139. E depois de os pelasgos terem assassinado seus filhos e suas mulheres, a terra não produzia colheita, nem suas mulheres nem seus rebanhos, por igual, não geravam como antes. E arruinados pela fome e pela esterilidade[580], enviaram alguns a Delfos para perguntar como se livrariam dos males presentes; e a Pítia ordenou-lhes que punissem os atenienses com as penas que os próprios atenienses julgassem justas. E, de fato, os pelasgos foram a Atenas e anunciaram que queriam puni-los por toda a injustiça cometida. E os atenienses preparam um leito, o mais belo possível, e uma mesa repleta de todas as coisas boas, e os presentes ordenaram que os pelasgos lhes entregassem seu território, que fosse do mesmo modo. E os pelasgos tomaram a palavra e disseram: "Quando, pelo vento norte, uma nau chegar em um dia do vosso território até o nosso, nesse momento, nós o entregaremos.", porque sabiam que isso era

---

578. O mito narrado por Apolodoro conta que a deusa Afrodite havia sido tratada com insolência pelas mulheres de Lemnos, então a nêmesis divina veio em forma de um odor pútrido que exalava dos corpos das mulheres lêmnias. Diante dessa situação, os homens lêmnios não se dispunham a ter relações sexuais com suas mulheres, mas, insatisfeitas com a rejeição dos homens, elas tramaram a morte deles, à exceção do rei Toante. Consultar: Apolodoro, *Biblioteca*, I, 9, 17.

579. O relato de Heródoto nos remete ao das Danaides que integram o mito de Dânao. Apolodoro relata que ele teve cinquenta filhas, conhecidas por Danaides. Sobre elas, há o mito de que Dânao, depois de ter fugido da sua terra natal com suas filhas, para que não fossem mortos por seu irmão e seus filhos, tramou sua vingança contra eles da forma que segue: o seu irmão Egito tinha cinquenta filhos; fingindo uma reaproximação, Dânao ofereceu suas cinquenta filhas aos seus sobrinhos, para que selassem a paz e a união do Egito com Argos. Na noite dos casamentos, Dânao presenteou cada uma de suas filhas com um punhal, os quais foram usados para matar seus maridos na lua de mel; apenas Hipermnestra não cumpriu o combinado, pois havia se apaixonado por Linceu, porque ele demonstrara amor e respeito por ela. (Apolodoro, *Biblioteca*, II, 1, 4-10)

580. O episódio inevitavelmente nos remete ao contado por Sófocles em sua peça *Édipo tirano*, vv. 25-27, quando Édipo é informado sobre a esterilidade dos rebanhos e das mulheres de Tebas.

LIVRO VI - ÉRATO | 179

impossível de acontecer; pois a Ática estava situada muito mais ao sul de Lemnos[581].

140. Tantos foram os acontecimentos relacionados a isso até então. E muitos anos mais tarde depois desses acontecimentos, quando o Quersoneso do Helesponto ficou sob o domínio dos atenienses, Milcíades, filho de Címon, na estação dos ventos etésios[582], percorreu com sua nau de Eleunte, no Quersoneso, até Lemnos, anunciou aos pelasgos que abandonassem a ilha e os fez lembrar do oráculo que eles tinham a esperança de que nenhuma daquelas palavras fosse se cumprir. Então, enquanto os hefestieus lhe obedeceram, os mirieus não reconheceram o Quersoneso como sendo ático; foram sitiados, até que eles também se renderam. Desse modo, tanto Milcíades quanto os atenienses se apossaram de Lemnos.

---

581. A distância entre Atenas e Lemnos era de 240 quilômetros.

582. Heródoto grafa ἐτησιέων ἀνέμων (*etēsiéōn anémōn*), que literalmente significa "dos ventos etésios", ou seja, os ventos que sopram vindos do noroeste do Mar Mediterrâneo durante a estação do verão. Portanto, são ventos que têm uma periodicidade, por isso a expressão também pode ser traduzida como "dos ventos periódicos".

Referências
bibliográficas

Obras de referência

BOISACQ, E. *Dictionnaire etymologique de la langue grecque.* Heidelberg: C. Klinksieck, 1938.

DICIONÁRIO Grego-Português α-δ. Coordenado por Daisi Malhadas, Maria Celeste Consolin Dezotti & Maria Helena de Moura Nevpes. Cotia: Ateliê Editorial, 2006.

DICIONÁRIO Grego-Português ε-ι. Coordenado por Daisi Malhadas, Maria Celeste Consolin Dezotti & Maria Helena de Moura Neves. Cotia: Ateliê Editorial, 2007.

DICIONÁRIO Grego-Português κ-ο. Coordenado por Daisi Malhadas, Maria Celeste Consolin Dezotti & Maria Helena de Moura Neves. Cotia: Ateliê Editorial, 2008.

DICIONÁRIO Grego-Português π-ρ. Coordenado por Daisi Malhadas, Maria Celeste Consolin Dezotti & Maria Helena de Moura Neves. Cotia: Ateliê Editorial, 2009.

DICIONÁRIO Grego-Português σ-ω. Coordenado por Daisi Malhadas, Maria Celeste Consolin Dezotti & Maria Helena de Moura Neves. Cotia: Ateliê Editorial, 2010.

LE GRAND Bailly. Dictionnaire Grec Français. Rédigé avec les concours de E. Egger. Édition revue par L. Séchan & P. Chantraine. Paris: Hachette, 2000.

LIDDELL & SCOTT. *Greek-English Lexicon (with a revised supplement).* Compiled by Henri George Liddell & Robert Scott. Oxford: Clarendon Press, 1996.

ROCCI, Lorenzo. *Vocabolario Greco Italiano.* Trentasenttezima edizione. Roma: Società Editrice Dante Alighieri, 1993.

182 | Histórias

Para a grafia dos nomes e topônimos, consultou-se:

PRIETO, Maria Helena de Teves Costa Ureña; PRIETO, João Maria de Teves Costa Ureña & PENA, Ariel do Nascimento. *Índices de Nomes Próprios Gregos e Latinos.* Lisboa: Fundação Calouste Gulbenkian, 1995.

Para a redação das notas de tradução, foram consultadas as seguintes obras de referência:

BURGUIÈRE, A. *Dicionário das Ciências Históricas.* Trad. Henrique de Araújo Mesquita. Rio de Janeiro: Bertrand Brasil, 1993.

GRIMAL, P. *Dicionário de Mitologia Grega e Romana.* Trad. Victor Jabouille. Rio de Janeiro: Bertrand Brasil, 1993.

HARVEY, P. *Dicionário Oxford de Literatura Clássica.* Trad. Mário da Gama Kury. Rio de Janeiro: Zahar, 1987.

HOWATSON, M. C. *Dizionario delle Letterature Classiche.* Torino: Einaudi, 1993.

LALOUP, J. *Dictionnaire de littérature grecque et latine.* Paris: Editions Universitaires, 1968.

MORKOT, R. *Historical Atlas of Ancient Greece.* London: Penguin, 1996.

PARIS, P. *Lexique des antiquités grecques: ouvrage illustrée de planches et de nombreaux dessins inédits.* Paris: Fontemoing, 1909.

Edições e Traduções

CORNELIUS NEPOS. Translated by John C. Rolf. London/ Massachusetts/Cambridge: William Heinemann/Harvard University Press, 1984.

DIODORUS SICULUS. *Library of History. Vol. VII.* Translated by Charles L. Sherman. Cambridge/Massachusetts/London: Harvard University Press, 2005.

LIVRO VI - ÉRATO | 183

HERODOTUS. *The Persian Wars. Books V-VII.* Translated by Anthony D. Godley. Cambridge/Massachusetts/London: Harvard University Press, 1986.

HOMER. *The Iliad. Vol. I.* Translated by Augustus T. Murray and revised by William F. Wyatt. Cambridge/Massachusetts/London: Harvard University Press, 1999.

HOMER. *The Iliad. Vol. II.* Translated by Augustus T. Murray and revised by William F. Wyatt. Cambridge/Massachusetts/London: Harvard University Press, 1999.

PLUTARCO. *Como distinguir o bajulador do amigo.* Tradução, introdução e notas Maria Aparecida de Oliveira Silva. São Paulo: Edipro, 2015.

PLUTARCO. *Da malícia de Heródoto.* Edição bilíngue. Estudo, tradução e notas de Maria Aparecida de Oliveira Silva. São Paulo: Edusp/Fapesp, 2013.

TUCÍDIDES. *História da Guerra do Peloponeso. Livro I.* Tradução e apresentação de Anna Lia Amaral de Almeida Prado. Texto grego estabelecido por Jacqueline de Romilly. São Paulo: Martins Fontes, 2008.

ARTIGOS E CAPÍTULO DE LIVRO

LURAGHI, Nino. "Meta-*historiē*: Method and Genre in the *Histories*". In: DEWALD, Carolyn & MARINCOLA, John. (eds.). *The Cambridge Companion to Herodotus.* Cambridge: Cambridge University Press, 2006, p. 76-91.

MUNSON, Rosaria V. "Who Are Herodotus' Persians?" *Classical World*, v. 102, n. 4, 2009, p. 457-470.

PEELING, Christopher. Herodotus' Marathon. *Bulletin of the Institute of Classical Studies. Supplement*, 2013, n. 124, MARATHON – 2,500 YEARS, 2013, p. 23-34.

RHODES, P. J. The Battle of Marathon and Modern Scholarship. *Bulletin of the Institute of Classical Studies. Supplement*, 2013, n. 124, MARATHON – 2,500 YEARS, 2013, p. 3-21.

SIERRA MARTÍN, César. Desde la lógica de Herodóto: Milcíades y el asedio de Paros. *L'Antiquité Classique*, 82, 2013, p. 255-261.

Índice onomástico

Acrísio, 89-91
Actéon, 50, 161
Adimanto, 56
Agamedides, 106
Agamêmnon, 94-96, 99, 106
Agariste, 160, 166, 168
Agesilau, 87, 102, 109, 120, 147
Ageto, 97-98
Ageu, 162
Ágidas, 85-87, 109
Ágis, 101-102, 106
Ájax, 69-70, 167
Alceu, 90
Alcibíades, 102
Alcidas, 97
Alcímaco, 143
Alcínoo, 163
Alcmena, 90
Alcméon, 11, 19, 20, 22,
158-159, 162, 166
Alcmeônidas, 8, 19-23, 103,
148, 154, 157-158, 167
Álcon, 162
Alévadas, 109
Alexandre, o Grande, 37, 112, 134
Aliates, 65, 72
Amianto, 161
Amírio, 160
Ámon, 53
Amorges, 34, 54
Anaxandra, 106
Anaxândrides, 85, 94, 98-99, 107, 149
Anaxilau, 57
Andrômeda, 162
Anfiarau, 52-53
Anfímnesto, 160
Anfitrião, 60, 83, 90
Anito, 17
Apolo, 17, 51-52, 54, 60, 68, 92,
96, 101, 103-104, 117, 137-138,
150, 155, 164, 172, 176
Apolo Carneu, 17
Apolo Délio, 155
Apolo Oracular, 118

Apolodoro, 87, 89-90, 178
Apolófanes, 59
Apolônio de Rodes, 67, 124
Aquemênidas, 7, 9
Aquiles, 63, 70, 75, 112
Argia, 87-88
Arífron, 24, 109, 168, 172
Aristágoras, 7, 9, 29-32, 34, 39, 47,
51, 53, 57, 80, 132-133, 135
Arísteas, 96, 172
Aristodemo, 87-89, 106
Aristófanes, 49, 52, 109, 145
Aristógenes de Mileto, 110
Aristogíton, 74, 151, 158
Aristômaco, 87
Aríston, 87, 94-95, 97-100, 102-105, 107
Aristônimo, 159
Aristóteles, 41, 55, 58, 74, 88, 95, 99,
117, 121-123, 141, 159, 164-167
Árquias, 50, 161
Arquidamo, 109
Arquíloco, 169
Artafernes, 8, 9, 14, 26, 30-34,
36, 62, 78, 83, 133-135, 156
Artaxerxes, 15, 139-140
Ártemis, 49, 60, 65, 92, 104,
106, 119, 138, 150, 176
Artozostra, 13, 79
Asopo, 69, 151
Astrábaco, 106-107
Atena Álea, 110
Atena Dendrítis, 96
Atena Polioco, 35
Áulis da Fócida, 110
Autesíon, 87-88

Baquíadas, 69, 161, 163
Bias, 101
Bisaltes de Abdeno, 59
Blepo, 72
Brânquidas, 52-54
Butacides, 73, 106

188 | Histórias

Cálias, 157
Cálias-Hipônico, 157
Calímaco, 18, 151-152, 154
Calímaco de Afidnas, 151
Cambises, 41, 45, 79, 114
Cárites, 119
Carneu, 17
Caronte de Lâmpsaco, 72
Castor, 162
Cibele, 165
Címon, 16, 23, 25, 68, 72, 74-75, 144-145, 168, 173, 179
Cíneas, 143
Cinisca, 109
Cinisco, 109
Cipião, 166
Cipsélidas, 110, 163
Cípselo, 68-70, 163
Ciro, 7, 35, 40-41, 44, 61, 65, 72, 76-77, 79, 85, 119, 139, 168, 170
Cites, 57-59
Cláudia, 166
Cleandro, 121
Cleóbulo, 101
Cleodeu, 87
Cleômbroto, 85
Cleômenes, 83, 85-87, 94, 100-104, 107, 111-115, 117-119, 123-125, 131, 149
Clístenes, 20, 22, 83, 115, 159, 160, 162, 164-168
Clitemnestra, 106, 162
Cneto, 129
Cóbon, 103-104
Codridas, 72
Coes, 47
Cornélia, 166
Cornélio Nepos, 171, 173
Creso, 20, 23, 30, 40, 52-53, 61, 65, 72, 77, 94, 99, 115, 119, 158-159, 162, 168
Crio, 86, 111
Crono, 91, 119, 130, 171
Ctesipo, 106
Cufágoras, 155

Damaso de Síris, 160
Dânae, 89-90
Danaides, 178
Dânao, 178
Dario, 7-9, 13-15, 29-33, 38-40, 45-47, 53-54, 59, 61-63, 66-67, 75-81, 83-84, 86, 108, 123, 132-134, 139-140, 143-144, 156, 169-170, 172
Dátis, 8, 14, 26, 134, 136-138, 155-156
Daurises, 34, 36, 54, 65
Dejanira, 87
Demarato, 86-87, 94, 99-105, 107-109, 111, 113, 125
Demarmeno, 101
Deméter, 49, 100, 113, 130-131, 150, 169, 172
Deméter Tesmófora, 131, 171
Demócrito, 136
Deusas Ctônias, 170
Dexandro, 161
Diactóridas de Crânon, 162
Diodoro Sículo, 57-58, 173
Dionísio, 41-42, 49
Dióscoros, 162
Diulo, 17
Dorieu, 73, 85, 106-107
Drácon, 55

Éaces, 45, 47, 56, 59
Éaco, 69
Ébares, 67
Édipo, 88, 178
Efialtes, 168
Egina, 7, 69, 84, 86, 94, 129, 130-132
Egito, 29, 34, 40, 41, 45-46, 78, 90, 114, 178
Epicides, 126-127
Epístrofo, 160
Epizelo, 155
Erxandro, 47
Escopadas, 162
Esmindírides, 160
Esparto, 89
Ésquilo, 56, 154
Ésquines, 142

LIVRO VI - ÉRATO | 189

Ésquines de Sícion, 110
Esteno, 89
Esteságoras, 16, 23, 68, 72-74, 144-145
Estesilau, 154
Estrabáo, 55, 60, 64, 134, 142, 175
Etéocles, 88
Eucosmo, 106
Euforbo, 143
Eufórion, 154, 162
Euríale, 89
Euríbates, 132
Euribíades, 106, 132
Eurídice, 89, 166
Eurínome, 151
Eurípides, 106, 116, 173, 176
Euripôntidas, 86-87, 101, 109
Eurístenes, 87-89, 106
Europa, 13, 60, 66-67, 76, 80, 83
Eusébio de Cesáreia, 108

Febo, 96, 138
Fenipo, 157
Fídon, 160-161
Fílagro, 143
Fileu, 69-70
Filipe, 73, 106
Filípides, 16-17, 145-146
Filoctetes, 46-47, 173
Foxo, 72
Frínico, 56

Giges, 34, 54
Glauco, 126-128
Góbrias, 13, 78-79, 122, 169

Hábron, 161
Hades, 100, 112, 131, 154, 171
Harmódio, 74, 151, 158
Hárpago, 44, 61-62, 65, 81
Hecateu, 53, 174, 176
Hegesandro, 174
Hegesípila, 74
Helena, 30, 48, 70, 96-97, 162, 175
Hera, 112, 119, 164

Heracleion, 154
Héracles, 50, 60, 83, 86-87, 88,
90, 106, 148, 154, 162, 173
Heráclides, 34, 47, 54
Heraion, 119, 120
Hermes, 146, 150
Hermipo, 33-34
Hesíodo, 82, 91, 112, 127, 128
Hesíquio, 50
Héstia, 73, 150
Hidarnes, 79, 169-170
Hilo, 87, 93
Hipermnestra, 178
Hípias, 16, 21, 70, 74, 103, 133-134,
144, 147-148, 150, 151, 157-158
Hípias de Élis, 70, 108
Hipóclides, 162-165
Hipócrates, 16, 58, 144, 158, 160, 168
Hipônico, 157
Hipotes, 17
Histaspes, 15, 30, 32, 45,
48, 79, 83, 139, 170
Histieu, 7-12, 26, 29-35,
47, 53, 59, 60-62, 82
Histieu de Térmera, 47
Homero, 14, 37, 41, 51-52, 70, 73,
96, 112-113, 116, 131, 163, 167
Horas, 119

Iatrágoras, 47
Ibanolis, 34, 47, 54
Íficles, 90
Íon, 167
Iságoras, 115, 167

Jocasta, 88

Labda, 69, 163
Láfanes, 162
Lâmpsace, 72
Látria, 106
Leda, 96, 162
Lélego, 96
Leônidas, 85, 95, 166

190 | HISTÓRIAS

Leoprepes, 125
Leotíquides, 101-102, 104-105, 107, 109, 110-111, 125, 128
Leto, 60, 92, 104, 138, 176
Licambes, 169
Licurgo, 43, 95, 102-103, 105-106, 108, 147, 162
Linceu, 178
Liságoras, 29, 169

Males, 160
Mândrocles de Samos, 38
Mandron, 72
Mardônio, 7, 13-15, 26, 78-79, 81, 122, 133
Mársias, 54, 164
Mázares, 35
Medusa, 89
Megabizo, 66-67, 76-77, 79-80, 136, 170, 174
Mégacles, 20, 22, 144, 148, 158, 162, 166, 168
Meles, 168
Melisso, 50, 161
Menares, 101, 109
Menelau, 96
Metíoco, 76, 77
Métope, 69
Milcíades, 8, 16, 23-5, 29, 68-77, 144-145, 151-152, 169-173, 179
Minos, 12
Míron, 159
Mirso, 34, 54
Molpágoras, 29

Neco, 53
Neobule, 169
Neoptólemo, 46
Nicódromo, 129-130
Nicóstrato, 96
Níobe, 114
Nóton, 142

Oceano, 112, 151
Odisseu, 46, 55, 163, 173
Olíato de Milasa, 47
Óloro, 74, 76
Onésilo, 36, 132
Onomasto, 162
Orestes, 94-96, 99, 106, 176
Ortígia, 161
Otanes, 10, 11, 13, 36, 45-46, 64, 77, 79, 169-170, 174

Páctias, 35
Pan, 16, 146
Panites, 89
Pantagnoto, 45
Pantaleão, 52
Páris, 96, 163
Pausânias, 69, 86-87, 96, 104, 106, 109-112, 119, 121-122, 132, 145-146, 172
Percalo, 101-102
Períala, 104
Periandro, 101
Péricles, 20, 22-23, 71, 84, 166-168
Pero, 151
Persa, 7, 12, 14, 23, 26, 30, 44, 63, 65, 84-86, 97, 109, 122, 132, 142, 151, 169
Perséfone, 100, 113, 130, 171-172
Perseu, 86, 89-91, 162
Píndaro, 113, 158
Pisistrátidas, 14, 22, 74, 103, 132, 150-151, 158
Pisístrato, 16-17, 19, 68-70, 74, 110, 134-135, 144-145, 147-148, 150, 157
Pítaco, 101
Pítia, 44, 68, 70, 77, 84, 88, 94-95, 99, 103-104, 110, 113, 116, 127-128, 158, 163, 167, 171-172, 178
Pítios, 92
Pitiúsas, 72
Pitógenes, 58
Platão, 37
Plínio, 54

Livro VI - Érato | 191

Plutarco, 10, 17-18, 21, 43, 50, 56, 68-72, 90, 95, 97, 101-103, 109-110, 117, 119-121, 136, 145-147, 149, 157, 160-161, 166-168, 171, 173
Policleto de Argos, 119
Polícrito, 86, 111
Polideuces, 162
Polinices, 88
Polixo, 96
Posídon, 50, 116, 129, 150-151, 161
Posídon Helicônio, 49
Procles, 87-89
Psâmis, 54

Quílon, 73, 85, 101, 106

Reia, 91, 119, 130, 171

Silosonte, 45, 47, 59, 64
Símaco de Tasos, 110
Siracusa, 50, 161
Sisimaces, 34, 54
Sófanes de Deceleia, 132
Sófocles, 46, 70, 105, 116, 178
Sólon, 46, 69-70, 72, 101, 161

Tales, 101, 174
Teasidas, 125
Télefo, 161
Télis, 73, 106
Temístocles de Freárrio, 56
Teodósio I, 71
Teopompo, 88, 106
Terapne, 96
Teras, 88
Tersandro, 88, 106
Tétis, 112, 151

Timeia, 102
Timnes, 47
Timo, 170, 172
Timocleia, 166
Tindáridas, 100, 162
Tíndaro, 96, 162
Tirtomo, 160
Tisâmeno, 88
Tisandro, 162, 163, 165, 167
Tísias, 169
Tlepólemo, 96
Toante, 178
Trasilau, 154
Trofônio, 53, 60
Tucídides, 12, 42, 48, 50, 57-58, 82, 84, 92-93, 117, 130, 138-140, 147, 149-150, 175

Urano, 91

Virgílio, 63

Xantipo, 24, 109, 168, 172
Xenofanto, 52
Xenofonte, 43, 86-87, 91, 108, 120, 139, 146
Xerxes, 15, 64, 86, 108-109, 139-140

Zacinto, 107
Zéfiro, 49
Zeus, 52, 60, 69, 82, 89-92, 96, 100, 104-105, 112, 114, 119, 127, 133, 138, 143, 150-151, 162, 174, 176
Zeus Cário, 167
Zeus Lacedêmon, 91
Zeus Urânio, 91
Zeus Xênio, 163
Zeuxidamo, 109

Este livro foi impresso pela Gráfica Expressão & Arte
em fonte Adobe Garamond Pro sobre papel Pólen Bold 70 g/m^2
para a Edipro no outono de 2022.